国家治理丛书

价值视野下的国家治理

——思想理论资源与中国经济治理实践

刘敬鲁　著

商务印书馆
创于1897 The Commercial Press
2017年·北京

图书在版编目(CIP)数据

价值视野下的国家治理：思想理论资源与中国经济治理实践 / 刘敬鲁著. — 北京：商务印书馆，2017
（国家治理丛书）
ISBN 978-7-100-14069-0

Ⅰ. ①价… Ⅱ. ①刘… Ⅲ. ①国家—行政管理—研究—中国 Ⅳ. ①D630.1

中国版本图书馆CIP数据核字（2017）第110157号

国家治理丛书
价值视野下的国家治理
——思想理论资源与中国经济治理实践
刘敬鲁　著

商　务　印　书　馆　出　版
（北京王府井大街36号　邮政编码 100710）
商　务　印　书　馆　发　行
三河市尚艺印装有限公司印刷
ISBN 978-7-100-14069-0

2017年9月第1版　　开本 710×1000 1/16
2017年9月第1次印刷　　印张 19 1/4

定价：60.00元

任　平　苏州大学校长助理 博研导部教授

仰海峰　北京大学哲学系教授

朱沁夫　三亚学院校长助理 科研处处长 教授

刘　继　国浩律师（北京）事务所主任 合伙人

刘建军　中国人民大学马克思主义学院教授 教育部长江学者特聘教授

刘剑文　北京大学法学院教授 财税法研究中心主任

刘晓鹰　三亚学院副校长 教授

刘敬鲁　中国人民大学哲学院教授 管理哲学研究中心主任

江　畅　湖北大学高等人文研究院院长 教育部长江学者特聘教授

安启念　中国人民大学哲学院教授

李　强　北京大学政府管理学院教授 北京大学校务委员会副主任

李　强　商务印书馆编辑

李　伟　宁夏大学民族伦理文化研究院院长 教授 原副校长

李炜光　天津财经大学财政学科首席教授

李德顺　中国政法大学终身教授 人文学院名誉院长

张　帆　北京大学历史学系主任 教授

张　光　三亚学院财经学院学术委员会主任 教授

吴　思　三亚学院国家治理研究院研究员 原《炎黄春秋》杂志总编辑

陈家琪　同济大学政治哲学与法哲学研究所所长 教授

杨　河　北京大学社会科学学部主任

罗德明　美国加州大学政治学系教授

周文彰　国家行政学院教授

周建波　北京大学经济学院教授

郑也夫　北京大学社会学系教授

郎友兴　浙江大学公共管理学院政治学系主任 教授

柳学智　人力资源和社会保障部中国人事科学研究院副院长 教授

胡　军　北京大学哲学系教授

郝立新　中国人民大学校长助理 马克思主义学院院长 教授
赵汀阳　中国社会科学院哲学所研究员
赵树凯　国务院发展研究中心研究员
赵家祥　北京大学哲学系教授
赵康太　三亚学院学术委员会副主任 教授 原海南省社会科学界联合会主席
赵敦华　北京大学哲学系教授 学术委员会主任
钟国兴　中共中央党校教授《学习时报》总编辑
姚先国　浙江大学公共管理学院文科资深教授
姚新中　中国人民大学哲学院院长 教育部长江学者讲座教授
顾　昕　北京大学政府管理学院教授
顾　肃　南京大学哲学与法学教授
钱明星　北京大学法学院教授
郭　湛　中国人民大学哲学院教授
高兆明　南京师范大学哲学系特聘教授
高全喜　北京航空航天大学法学院学术委员会主任 教授
高奇琦　华东政法大学政治学研究院院长
唐代兴　四川师范大学伦理学研究所特聘教授
谈火生　清华大学政治学系副主任 清华大学治理技术研究中心主任
萧功秦　上海师范大学人文学院历史学系教授
韩庆祥　中共中央党校副教育长兼科研部主任
焦国成　中国人民大学哲学院教授
熊　伟　武汉大学财税法研究中心主任 教授
蔡　拓　中国政法大学全球化与全球问题研究所所长 教授
樊和平　江苏省社会科学院副院长 东南大学人文社会科学学部主任 教育部长江学者特聘教授
戴木才　清华大学马克思学院长聘教授

作者简介

刘敬鲁，哲学博士，三亚学院国家治理研究院研究员，中国人民大学哲学院教授，博士生导师，中国人民大学管理哲学研究中心主任。主要研究国家治理、管理哲学、经济哲学、现代西方哲学。1998年4月至1999年2月由“中国—欧盟高等教育合作项目”资助，赴英国做访问学者，研究欧盟的决策体制。先后获得教育部人文社会科学基金“经济哲学的一般问题研究”、北京市哲学社会科学基金“我国经济制度的正义完善研究”、国家社会科学基金“管理哲学的主要问题研究”、“西方管理哲学思想史”等项目。出版《海德格尔人学思想研究》(修订版)、《人·社会·文化》、《经济哲学》、《西方管理哲学》、《现代管理重大问题哲学研究》等著作，在《新华文摘》、《哲学研究》、《哲学动态》、《人民日报》、《光明日报》、《中国人民大学学报》、《教学与研究》、《复旦学报》、《社会科学战线》、《学术月刊》、《天津社会科学》、《河北学刊》、《学术研究》、《学海》、《道德与文明》等刊物上发表论文60余篇。

目 录

第二编　现代组织管理的哲学理论

导　言

国家治理是人类社会自国家产生以来不断进行的重大实践过程。在当代中国，改革和完善国家治理已成为一个事关民族振兴的重大时代任务。要成功地完成这一任务，需要正确的理论指引，而这只有通过对国家治理的一般规律和中国国家治理的实际课题进行深入透彻的研究才能做到。

需要指出的是，这里所说的治理是广义的，包括统治和管理两个方面。治理的这种内涵，主要不是来自这一概念的逻辑语义，而是来自人类国家治理历史的赋予。这从根本上是由国家的性质和功能所决定的。分析从古至今的中外国家治理实践，可以充分证明这一点。从这一角度来看，近年来国内学者关于治理与管理之区别的讨论，主要是形式的而非实质的。由此来思考国家治理的内容层次，它既包括社会整体层次的治理，也包括一个社会中各种微观组织层次的治理或管理，特别是经济方面的企业组织的治理或管理。无疑，微观组织层次的治理由于具体环境的富于变化而需要更多的灵活性，而且更易受到组织管理者的主观特征影响，但从根本上看，微观组织的治理是由社会整体的治理方式所决定的，因而总是一个国家的治理实践的构成部分。

在这种意义上的国家治理方面，中外各民族的历史不仅积累了各具特色的实践经验，而且形成了丰富多样的思想理论。这些实践经验和思想理论，对于改革和完善我国国家治理制度来说，是值得认真对待的重要资源，具有广泛和深刻的借鉴意义。

仅就思想理论资源来说，如果我们主要关注中国和西方的国家治理思想的话，那么它们对于当今中国的国家治理改革都具有不可忽视的重要意义。中国古代所形成的国家治理思想，作为中国文化的一个核心部分，以中国古代社会情境为基础，以自强不息、统一和谐、社会优先为主要价值取向，在很大程度上构成了当今中国国家治理的一种理念背景，有形无形地影响着当今中国国家治理的变革进程。显然，要想成功地实现中国国家治理的改革目标，就很有必要对于中国古代的国家治理思想进行深入反思。西方特别是西方现代以来的国家治理思想，产生于西方社会的特定历史，具有自身的特殊性质、内容特征与合理性；无疑，它主要适用于西方社会，但对于中国国家治理的现代化改进来说，它也有许多值得认真分析、参考和改造的方面。

同时，任何一个国家的治理在本质上都是现实性的，都是实际地处理一个社会所面临的各种问题的过程。这就是说，一个国家的治理，除了需要充分借鉴以往的思想理论资源之外，还必须直接面对和深入研究这个国家的现实问题，形成新的国家治理理论。因此，就我国国家治理的改革和完善来说，只有全面深入思考当今我国的国家治理实践，创造出适合我国现实国情的正确的治理理念，才能指引我国国家治理的改革完善过程达到预定目标。

本著作是对我近年来关于中外某些重要思想资源和我国国家治理现实的某些领域所作思考的记录。在思想理论资源方面，多数篇章是对西方现代以来一些学者关于国家治理和组织管理的哲学研究的思考，包括对西方自由主义与共同体主义尤其是桑德尔与罗尔斯在国家治理问题上的争论的分析，以及对现代几位重要管理哲学家的组织管理理论的讨论；另有两篇是对中国古代孔子和孟子的国家治理思想的初步思考。在现实实践方面，则主要是关于我国经济治理问题的，包括对市场经济的本质与局限、我国经济制度的价值目的、我国实行的经济自由与经济平等的相互平衡、我国国有自然资源制度安排等问题的探讨。

本著作虽然是针对国家治理这一宏大的主题，但并不是专题形式的探讨，而是诸多散论成果的组合。当然，我认为，这种形式的著作成果，应有其不同于专门著作的学术价值。

在本著作的结构方面，依据我上面对治理的广义理解，同时，结合我以往对国家治理进行思考所形成的多方面成果，我把本著作的内容分为四个部分：国家整体治理的价值思想、现代组织管理的哲学理论、一般管理的哲学问题、当代中国经济治理实践的价值选择。

本著作的内容所讨论的国家整体治理、组织治理和中国经济治理实践问题，绝大多数属于价值问题，因而本著作的分析视野也主要是价值性质的。这也是本著作取名为“价值视野下的国家治理”的原因。

第 一 编

国家整体治理的价值思想

第一章
孔子国家治理思想的结构论分析及现实借鉴意义

孔子的国家治理思想，主要存在于孔子逝世后其门人所编纂的《论语》之中。由于《论语》的语录性质，其中关于国家治理的思想无疑没有自觉设定的理论结构。然而，在国家治理方面孔子毕竟提出了许多深刻的思想观念，这些思想观念不仅是从不同角度论说的，而且属于问题的不同层次，这就要求我们阐明出这些层次之间所应存在的特定关联。由此，可以从结构论的角度对孔子的国家治理思想进行分析。考虑到现代以来国内外对孔子思想的各个方面都有大量研究，而近年来国内对孔子的治国或政治思想也有许多探讨，这里主要对孔子的国家治理思想进行简明的结构梳理，力求形成一个理论上自洽的系统，以便为以后进行更加深入的研究提供一种基础。

我认为，依据《论语》中的相关内容，可以把孔子的国家治理思想理解为关于国家治理的方向坐标、国家的秩序维系、国家的民众生存以及这三者之间关系的思考。在国家治理的方向坐标方面，他提出的是导之以德；在国家的秩序维系方面，他提出的是礼主刑次；在国家的民众生存方面，他提出的是富庶之策。整合孔子在这三个方面的答问话语，我们可以认为，孔子的国家治理思想是关于导之以德、礼主刑次、富庶之策的思想统一体。这样一种思想有着基本的合理性，并且对于当今我国的国家治理实践具有重要的现实借鉴意义。

一、国家治理的方向坐标：导之以德

一个国家的运行和持续，进一步说，一个国家的治理，必须首先定位自身的方向坐标。这是关系到一个国家是否有正确的前行方向或是否运行在正确的轨道上的头等大事。只有方向正确，国家才能长治久安和发展壮大，相反，国家将会陷入内部恶性争斗，无法稳定持久地存在下去。

孔子认为，“德”是国家运行和存续的方向灵魂，“导之以德”是国家治理的根本纲领。导之以德的实质就是以德治国，尽管在孔子的《论语》中没有直接的以德治国概念。同时，在孔子的话语中，“德”和“仁”既是存在区别的，也是内在相关的，“仁”在本质上是核心的德或最根本的德，所以，以德治国包含了以仁治国在内。

孔子的以德治国可以分为治理者自身的德行要求、国家治理的道德方向、对民众治理的道德引导、对他国人民的道德吸引等多个层次。

首先，国家治理者自身必须以道德准则和仁爱之心严格要求自己，使自己的道德行为成为民众行为的道德标杆。在这方面，孔子的《论语》中有较多的相关话语。“政者，正也，子帅以正，孰敢不正？”①“入则孝，出则悌，谨而信，泛爱众，而亲仁。”②“己欲立而立人，己欲达而达人。”③“己所不欲，勿施于人。”④“居处恭，执事敬，与人忠。”⑤“能行（恭宽信敏惠）五者于天下为仁矣。”⑥“君子笃于亲，则

① 杨伯峻：《论语译注》，北京：中华书局1980年版，第129页。
② 杨伯峻：《论语译注》，第4—5页。
③ 杨伯峻：《论语译注》，第65页。
④ 杨伯峻：《论语译注》，第123页。
⑤ 杨伯峻：《论语译注》，第140页。
⑥ 杨伯峻：《论语译注》，第183页。

民兴于仁。”[①]“修己以敬……修己以安人……修己以安百姓。”[②]“志于道，据于德、依于仁。”[③]“为仁由己。”[④]“我欲仁，斯仁至矣。”[⑤]这些话语清楚表明，孔子明确主张以自己的道德修养为基点而进行国家治理，强调治理者个人的优秀道德素质是实现国家良好治理的主体前提和必需的起点。从后来儒家治国思想的发展来看，这也是儒家关于修身、齐家、治国、平天下思想的源头。这一点，已是国内外孔子和儒家治国思想研究取得的重要共识之一。

其次，治理国家必须以道德为方向，由此才能正确地指引和凝聚人们，使人们成为团结一致的整体。在这方面，孔子的话语很少，但他所说的“为政以德，譬如北辰，居其所而众星共之”[⑥]，应是对道德方向的最明确的强调。同时，孔子在谈到国家治理如何处理寡和均、贫困与和谐、安定的关系时所提出的“不患寡（当作贫）而患不均，不患贫（当作寡）而患不安。盖均无贫，和无寡，安无倾”[⑦]，把平均、和谐、安定作为国家治理必须优先重视的社会伦理价值，也隐含了伦理价值对于国家治理具有根本的重要性的思想。另外，孔子在讨论君子的特征时所提出的“君子之于天下也……义之与比”[⑧]的观点，也适用于国家治理，这是要求把义作为国家治理的一项基本的道德原则。

再次，对民众的治理必须做到道德引导、仁爱待之、以礼齐之、是非明确的统一。在对民众的道德引导方面，孔子认识到民众是可以进行道德塑造的，可以使民众形成道德上的廉耻和自觉，做到按道德

---

① 杨伯峻：《论语译注》，第 78 页。
② 杨伯峻：《论语译注》，第 159 页。
③ 杨伯峻：《论语译注》，第 67 页。
④ 杨伯峻：《论语译注》，第 123 页。
⑤ 杨伯峻：《论语译注》，第 74 页。
⑥ 杨伯峻：《论语译注》，第 11 页。
⑦ 杨伯峻：《论语译注》，第 173 页。
⑧ 杨伯峻：《论语译注》，第 37 页。

准则行事，即所谓“道之以德，齐之以礼，有耻且格”①。而在对民众的生活疾苦和对民众的使用方面，由于孔子把仁看作是人们共存的根本所在，所以提出治理者必须以仁心对待民众，从关爱民众出发去制定治理措施。所谓“道千乘之国，敬事而信，节用而爱人，使民以时”②、“博施于民而能济众”③、“使民如承大祭”④等话语，说的都是这一点。在使民众遵守社会秩序方面，一个重要方面是以礼为国，对民众齐之以礼。对于这一点，本章第二节将专门进行讨论。在对民众社会生活的处理方面，必须坚持是非曲直，主动负责，以教育、检视、政令负责为基本途径解决问题，由此去获得民众的服从。这应是“举直错诸枉，则民服；举枉错诸直，则民不服”⑤，以及“不教而杀谓之虐；不戒视成谓之暴；慢令致期谓之贼”⑥所要表明的。

第四，对于社会不良现象和邪恶现象的治理，孔子也主张以善为引领、以仁德教育为根本途径，而不是动辄就使用杀戮和暴力解决问题。孔子认为，只要治理者努力追求善，民众就会达于善。这是孔子对季康子“如杀无道以就有道”问题的明确回答。“子为政，焉用杀？子欲善而民善矣。”⑦孔子的这一回答实际上意味着，德治的本质是善治和仁政，而与善治和仁政相对立的则是恶治和暴政，即使在对社会不良现象和邪恶现象的治理方面，前者在根本上也高于和优先于后者。

最后，对于处理与其他国家之间的关系，孔子也主张以德服之、以德吸引之，以仁的手段来处理之。孔子在评价管仲不以战争手段而

---

① 杨伯峻：《论语译注》，第 12 页。
② 杨伯峻：《论语译注》，第 4 页。
③ 杨伯峻：《论语译注》，第 65 页。
④ 杨伯峻：《论语译注》，第 123 页。
⑤ 杨伯峻：《论语译注》，第 19 页。
⑥ 杨伯峻：《论语译注》，第 210 页。
⑦ 金良年：《论语译注》，上海：上海古籍出版社 2004 年版，第 140 页。

辅助桓公九合诸侯时，认为管仲的方式是仁义的。“桓公九合诸侯，不以兵车，管仲之力也。如其仁，如其仁！”[①]而在谈到国家治理需要对物质利益进行平均分配、把重心放在国家的安定与和谐而不是物质利益的多寡上时，孔子提到对于那些不服从的他国人民，需要“修文德以来之”[②]。

概括起来，孔子对于国家治理的道德引领意义，虽然并没有很多的直接话语，但其思想观点是明确的。无疑，道德在国家治理中的作用是依赖于社会情境的。从人类历史来看，并非任何社会阶段或在任何情况下都需要把道德放在国家治理的首位，在一定社会条件下可能需要把功利作为国家治理的根本任务，但道德与功利的确构成了国家治理的两个不可缺少的向度。孔子的道之以德思想的最大贡献在于深刻认识到道德在国家治理中的基本作用，使人们不断思考道德对国家治理的意义问题。

联系当今我国国家治理的现实，由于我们需要以经济建设为中心，由于我们为此而实行市场经济体制，因而物质功利的创造和分配成为最重要的社会实践，这种实践本身虽然也产生了诸多道德问题，并提出了诸多新的道德要求，但总体上还是降低了以往社会生活中道德所具有的突出地位，使得人们倾向于忽视道德对于国家发展的重要性。然而，我国是社会主义国家，发展经济、实现功利目标只是我们国家发展的一个方面的基本任务，我们还需要以正确的道德信念指导国家的发展，需要在道德上把全体人民团结起来，需要下力气培养人们的道德品格和道德素质，这就要求我们把道德和功利至少置于同等重要的地位，在国家治理中实现道德与功利相互支撑、相互促进、平衡发展。这应是目前我国国家治理改革所需要的正确选择。

① 杨伯峻：《论语译注》，第151页。
② 杨伯峻：《论语译注》，第172页。

二、国家的秩序维系：礼主刑次

一个国家的治理，除了必须首先确定方向以外，另一个重要的方面就是建构和维系国家的统一秩序。良好的国家秩序，是实现社会和谐、人际和睦的前提，是国家稳定和发展的保证。在孔子看来，要做到这一点，除了需要以道德而不是以政令为引导以外，在礼治与刑罚的使用上，必须以礼治为先，只有在不得已的情况下才施以刑罚。“导之以政，齐之以刑，民免而无耻；导之以德，齐之以礼，有耻且格。”[①] 应该指出，孔子在这里虽然认为礼治的作用从根本上高于刑罚的作用，能够培养和训练人们的自觉意识，而不像刑罚那样主要在于强迫制服，但他并没有否认刑罚的必要性，并没有提出废除刑罚。因此，我认为，可以把孔子在国家的秩序维系方面的主张，判定为礼主刑次。这实际上也是整个儒家在建构维系国家秩序问题上的核心思想。[②]

在孔子的观念中，礼是由夏商周所形成特别是周代制定完备的礼制规范。这种礼在本质上是为了维持宗法等级关系而对人们的行为方式提出的基本要求。它包括处理社会生活中尊卑、上下、长幼、男女、邻里关系方面的礼仪制度，祭祀神灵和祖先方面的礼仪制度，婚丧嫁娶方面的礼仪制度，等等。这些礼仪制度的核心，是孔子所说的“君君、臣臣、父父、子子”[③]。

从对国家秩序的建构维系的作用来看，礼与刑虽然都是社会规范，但礼与刑却有着质的不同。刑在本质上是强制性质的，要求对违反者严惩不贷，其作用的性质是外部的。而礼虽然也带有一定程度的强制

---

① 杨伯峻：《论语译注》，第 12 页。

② 关于儒家的礼治思想，国内有比较系统的考察。参见白奚：《规范　教化　秩序——儒家礼治思想漫议》，《北京社会科学》1998 年第 2 期，第 42—46 页。

③ 杨伯峻：《论语译注》，第 128 页。

性，但同时强调教育和培养过程，强调人们对礼的主体自觉意识。因此，人们的礼仪行为可以主要通过教育而获得。这是孔子提出“以德为引导、以礼来规范人们的行为，会使人们形成廉耻和服从之心”的根本原因所在，也应是孔子把对礼的教育作为六艺教育的第一种内容的主要原因所在。

正是由于孔子看到了礼对国家秩序的正常维系具有根本的和特殊的作用，他才在国家治理的不同层次上分别提出了相应的主张。第一，实行良好的礼制是国家实现正常运行和稳定统一的有效途径，必须把“礼让为国”作为国家治理的一种基本要求。能够做到“礼让为国”，治国就不会有什么困难，不能做到“礼让为国”，乃是因为没有认识到礼对建构和维系国家秩序的本质意义。所谓“上好礼，则民易使也”[①]、“上好礼，则民莫敢不敬”[②]，虽然说的是统治者和民众之间在礼方面的互动关系，但也从一个角度表明了以礼治国的重要性。第二，以礼治国，要求人们在社会生活的各个方面都要严格遵守礼制，从家族宗法到政治生活，从日常起居到人际交往，从婚丧嫁娶到祭祀神灵和祖先，都必须按照礼制行事。因此，在他看来，遵守礼制是人成为人所必须具备的基本操守。第三，对礼制的违犯就是对国家秩序的破坏，因而是大逆不道的事情。他对季孙氏“八佾舞于庭”的尖锐批评，充分证明了这一点。

在礼崩乐坏的春秋时代，孔子认为自己的一个重要使命就是恢复周代的礼制。他认为，周代的礼制是在借鉴、损益夏代和殷代的礼制的基础上形成的，是更加完善的礼制，因此，一个国家的治理要取得成功，就要采用周代的礼制。“周监于二代，郁郁乎文哉！吾从周。”[③]而恢复周代礼制的关键是“正名”。正名就是纠正对各种名分的不当

① 杨伯峻：《论语译注》，第 158 页。
② 杨伯峻：《论语译注》，第 135 页。
③ 杨伯峻：《论语译注》，第 28 页。

指称或对各种名分的指称的滥用。当学生问孔子如果去卫国从政，他将首先干什么时，孔子的回答是正名。“必也正名乎。……名不正，则言不顺；言不顺，则事不成；事不成，则礼乐不兴；礼乐不兴，则刑罚不中；刑罚不中，则民无所措手足。”[①]从《论语》中这段直接讨论正名的话语可以看出，孔子之所以把正名作为他从政的头等大事，一个重要原因是在能够实现“言顺事成”的前提下实施礼乐制度，由此，才能进一步正确地实施刑罚，使民众能够依照礼乐制度和刑罚制度而规范自己的行为。从正名的实践指向来看，孔子所要端正的应是当时已经遭到严重破坏的君臣之间、父子之间及各种宗法等级之间的名分关系。

除了礼治以外，刑罚对于国家秩序的维系也具有重要作用。对此，孔子的话语只有很少几段。其原因应主要是他把关注的重心放到了礼对国家秩序的根本作用上。尽管如此，在孔子那里，刑罚制度的思想也是重要的，而且可以分为几个方面。

第一，刑罚制度对于国家治理是不可缺少的。上面所引的那段话明确指出，只有刑罚制度得当，才能够在国家的强制规范方面使民众的行为有遵守的标尺。

第二，就国家治理的作用和效果而言，刑与德、礼不同。德的本质是方向引导，导之以德，能够使人们形成行为的方向意识。礼在主导性质上强调自觉养成，所造成的结果是持久的秩序。刑的性质是强迫性的，所造成的结果是威慑下的服从。

第三，从君子执政和小人之政的区别来看，君子之政所关注的一个重要方面是法度，而小人之政所关注的一个重要方面则是恩惠，即“君子怀刑，小人怀惠”[②]。

---

① 金良年：《论语译注》，第 146 页。
② 杨伯峻：《论语译注》，第 38 页。

总体来看，孔子深刻认识到礼与刑在国家秩序建构和维系方面的重要作用，在礼与刑的关系方面，他显然认为礼比刑更加根本，国家治理应实行礼主刑次的方略。

无疑，孔子对于礼与刑在建构和维系国家秩序方面的作用的认识，对于我们今天的国家治理仍然具有不可忽视的启示价值。但是，也要注意到，孔子所主张的礼治的许多方面已经不适应今天的社会现实，如"君君、臣臣、父父、子子"已不合乎当今时代人们对人格和社会地位的平等要求，孝悌的方式也不可能再是那种绝对的父尊子卑。而且，与古代特别是孔子之前的时代相比，礼和刑在当今国家治理中所发挥的作用的相互关系也发生了重大改变。在当今人类社会，刑作为法度或法治，同礼治相比，至少同样重要，甚至在现实中变得更加重要。在我国，建设社会主义法治国家已经被确定为国家现代化建设的一个基本目标。而就礼来说，如果我们仍然沿袭孔子的理解而不把道德包含在内的话，那么，礼则已经主要成为人与人之间、社会生活方面的文明礼仪。由于它的内涵发生了这样的变化，因而它的作用虽然也不可缺少，但却失去了在古代的那种绝对优先于刑的地位。

尽管如此，任何一个现代国家的治理，都既需要刑也需要礼来塑造和维持统一的社会秩序。一个现代国家需要根据自身发展的不同阶段，调整礼和刑的关系，实现国家的善治目标。对于当前我国的国家治理来说，一方面需要进一步弘扬以法治国的精神，完善和发展社会主义法治；另一方面，也需要在全民中展开实质性的、行之有效的文明礼仪教育，使人们能够懂礼知礼、以礼成人，自觉用现代礼仪规范自己的行为，使自身成为优秀的现代公民。

三、实现民众基本生存：富之庶之

尽管孔子把仁德治国作为国家治理的灵魂，把礼让为国作为建构和维系国家秩序的最重要的方式，但他同其他思想家一样明确认识到，人类社会得以延续的基本生存条件是不可缺少的，实现民众的基本生存是国家治理的一个必要任务。自然，由于他强调国家治理的德与礼这两个维度，所以他对实现民众基本生存的问题谈论得很少，直接相关的内容主要表现在实现民众基本生存的主要方略、意义、平均分配物质利益这三个方面；另外，他的义利观也有一些相关的重要内容。

其一，他提出了实现民众基本生存的主要方略——使民众富庶。孔子到卫国时与冉有所发生的对话表明了这一点。“子曰：‘庶矣哉！’冉有曰：‘既庶矣，又何加焉？’曰：‘富之。’曰：‘既富矣，又何加焉？’曰：‘教之。’”[①] 这段对话，应该是孔子关于正确治理民众的明确看法。可以看出，这种方法包括由低到高三个层次。第一个层次是国家需要拥有较多的民众，这是国家繁盛的主要前提。第二个层次是使民众富裕起来。在具备了这两个方面之后，才是第三个层次——对民众进行教育，特别是道德教育。

其二，在国家赖以存立的基础要素方面，他把实现民众的基本生存作为一项重要任务。他认为，充足的粮食、足够的军备、民众信任，是国家赖以存立的三个基础要素。从重要性的程度来看，重要性程度最低的是足够的军备，最高的则是民众的信任，处于中间的则是充足的粮食。充足的粮食所解决的是民众的基本生存问题，所以通常比保证国家安全的军备要重要些，但却比不上民众对国家的信任重要，因为民众的信任是国家能否存续下去的关键。这也是孔子在谈到尧舜的治国经验时把“民”与“食”作为国家治理需要重视的两个最重要任务的根本原因。[②]

---

① 杨伯峻：《论语译注》，第136—137页。

② 杨伯峻：《论语译注》，第209页。

其三，他间接认识到了平均分配物质利益对于民众团结和国家安定的重要意义。他在谈到对于物质利益的分配时突出强调，国家治理者应“不患贫而患不均，不患寡而患不安”，因为“均无贫，和无寡，安无倾”①。从当今价值论的角度来看，孔子把利益平均、人民和谐、社会安定作为国家治理最基本、最重要的价值，是对于人类社会之为人类社会的深刻洞见，认识到了国家治理的一般问题，值得我们深入挖掘和思考。而他的平均分配理念，同后来封建社会时期不断出现的各种形式的平均主义分配思想一样，都在本质上反映了古代经济生产力低下、社会不发展对于分配状况的制约，因而是合乎当时历史要求的合理主张。

谈到孔子关于实现民众基本生存的思想，一个相关的重要方面是他对于“义”与“利”的看法。表面上看，他关于实现民众基本生存的上述思想，与他在君子人生和国家治理维度方面的义利观是相互矛盾的，但认真分析可以发现，它们实际上是一致的。众所周知，孔子在义利问题上有一句经典话语：“君子喻于义，小人喻于利。”②这无疑在义利观上把君子与小人明确区别开来。不过，仅以此话语来判定孔子的义利观，却是不全面的。

首先，这一句话是就君子与小人的人生境界或人生关注点而言的，不是对义与利的关系的直接陈述，君子的境界当然是最高境界，它要求以义为标准去处理天下的事情，做到“义以为质，礼以行之，孙以出之，信以成之”③，做到“见得思义”、“见利思义”、“见危授命”④，与此同时，君子对于利，并非不需要，关键是要在坚持义的前提下去得之，即以道得之。这应是孔子自己下列言说的确切含义：“富而可求

① 金良年：《论语译注》，第 196 页。
② 杨伯峻：《论语译注》，第 39 页。
③ 杨伯峻：《论语译注》，第 166 页。
④ 杨伯峻：《论语译注》，第 177、149 页。

也，虽执鞭之士，吾亦为之。”[①]“富与贵，是人之所欲也，不以其道得之，不处也。”[②]

其次，更加重要的是，孔子对于义利问题还有其他重要的述说。在谈到君子治国之道的四个方面时，他指出了义和利所针对的是民众治理的不同层面，即“其养民也惠，其使民也义”[③]。而在谈到从政的“尊五美，屏四恶”等基本要求时，他提出的其中一美就是要做到“惠而不费……因民之所利而利之”[④]。结合前面孔子关于实现民众基本生存的话语，可以判定，孔子虽然把义作为人生修为和国家治理的首要原则，但他并不完全排斥利，因为利对于民众的生存也是必不可少的。

因此，真正说来，孔子的义利观是主张义高于利、义先于利、以义达利。无论是对君子的境界要求，还是对国家的民众治理，都是如此。只有这样理解，才能够解释孔子为什么把富之庶之作为实现民众基本生存的基本方略，才能解释为何孔子明确主张对于民众的利益要求应该“因民之所利而利之”，才能够解释孔子之后的儒者的义利观对孔子义利观的传承与发展。

从我国当今国家治理的现实来看，使人民富裕起来仍然是我国在一个相当长的历史时期内的基本任务，我们正在建构富民利民的有效制度和政策，通过深化经济体制和创业体制改革，为民众实现富裕提供便利条件。由此来看，孔子的富民思想就有着重要的借鉴意义，而他的义高于利、义先于利的理念，对于我们建立以义为引导的利益创造和分配机制，消除社会上存在的“利字当头”、“见利忘义”现象，更是有着重要的应用意义。

---

① 金良年：《论语译注》，第 71 页。
② 金良年：《论语译注》，第 32 页。
③ 杨伯峻：《论语译注》，第 46 页。
④ 杨伯峻：《论语译注》，第 210 页。

四、导之以德、礼主刑次、富之庶之的结构关联

如果我们把孔子的国家治理思想概括为导之以德、礼主刑次、富之庶之这三个方面，那么，它们之间是否存在着特定的关系？如果存在，那么，它们之间是一种什么样的关系？这是对孔子的国家治理思想进行结构分析所必须回答的核心问题。通观整个《论语》文本可以发现，孔子没有专门对这一问题进行讨论。不过，对孔子关于导之以德、礼主刑次、富之庶之的不同重要性的论说进行深入考察，可以使我们得出的结论：其中隐含着一种结构关系性质的思想。考虑到前面对这三个方面的重要性已经分别有所说明，这里仅仅进行一点简明的分析。

一方面，从相互区别的角度看，如前面三个部分所说，导之以德、礼主刑次、富之庶之所针对的是国家治理的不同维度——方向定位、秩序维系、基本生存，因而它们对国家存续和民众生活的意义不同，起作用的方式不同，所达到的结果的特征也不同。导之以德的意义是根本的，它以教育引导、说服为作用方式，所达到的结果是对国家赖以存在的方向理念的自觉，因而其作用是持久的、其力量是强大的。礼主刑次的意义处于中间层次，以教育和强制为双重作用方式，所达到的结果是对国家秩序之价值的确认和维护，也具有较长时期的持续性。富之庶之的意义处于最低层次，以发展经济和物质利益平均分配为基本的作用方式，所达到的结果是民众的良好物质生活。

另一方面，在孔子的导之以德、礼主刑次、富之庶之之间，也存在着内在的结构关联。一是，导之以德虽然是国家治理的方向定位，但只能实现人们在方向价值观上的统一，所完成的只是国家治理的一个方面，还必须实施礼治和刑罚，才能使民众在社会生活各个方面的行为达于正当和正确；另外，也必须实行富之庶之的政策，才能使民

众过上富裕的物质生活，消除民众的生存之忧。二是，仅仅实施礼治和刑罚，国家治理没有确立前行的方向，国家的存在就缺少长期的动力，因而难以取得长期的发展；同时，缺少富庶之策，民众将处于基本生存的挣扎与痛苦之中，社会的稳定必将成为严重问题。三是，仅仅使民众富裕起来，不同时导之以德、礼刑并用，国家的存在必定处于“功利”为主导、甚至功利行为泛滥、严重侵害正义的状态，因而国家也不可能达到完善的状态。

由此来看，导之以德、礼主刑次、富之庶之，既是国家治理的三个不同方面，也是相互关联、不可或缺的有机整体。说到底，它们构成了国家治理的三位一体结构。它们既是国家治理的三个不可分割的维度，也是国家治理必须完成的三个不可分割的任务；更加重要的是，国家治理必须从重要性不同的角度建立起它们之间的结构关系。这应是我们分析和整合孔子国家治理思想所应得出的必然结论。

孔子关于国家治理的三个维度的重要性的思想以及其中所隐含的对它们之间关系的看法，深刻反映了当时中国社会状况的要求，深刻凸显了人类之为人类的道德理性特征，深刻表明了在整个社会发展水平尚低条件下国家治理的一般规律。人类是追求道德目的的存在者，同时，任何社会只有统一、有序才能健康持存下去，一个国家的民众也只有丰衣足食才能达于幸福安定，这是孔子的国家治理思想所赖以成立的基本根据所在。

无疑，我们所澄明的孔子关于国家治理的结构论思想，对于改革和完善我们当今的国家治理，具有极其重要的启示意义。孔子的思想昭示我们，必须从处理上述三个方面的结构关系入手来思考我们的国家治理问题，必须确定道德、礼刑、富庶在国家治理中的不同定位，正确建立它们之间的结构关系。当然，孔子思想中所隐含的关于道德、礼刑、富庶的不同重要性及其关系的观点，并不完全适合我们当今国家发展的现实要求。在我们今天的国家治理中，道德指引的确仍然非常重要，但大力发展经济、实现民众富裕和国家富强，同样也非常重要。这正是我们为什么主张精神文明的方向作用和物质文明的基础作用同样重要的基本原因所在。就礼和刑的作用来说，它们既有手段价值的方面，也有目的价值的方面，孔子对此特别是对礼的手段价值和目的价值特征，也有初步的认识，我们需要在此基础上进一步揭示这两个方面的关联，将它们正确运用于我国建构社会主义的礼仪制度和法律制度的过程中。同时，孔子关于刑罚的作用低于礼治的作用的观点，显然不合乎我们当今时代以法治国的基本要求。因此，我们在改革和完善国家治理制度的进程中，需要对于孔子的国家治理思想采取“损与益”相统一、继承与创新相结合的态度，由此才能为实现建设社会主义现代化国家的宏伟目标做出应有的贡献。

第二章
孟子性善论的价值意蕴及其对社会治理的重要意义

孟子的性善论，是孟子治国哲学思想的基石。对于孟子性善论的本质，特别是对于孟子在这一理论中所提出的心灵的四个维度的性质和内涵，国内外的研究者们从不同角度进行了各具特色的讨论。这些讨论对于深化孟子性善论的研究，无疑具有重要的启示意义。然而，我认为，人们对于孟子性善论的价值维度的研究，还有待进一步深化和拓展。在这一章中，我试图以价值分析为基本视野，揭示孟子性善论的深层价值意蕴，阐明心灵的四个维度的各自性质、它们之所以是善的根本依据，并指出这种性善论对于社会治理的重要意义。

一、性善论——对于人性之价值事实的认定

孟子关于人性善的讨论，把人心的四个维度——恻隐之心、羞恶之心、辞让之心、是非之心——直接判定为善端或善的存在。用价值分析的概念来说，他关于人性善的判定是一种“价值事实”判定。当然，在孟子那里，不可能有今天的事实与价值概念，也不可能有“价值事实”这一指称。但他的判定和论证在实质上是价值维度的。本节先简单指出孟子对人性善的论证方式，然后对他的性善论进行价值分析。

通观《孟子》一书，可以说，孟子的性善论是围绕对“心”、“仁”、“诚”的阐释而建立起来的。

在孟子的理论中，“心”是人之为人的根本，是人之“善端”所在。他在《公孙丑章句》和《告子章句》中所说的那两段关于人心的四个方面或四端的话语[①]，明白无误地判定和论证了人心的四个维度的存在和它们的善的性质，并认为这是人与非人的根本区别所在。

对于“仁”，孟子认为，“仁”或“仁之端”就存在于心之中，这就是恻隐之心。孟子一方面和孔子一样把“仁”看作是“爱人”（恻隐之心本身就包含怜悯、关爱他人在内），并明确提出了“仁者以其所爱及其所不爱”[②]；另一方面，他又把“仁”理解为做人的根本，即所谓“仁也者，人也。合而言之，道也”[③]。

至于“诚”，孟子的论说具有自己的独特创造性。他不仅把“诚”理解为“天之道”，把“思诚”理解为“人之道”，而且把“反身而诚”作为求仁的最直接、最切近途径，即“万物皆备于我矣。反身而诚，乐莫大焉。强恕而行，求仁莫近焉”[④]。

由以上论述可以看出，在孟子关于人性善的论证中，对“心”的理解是核心，而“仁”和“诚”是“心”的两个相互关联和相互解释的环节。因此，孟子的性善论归根到底也就是“心善论”。

孟子对于人性善所作的上述断定和论证，对于今天的研究者来说，可以从心理学、本体论、价值学（包括伦理学）等多个角度进行分析。我认为，以本体论为前提，进行价值学分析能够更加直接、更加深入地揭示孟子思想的本质。从这一视野出发，可以明显看到，孟子的性善论包含着极其深刻、极其丰富的价值内涵。这可以从孟子性善论的本体论根源、价值实质、价值职责认定和所使用的证明方式等方面进行阐明。

---

① 杨伯峻:《孟子译注》，北京：中华书局 2008 年版，第 59、200 页。
② 杨伯峻:《孟子译注》，第 254 页。
③ 杨伯峻:《孟子译注》，第 259 页。
④ 杨伯峻:《孟子译注》，第 234 页。

首先，从本体论根源的角度看，在孟子的思想中，人性善来源于天之道。孟子说，万物皆备于我，如果反躬自问自己是诚实的，就是最大的快乐。他又说，诚是天之道、思诚是人之道。当他这样说时，他实际上把人性的善看作是天之道——诚——在人心中的存在形式，即把诚理解为整个宇宙的本体，理解为人与万物的共同的善，这种善以最高级的形态存在于人这种灵性存在者身上，因而，思诚是宇宙的本体善——诚——对人的根本要求。简言之，在孟子看来，人作为宇宙中具有精神的存在者，天生承担着实现整个宇宙的善——诚——的本体论任务。

其次，从价值实质来看，孟子的性善论断定了一种最根本的价值事实：人是一种其心灵包含着善的要求的存在者。在他看来，这是人之为人的本质所在，是“人之所以异于禽兽者几希”的根据所在。简言之，人是价值性质的存在者，是天生被要求去思考善、扩充善、实现善的存在者。用亚里士多德的话说，人天生是以追求善、实现善为目的的存在者。同时，孟子的性善论还蕴含着更加深刻的价值内容。这就是他认为，修身养性，即思考善、扩充善、实现善，是一个人实现齐家、治国、平天下这些目的的根本路径。所谓对于善端“苟能充之，足以保四海，苟不充之，不足以事父母”，所谓“天下之本在国，国之本在家，家之本在身”，谈的都是这一点。用我们今天的价值学术语来说，修身、齐家、治国、平天下，都是价值，它们既是终极价值，也是过程价值，因而，在孟子的性善论中，这些价值构成了一个有机的价值链条。

由此可以认为，孟子的性善论在实质上是一种特殊类型的价值理论。这种价值理论以对人的心灵的价值事实的把握为根据，以对伦理价值的善的认定为基点，以对这种善的实现为本质要求，以人的心灵自觉为这种善的实现途径，以齐家、治国、平天下为逐级扩大的价值目标。孟子之所以坚信自己的性善论是确凿无疑的真理，之所以对告子等人的人性观点进行了无情批判，从他的这种丰富深刻的价值思考中，应该可以找到某种端倪。

再次，从价值职责的认定来看，由于孟子的性善论把人看作是在本质上具有善端的价值存在者，因而，他并不把人扩展自己的善端看作是与“事实”不同或对峙的“应该”，而是看作由人性价值事实所决定的“价值行为”的“必须”。也就是说，思善、为善是人的天职，是人的天然义务。只有自觉履行这种天职或天然义务，才是人，否则，就不是人了。所谓没有恻隐、羞恶、辞让、是非之心就不是人的论断，强调的正是这一点。一个人明明有此天职而自谓无能力履行，这是对自己的残害，而认为君主无能力履行，则是对君主的残害。

由此也可以看到，在孟子的性善论中，不存在对价值与事实的区分，更不存在对价值与事实的分割。实际上，中外古代社会那些把人性理解为善或理解为具有追求善的目的的哲学家，在这一点上大多是一致的。从康德所提出的实践理性与理论理性的角度出发，我们可以把价值的实现理解为实践理性的任务，把对事实的认知理解为理论理性的任务。但正如国外学者文森特·Y. C. 施（Vincent Y. C. Shih）在讨论孟子所说的“本性”概念时所指出的，孟子的理论并没有陷入对实践理性任务与理论理性任务的区分之中。“本性”（Ben-xing）有时候指良心——所有道德原则的形而上学体现，有时候指认知能力；对于孟子来说，认知（knowing）与意愿（willing）必然连接在一起，它们是一体的，因此，他从来没有陷入区分理论理性和实践理性的麻烦之中。这和古希腊的亚里士多德是一样的。[①] 的确如此，当代伦理学家麦金太尔（Alasdair MacIntyre）对亚里士多德的善与正义思想的深入讨论，也有力地说明了这一点。“每一种活动、每一种探究、每一

① Vincent Y. C. Shih, “Metaphysical Tendencies in Mencius”, *Philosophy East and West*, Vol. 12, No. 4, 1963, p. 319.

种实践都为了达到某种善；因为我们用‘善’或‘一种善’来意指那种人类在本性上所致力于的目的。下面一点是重要的：亚里士多德在《伦理学》的开始部分所作的论证，预先设定了摩尔（C. E. Moore）所谓的‘自然主义谬误’根本不是什么谬误，而且，对于什么是善的陈述——以及以其他方式所作的对什么是正义、勇敢、优秀的陈述——恰恰是一种事实陈述。”①

当然，需要认识到，事实上，在任何时代都存在着事实与价值、实然与应然的矛盾，只是在不同的时代、不同社会条件下，这种矛盾的发展程度不同，在社会生活中的显现方式不同。这通常也决定了不同时代的思想家对于事实与价值、实然与应然的矛盾的认识所能达到的程度。就孟子来说，他虽然在理论上不可能区分事实与价值、实然与应然，但他却真切地看到了大量案例：他那个时代，从王公贵族到平民百姓，有太多的人没有去思善、求善、为善，而是走向不善和从恶之路。所谓“人之所以异于禽兽者几希，庶民去之，君子存之”②，虽然夸大了庶民与君子在认识和扩充人的善端方面的差别，但实际上也是孟子对天下战乱、利益争夺时代所造成的人们失于思善求善这一事实状况的正确反映。

说到这里，也应该指出，对于西方近代休谟所作的事实与价值的区分，我们并不能简单地认为就是错了。相反，他之所以能够作出这种区分，必定在当时的社会生活现实中有其根源。西方自从近代以来，由于资本型经济的产生和迅速发展，由于市场经济体制的日益广泛采用，导致了在经济、政治、文化、日常生活等各个领域出现了大量的实然与应然、事实与价值的分离、分割甚至矛盾冲突，这种状况必然反映到人们的观念之中。如何克服这种矛盾，成为人们必须认真思考

---

① Alasdair MacIntyre, *After Virtue: A Study in Moral Theory*, third edition, Notre Dame: University of Notre Dame Press, 2007, p. 148.

② 杨伯峻：《孟子译注》，第 147 页。

和努力实践的重要问题。这正是休谟的事实与价值二分观点的深层意义所在。

最后，从孟子证明人性善的方式来看，特别应该提醒的是，孟子是以事实证明，即实证的方式来断定人性本善的，因而也是以实证的方式来断定人在实质上是一种承担着价值目的的存在者的。也就是说，孟子所说的类似“今人乍见孺子将入于井，皆有怵惕恻隐之心”[①]这样的事例，是人们在社会生活中可以确凿无疑地经常见到的。在孟子看来，这是谁也无法否认的事实。因此，他对心的四个方面分别赋予的仁、义、礼、智的规定，以及他进一步作出的“无……之心，非人也”的推论，都依赖于他的上述事实证明式的判定。

由此，可以看出，孟子所断定的是一种特殊类型的经验事实——“具有形而上本性的经验事实”，即我们前面所说的“价值事实”，而“价值事实”是包含价值目的要求的事实，它既是价值的，也是事实的，或者反过来说也是一样。也就是说，孟子关于“人性善”的观点，并没有区分人性的形而上与形而下、超越与事实；当然，也可以不十分准确地说，他在实质上是把人性看作是形而上与形而下的浑然一体、超越与事实的浑然一体。这样来看，在他的理论中，人性善既是超越性质的，又是事实性质的，既需要从形而上学的角度研究它，也需要从经验科学的角度研究它。

正是由于这一理由，我们认为，在国内外的孟子性善论研究中所存在的两种相互对立的观点，即仅仅把孟子关于人性善的判定看作是形而上的、超越性质的假定，与仅仅把这种判定看作是经验的事实判定，都是不全面的。

霍默·H. 达布斯（Homer H. Dubs）认为，孟子显然不可能承认，刚刚诞生的婴儿会有恻隐之心或其他方面的善端，四端在婴儿长大成

① 杨伯峻：《孟子译注》，第 59 页。

人、形成自觉意识以后才产生的，由此，他认为，孟子的性善论中关于人性的本源特质的观点，在本质上是一种形而上学的假定，而不是指一种经验现象；孟子所讨论的问题不属于经济科学的领域，而属于康德正确命名的伦理学的形而上学领域。[①]又如，刘述先（Shu-hsien Liu）和信广来（Kwong-loi Shun）认为，孟子观点的基础，不是经验的概括，而是内在的反思和个人的体验，这种内在反思和个人体验，揭示了人人所共有的来自超越性质之源头的天赋。[②]

与上述几位研究者的观点相反，艾琳·布鲁姆（Irene Bloom）认为，在孟子的理论中，人性善这一断定是生物学事实意义上的断定。她在《孟子思想中的人性与生物性》一文中，结合孟子话语的多个段落，专门研究了孟子性善论中“人性”概念的内涵，认为在孟子的文本中有大量的证据表明，孟子所说的“人性”概念在根本上是生物学的，对孟子来说，人对于义的喜悦是自然的，但孟子绝没有说，这种喜悦只是道德倾向；这样认为，是狭隘的、还原论的、非孟子的。[③]

这两种对立观点的问题在于，没有认识到孟子对人性善的断定在实质上是关于人性的一种“价值事实”断定，而对孟子的性善论进行或者是形而上、超越性质的，或者是形而下、事实性质的二选一式的判定，实际上这是把孟子关于人性善的浑然一体的观点作了单向的归结。所以，我们认为，全面的观点应该是，孟子的性善论是一种关于价值范导性质的事实存在理论，或者反过来说，是一种关于事实存在性质的价值范导理论。孟子对人性善的实证式的论断，潜在地包含了这样一种观点：人性善这种价值事实本身就包含和规定着价值范导。

---

① Homer H. Dubs, “Mencius and Sün-dz on Human Nature”, *Philosophy East and West*, Vol. 6, No. 3, 1956, p. 213.

② Shu-hsien Liu and Kwong-loi Shun, “Some Reflections on Mencius’ Views of Mind-Heart and Human Nature”, *Philosophy East and West*, Vol. 46, No. 2, 1996, pp. 143-164.

③ Irene Bloom, “Human Nature and Biological Nature in Mencius”, *Philosophy East and West*, Vol. 47, No. 1, 1997, pp. 25-26.

也就是说，他并不是从价值范导去反推或证明价值事实。

顺便指出，孟子对人性善的实证方式也表明，他的“人心蕴含着善端”或“人性善”的观点，绝不是他为了理论研究的方便而提出的假设。相反，他认为，这是人性的事实，是关于人性之思的真理。因此，如果把孟子的人性善理论仅仅理解为一种关于人性的假设，就还没有抵达其思想的深层本质。

二、性善论的社会共存价值意蕴

既然孟子的性善论是以对心的四个维度的判定为基点的，那么，一个需要刨根问底的问题是：孟子为何把心的四个维度判定为善的和属人的，而与它们相反的状态为何就是恶的或非人的？换言之，他的性善论的真正根据何在？我们认为，孟子对于人的心灵所作的善的判定虽然是对每一个人的人性的判定，但同时更是对人的“**社会共存**”这一基本价值的本质要求的反映，在实质上揭示了人们在社会共存多种主要维度上的丰富价值意蕴，隐含着这样一种意义：人是处于家庭、族群、乡邻、国家、天下这样一些从小到大的共同体中的**社会共存者**，无论我们把心的四个维度从伦理学上理解为道德情感，还是理解为道德理性，抑或是理解为道德情感与道德理性的浑然一体，都是如此。

首先，恻隐之心或不忍人之心，即使仅仅把它理解为关爱、同情、怜悯他人的道德情感，它之所以是善的，显然是因为社会共存这种基本价值的实现必然要求人们在情感上相互同情、相互关爱。显然，任何个人都不能够孤立存在，他总是处于与他人的不同层次的社会关联之中。这也正是为什么孟子说“仁也者，人也。合而言之，道也”[①] 的

① 杨伯峻：《孟子译注》，第 259 页。

根本原因所在。《说文》对此所作的解释“仁，亲也。从人二”[1]，无疑是正确的，当然，这里所说的“从人二”不只是在两人之间，而是至少在两人之间。在孟子的理论中，人们的社会共存主要可以分为 家、国、天下三个层次，每一层次都要求人们以恻隐之心或仁爱之心来处理他们的共存行为。对于第一个层次，即对于作为社会基本单元的家庭这种共同体来说，既然孟子的恻隐之心是仁之端的观点承继和发展了孔子的“仁”的思想，那么他必定与孔子一样，首先强调子女对父母的关爱、孝顺关系，而这是家庭这种共同体内部的主要关系。而在古代社会，没有这种关系，家庭这种共同体就难以为继，或者说家庭就不再是家庭。对于第二个层次，即对于国家这种共同体来说，孟子着重讨论了君王治理国家的政治实践、君王与百姓之间的共存关系，主张君王需要以恻隐之心——不忍人之心——为根本原则，即所谓行不忍人之政——仁政，把“利”从属于仁政之下。对于第三个层次，即对于天下这一最大的共同体来说，孟子所举的人乍见孺子将入于井而必定有恻隐之心的例子，对天下所有人都是普遍适用的，要求普天之下的人们，都须以关爱之心处理他们的社会共存。无疑，恻隐之心或仁之端在国家、天下这两个层次的共同体中的作用，没有在家庭共同体内部的作用那么直接，但显然，如果没有或失去这一点，国家、天下两个层次的共同体也都不会是正常健康的共同体。由此可见，孟子之所以把恻隐之心或仁之端看作是善的，是因为它承载着丰富深刻的社会共存价值内涵。

其次，羞恶之心，无论我们是把它仅仅理解为一种道德情感，还是把它理解为一种有人的理性在其中发挥着无形作用的道德情感，它之所以是善的，是因为它是人们在社会共存中必须以理性超越本能、

[1] （汉）许慎撰，（清）段玉裁注，许惟贤整理：《说文解字》，南京：凤凰出版社 2007 年版，第 640 页。

以理性引导自己的人伦情感和社会情感的本质要求。这是人们在社会共存的情感活动中必然形成道德理性，建立道德规范，使它们成为人们相互情感行为的根本标尺的一个主要原因。从人类与动物相揖别的演化史来看，形成羞恶之心是人类从动物中提升出来的一个重要标志。从动物之本能性质的、还未形成理性照射作用的无羞恶之心，到人类产生之时所形成的以道德理性为规约的羞恶之心，是自然演化进程中的一个巨大的质的飞跃。没有这种质的飞跃，也就不会产生真正的人类。所以，可以说，与恻隐之心、辞让之心、是非之心相比，羞恶之心对于人类之为人类来说，具有极其特殊的意义。它对于人们进行共同的社会实践，是必需的；对于人们的日常生活交往，是不可缺少的。一个群体或社会的成员完全丧失羞恶之心，他们就必定倒退到禽兽状态，甚至连禽兽都不如。

再次，辞让之心或恭敬之心，无论是把它理解为一种伴随着情感的道德理性认知，还是理解为伴随着理性认知的道德情感，我们认为，孟子之所以把它判定为善的，是由于它主要来自人们对社会交往的和谐要求。应该指出，孟子虽然明确说，辞让之心或恭敬之心作为礼，是对仁与义两者进行恰当的调节和修饰，但孟子的观点绝非仅仅限于此。他的另外一句话表明了这一点："礼人不答，反其敬"[①]。这意味着，辞让恭敬不只是为了仁义而存在，而是有其自身的内容和维度。从人们社会交往生活的各个领域来看，这实际上是对人们在差序格局下实现社会交往和睦方式的反映。人们在社会交往中所处的不同时空、在社会关系中所处的不同地位，对于名誉利益的不同关系等等，都要求辞让恭敬，要求合宜得体。否则，就不仅会导致人们社会共存活动中的"面子"问题——这是中国人特别重视的人际交往的情感问题[②]，而

---

① 杨伯峻：《孟子译注》，第125页。

② 黄光国：《儒家关系主义：文化反思与典范重建》，北京：北京大学出版社2006年版，第16—18页。

且会产生其他方面的纷争。由此，任何层次的共同体都难以和谐持存下去。

最后，是非之心，即便不把它仅仅理解为道德理性的是非判断之心，其本身所蕴含的人们社会共存的价值意义也是显而易见的。人们的道德理性所不断生成、丰富、修正、完善的是非观念，是人们进行社会合作、共同实践的方向盘，是人们不断完善社会互动方式的标尺，是人们不断提升社会伦理生活的根本依据。简言之，它是人们之为社会共存者的灵魂所在。实际上，在孟子那里，“智”的实质是把握仁义并坚持下去，但这只是“智”或道德理性活动的一个方面。“智”也必定存在于人们之间的其他社会共存活动之中。例如，在管理者的管理活动中。如果管理者没有管理好他人，那么，一个最重要的可能原因，是管理者的管理活动在是与非的问题上存在偏差。因此，对于管理者来说，在这种情况下首先要思考的是自己在管理的是非维度上是否存在问题。这也就是孟子所说的没有治理好别人就需要反问自己的意思。

以上就是孟子性善论所隐含的社会共存价值意蕴。它表明，孟子之所以把人们的恻隐之心、羞恶之心、辞让之心、是非之心作为仁义礼智的端芽，是因为它们是人们社会共存这一根本价值在多个维度上的本质要求，或者说，它们本身就是人们社会共存的主要价值要求，同时，它们也是人们社会共存的主要价值形式。只有以它们作为人们观念和行为的指导准则，才有人们的健康向上、和谐一致、共同成长，才有社会的优良秩序、公平正义和持久发展。没有这些价值准则，人们必将处于争斗、分裂、“人对人是狼的状态”之中，社会将不再是一个正常的社会，它最终将会失去自身的本质而走向衰亡。

从孟子对人性善的实现路径的论证思路来看，应该承认，孟子的思想，从主体层次的角度来说，的确是以每一个人为初始主体的，其思路是从认为每一个人都有善的本性，到要求每一个人都必须发挥自己的善的主体自觉，并由此而进一步迈向更大的人生价值目标。在孟子的理论中，这一过程是一个人以**自我意识**、**自我反思**的方式逐步扩展四端、拓宽价值视野、提高人生境界的过程，而不是以**不断尝试**和**培养习惯**的方式获得成长的过程。正如曼于尔·艾姆（Manyul Im）所指出的，孟子所认为的人心的“四端”的完善，不是亚里士多德所提出的通过习惯而培养美德的那种过程，因而以亚里士多德的美德论去理解孟子的性善论是不够恰当的，至少不是阅读孟子的关于情感是可以完善的这种观点的唯一基础。[①] 我们这里想说的是，无论这一过程的内容特点如何，在孟子的理论中，人性善的实现路径的确是一个从个体修身养性出发，进而达到齐家、治国、平天下这些更大的价值目标的过程。

同时，在承认这一点的前提下，我们也认为，在孟子的思想中，也包含着反向的视野，即从天下太平、国家安定、家庭和睦这些更大的价值看个人价值的视野。因为，当孟子谈论每一个人的本性都是善的，因而人人皆可以为尧舜时，尽管他认为每一个人对自身的善性自觉和为善实践是他达到齐家、治国、平天下的前提，但他显然是把家庭和睦、国家安定、天下太平这些价值看作是比每一个人的善的修为更大、更高的价值，也就是说，他是在实现家庭和睦、国家安定、天下太平这些价值的视野下来思考每一个人的善性自觉和为善实践的。从这一角度来看，他的性善论包含了深刻的社会共存价值意蕴，这一点是肯定无疑的。

三、性善论的价值意蕴对于社会治理的重要意义

既然在孟子那里人性善不是对人性的一种假设，而是一种价值事

---

① Manyul Im, “Emotional Control and Virtue in the ‘Mencius’ ”, *Philosophy East and West*, Vol. 49, No. 1, 1999, pp. 2-3.

实认定，既然他的性善论包含了丰富深刻的价值意蕴，既然社会在本质上都是包含各种价值追求的统一体，那么，孟子的性善论对于一个社会的治理就具有极其重要的现实意义。在这里，我们不打算逐一分析孟子的每一善端之论对于社会治理的重要意义，只是从性善论的根本方法论、人学价值取向、安身立命归依、社会秩序建构、目标实现之用、理想共同体塑造等方面来作一点讨论。

其一，在根本方法论方面，我们认为，孟子的性善论思想的根本方法论，是本质即存在、存在即本质的方法论。人之善的本质已经有了萌芽式的存在，同时它需要在进一步的扩展中才能够完整实现自身。在这里，人之善的本质的实现过程就是人之为善的存在过程。显然，这一方法论对于一个社会的治理来说，意义极其深远。首先它要求，一个社会的治理，从一开始就需要高度自觉地努力认知社会所需承担的根本善，以根本善的实现作为自身的目的所在、方向所在，在起点之处就走在正确的轨道上，只有这样，才有可能进一步顺利实现其他价值目标。同时它还要求，社会治理必须不断反思自身对于根本善的认知和践履过程，使这种认知更加充分、践履更加圆满，因为这种存在过程也就是社会的本质之实现过程。反之，如果社会治理从一开始就缺少对根本善的自觉，而且没有不断反思和调整对根本善的认知和践履，那么，在社会的发展过程中，非善或不善的问题就会累积起来，而当经过多次试错之后再决心选择从善之道或对错误过程进行矫正，则需要付出较大代价。

把孟子的性善论思想的上述根本方法论，运用于我国当前进行的全面深化改革的实践，意义尤其重大。全面深化改革的一个根本问题是价值方向问题：改革所要实现的根本善是什么？显然，既然我们的改革是坚持社会主义方向的改革，那么，这种改革就必定把实现**全体人民群众整体的共同福祉**作为根本的善。在这一事关我国改革的根本价值目的问题上，《中共中央关于全面深化改革若干重大问题的决定》

已经作出了明确表述："促进公平正义、增进人民福祉"是全面深化改革的出发点和落脚点。无疑，这是其灵魂所在。

其二，在人学价值取向上，孟子的性善论是一种关于人的正面的、建设性的人学价值理论。它不仅认定人在本性上是善的，而且认定人是可以为善的、人心的四个方面都是可以培育和扩大的，因而，这样一种理论对于人的存在以及社会的存在是乐观的、充满信心的，这对于正面地激发人们不断向上、提升自我、关爱他人、促进社会的善的目标的实现，具有强大的正面引导功能。在这一意义上，安乐哲（Roger Ames）提出，在孟子那里，人性（Ren-xing）是一种鼓舞性质的观念（an inspirational notion），一种实现性质的概念（an achievement concept）[①]，他的这种说法无疑是正确的。另一方面，安乐哲否认孟子所说的人性是指人的天性（human nature），否认它是一种描述性的观念。他的这种观点却是难以成立的，因为如我们前面所说，孟子的理论实质上是把人性善看作一种价值事实，对于社会治理者来说，以这种人性的正面价值观念来对待他人和自己、管理他人和自己，可以激发全体社会成员思善为善的巨大潜能，可以打开全体社会成员道德成长的无限空间。

也正是由于肯定人具有善的本性或潜质，因而断定人能够因之而为善，孟子才提出良好的教化对于开发人的善性的本质作用，认为良好的教化比良好的政治更加重要。"仁言不如仁声之入人深也，善政不如善教之得民也。善政，民畏之；善教，民爱之。善政，得民财；善教，得民心。"[②] 孟子的这一思想，对于正在建立和完善市场经济体制的

---

① Roger Ames, "The Mencian Conception of Ren Xing: Does It Mean 'Human Nature'?", in Henry Rosemont, Jr. ed., *Chinese Texts and Philosophical Contexts: Essays Dedicated to Angus C. Graham*, LaSalle, Illinois: Open Court, 1991, p. 158. 参见 Irene Bloom, "Human Nature and Biological Nature in Mencius", *Philosophy East and West*, Vol. 47, No. 1, 1997, p. 25。

② 杨伯峻：《孟子译注》，第 238 页。

我国来说，特别值得重视。市场经济体制，对于发展经济的确具有巨大的动力作用，但也有它自身的重大缺陷。由于它以激烈竞争、功利刺激为主要动力方式，这就使得各类法人组织把建立刚性制度作为实现效率目标的压倒一切的手段，因而极大地忽视了组织成员内在向善的方面，忽视了对于组织成员的道德教化和引导作用。实际上，即使仅从功利目的的角度看，刚性制度这种管理方式也仅仅在控制或强制维度上能够获得组织成员的贡献和效率。

其三，在人们的安身立命归依方面，由于仁义礼智的确是人们伦理价值生活的基本内容之一，因而在社会治理中，按照孟子性善论关于扩展“四端”的要求，建构合宜的人际关系和人际交往方式，努力培养和扩展社会成员的相互关爱之心（仁）、荣辱羞耻之心（义）、相互谦让之心（礼），是非对错之心（智）等方面的心灵价值，为人们创造尽心、知性、知天、存心、养性、事天的充分条件，无论是对于社会的一般成员，还是对于社会的治理者，都意味着在伦理价值生活的一个终极向度上形成了正确健康的内容，也意味着所有成员在社会中可以找到这一价值维度上的安身立命之所。他们也必定认识到，这样的社会是值得托付的。因而，这将既是社会成员实现自身的善的价值的过程，也是社会成员为社会贡献智慧和力量的过程。

其四，在社会秩序建构方面，以孟子的性善论为引导进行社会秩序建构，也十分必要。如果人心的四个方面或“四端”的确不仅包含着情感，而且包含着理性，那么，遵循人心的本质要求而建立起来的社会秩序，就是既包含着善的情感、也包含着对善的理性认知的社会秩序，是情感与理性相统一的社会秩序，在一定条件下，会建立起“情以理先、理以情助、情感与理性相互交融”的社会秩序。显然，这样的社会秩序一旦实现，既是成员个体之福，也是社会整体之福。

同时，还应指明的是，在社会秩序建构方面，孟子突出强调了领导者在思善为善方面的率先垂范对于非领导者的重要引领和推动作用。既然人的本性已经蕴含善端，既然民众归依仁就如水从高处往低处流，那么，只要领导者践履仁，被领导者就会跟着践履仁，领导者践履义，被领导者就会跟着践履义，由此，最终会实现社会的稳定和谐、长治久安，即所谓“君仁，莫不仁；君义，莫不义；君正，莫不正，一正君而国定矣”[①]。因此，对于最高领导者来说，以不忍人之心，行不忍人之政，也就必然会治天下可运之掌上。

其五，在目标实现之用方面，无论是对于实现社会的价值理性目标，还是对于实现社会的工具理性目标，孟子的性善论都有着头等重要的意义。社会作为一个承担着实现各种价值的统一体，既需要实现终极意义上的价值，如平等、合作，也需要实现手段意义上的价值，如效率、功利。无疑，孟子的人性善理论强调的是互相关爱、互相尊敬、互相礼让、明辨是非这些终极价值或过程价值，但它们的实现，也必将带来与这一维度相应的非终极价值或工具价值的实现，正如公平、平等这些终极价值的实现，会带来相应的功利、效率等非终极价值的实现一样。

概括以上几个方面，可以说，孟子的性善论在塑造理想的社会共同体方面，具有不可低估的长久引导作用。通过把孟子的性善论实施于社会整体治理的各个方面，经过长期不懈的努力，社会整体终将会成为一个具有善的本质、善的目标、善的活动过程的共同体，成为从根本上健康发展、不断增进全体成员共同福祉的共同体。这是社会共同体的终极意义所在。这样的共同体，从领导者到一般成员，从治理制度到治理政策，从内部关系的安排到对外关系的处理，普遍以善为灵魂方向，因而是共同体的本质和人的本质的完满实现。借用亚里士多德的概念来说，这是共同体和个人的真正的“隐德来希”。

① 杨伯峻：《孟子译注》，第 136 页，并参见第 126 页。

对于我们上面所提出的孟子的性善论对于社会治理的重要意义，人们可能会说，这只不过是一种纯粹的理想，根本没有实现的可能和条件。对此，我们的回答是，它的确具有突出的理想性，但它并不是永远不可实现的乌托邦，而是社会治理发展的长远趋势所在。

第三章
当代西方国家治理研究的两种价值取向及其意义

在当代西方政治哲学激烈争论的景观中，最重要的争论是共同善目的论与权利正义论的争论。这两种理论，在本质上是关于国家治理研究的两种价值取向相反的理论。它们都涉及对共同善与正义之间关系的理解，但在共同善与正义何者重要、何者为优先的判定上，双方截然相反，各有从自身立场出发所进行的有力辩护和论证。双方的理论具有各自的合理性，同时，它们的相反性质也反映了人类社会不同条件下的国家治理的异质性现实。本章将阐释直接相关的主要哲学家的两种思想观点，重点从国家治理的目的、国家治理的目的与过程的关系、国家与个人的关系三个层次上概括和分析这两种理论的主要内容和各自特点，并指出它们在理论研究上的单维度局限和重要意义，以及对于研究当今世界的国家治理实践的分析价值和对改革、完善我国的国家治理体系和治理能力的借鉴意义。

一、国家治理研究的共同善目的理论

在西方，国家治理研究的共同善目的取向理论，在古希腊时代基本形成，并在近代和现代得到进一步发展和完善。具体来说，古希腊的柏拉图和亚里士多德开创了这种理论，近代的黑格尔对之进行了特定形式的发展，当代的桑德尔（Micheal J. Sandel）和麦金太尔对之进行了充分的阐释和强调。考虑到麦金太尔的理论重在对西方古代以来的美德理论以及合理性理论进行考察，我们这里将主要以其他四位哲学家的理论为讨论对象。从基本内容和特点来看，国家治理的共同善目的论以共同善的实现为根本价值目的，把正义作为实现共同善目的的内在过程。

首先，在国家治理的目的这一问题上，这种理论把国家治理的目的看作是国家治理的核心或灵魂，强调国家治理的共同目的或最高目的的头等重要性，并把这种目的理解为国家或整个社会所要实现的共同善或至善，同时认为，这种共同善目的高于每一个人的善目的，并对什么是共同善作出了特定的回答或界定。

在西方国家治理研究史上，柏拉图从理性至上的立场出发，第一次系统深入地探讨了国家治理问题，形成了国家治理研究的共同善目的论或至善目的论的基本观点和理论框架，把城邦的和谐统一，即全体公民的共同幸福理解为城邦的至善目的。正如柏拉图自己所说，我们建立城邦的目的，“不是为了某一个阶级的单独突出的幸福，而是为了全体公民的最大幸福”[①]，因此，柏拉图给自己所提出的理论任务就是塑造“一个整体的幸福城邦模型”，而这样的城邦也就是团结一致、和谐统一的城邦。用柏拉图的生动比喻来说就是，当一个城邦团结得最像一个人的时候，它才是治理最好的城邦。

亚里士多德直接继承和发展了柏拉图的共同善目的论思想，在坚持柏拉图关于理性在国家治理中具有根本作用和只有城邦才能自足这一观点的前提下，对城邦治理的共同善目的及其与个人的善目的之间的关系进行了更加深入具体的分析，提出城邦治理的共同善目的是实现城邦整体的幸福，个人的善目的是实现个人的幸福，这两种实体的幸福在性质上是相同的，即都是形成美德和践行美德所达到的最美好

---

① 〔古希腊〕柏拉图：《理想国》，郭斌和、张竹明译，北京：商务印书馆 1986 年版，第 133 页，并参见第 197 页。

过程或状态，并且认为，由于城邦是整体，个人是城邦的部分，所以城邦的共同善目的高于个人的善目的。“对于每一个人和对于城邦共同体以及各种各样的人群，最优良的生活必然是同一种生活”[①]，同时，“一种善即或对于个人和对于城邦来说，都是同一的，然而获得和保持城邦的善显然更为重要、更为完满”[②]。在这一点上，亚里士多德与柏拉图存在一定差异。柏拉图把城邦的共同善置于绝对高于个人的善的位置，而亚里士多德则同时指出，个人的善（幸福）的实现——个人培养和践行美德的过程——对于城邦的共同善的实现具有不可缺少的重要作用。

在西方近代，黑格尔的国家治理理论是最重要的创造性理论之一。由于他的理论在内容思路上抽象复杂，概念框架十分独特，因此，一个需要首先作出判断的问题是，他的理论在实质上是否是共同善目的论。对于这一点，我认为，尽管当代的共同体主义者很少对此作出分析和判定，但答案是肯定的。同时，还要事先指出，尽管黑格尔把国家与市民社会区分开来，并把司法和警察活动理解为国家的外部活动而归入市民社会体系，但实际上，对于我们普遍使用的国家治理概念来说，市民社会的司法和警察活动乃至行业团体等，完全属于国家治理研究的范围。无论如何，就国家治理来说，黑格尔明确指出了它的共同目的：“国家的目的就是普遍的利益本身，而这种普遍利益又包含着特殊的利益，它是特殊利益的实体”[③]，国家是依照已经被意识到的目的和认识了的基本原理、规律而行动的，由此，国家在本质上也是“绝对自在自为的理性的东西”。可以看出，虽然黑格尔在这里没有使

① 颜一编：《亚里士多德选集》（政治学卷），北京：中国人民大学出版社 1999 年版，第 243 页，并参见第 238 页。

② 苗力田编：《亚里士多德选集》（伦理学卷），北京：中国人民大学出版社 1999 年版，第 5 页。

③ 〔德〕黑格尔：《法哲学原理》，范扬、张企泰译，北京：商务印书馆 1961 年版，第 269 页，并参见第 252 页。

用共同善概念，但他在实质上把普遍利益理解为国家的“共同善”。

桑德尔在批判罗尔斯（John Rawls）和诺奇克（Robert Nozick）的个体主义理论的过程中，连同麦金太尔等人一起，直接发扬和阐明了柏拉图和亚里士多德的共同善目的论。桑德尔认为，国家生活或社会生活的本质意义在于形成共同价值目的，人们在共同体中的存在必然形成共同利益，也正是在共同体中，人们获得对自己的身份和意义的理解，获得人们自我理解的共享的形式。① 所以，国家治理必须把对共同善目的的确定作为国家治理的根本议题，这需要调动人们对什么是共同的善的生活进行充分思考和对话。

其次，在国家治理的目的与过程的关系问题上，共同善目的论明确提出了对共同善与正义的关系的看法，认为共同善目的是根本的，正义是实现共同善目的的过程安排特别是制度安排，因而是由共同善目的所规定的，换言之，只有能够实现共同善目的的过程安排才是正义的，否则，就不是正义的，这也决定了正义作为过程，与国家的共同善目的在本质上是一致的。

在柏拉图的共同善目的论中，一个基本内容是对共同善与正义的论说。在理念层次上，他提出，善的理念是最大的理念，是正义的理念、真理的理念、美的理念的源泉，正义等理念是由善的理念所规定的。② 同时，在城邦治理方面，除了对城邦的共同善目的的理解以外，他把正义理解为各个阶层的分工有序、各行其责，因此，在他那里，正义的过程直接指向城邦的共同善目的的实现，正义从属于共同善目的。

亚里士多德进一步深化了柏拉图的思想，提出所有层次的共同体都是为着某种善而建立的，城邦是所有共同体中的最高共同体，因此，

---

① 〔美〕迈克尔·桑德尔：《自由主义与正义的局限》，万俊人等译，南京：译林出版社 2001 年版，第 220 页。

② 〔古希腊〕柏拉图：《理想国》，第 260、267、276 页。

城邦所要实现的善是最高的善；而正义（公正），在作为整体的正义即在作为整体的美德的意义上，也就是说，在正义地对待自己和正义地对待他人的意义上，或者说在遵守城邦法律的意义上，其本身就是实现全体公民的共同利益的过程，就是对全体公民“给予和维护幸福”的过程；而在作为部分的正义的意义上，即在公共品的分配、交往行为、产品交换等方面的平等的意义上，正义也是实现城邦的共同善的生活所不可缺少的过程要求。也就是说，亚里士多德的观点在实质上是认为，共同善目的与正义过程是一而二、二而一的关系，或者说，是一种目的即过程、过程即目的的存在状态。正因为如此，他在论述政治学的重要地位时才说，“政治上的善即是公正，也就是全体公民的共同利益”①。

在黑格尔那里，由于国家的灵魂是理性，国家治理的目的和过程归根到底都是理性的必然要求和运动。具体来说，国家对普遍利益这一共同目的的实现，是一个认识自身以及环境和关系的规律、认识国家目的与个人目的相互渗透和统一关系的过程，是一个制定法律制度、将权力的运转按各种活动领域加以划分的过程；其中，国家的法律制度特别重要，它们构成了“巩固的国家基础，以及个人对国家的信任和忠诚的基础；它们是公共自由的支柱”②。因此，在黑格尔的理性主义思想中，国家治理的目的和过程是内在一体的。这在本质上也可以理解为，这种必然运动本身就是正义的，正义就是国家的共同善目的的实现过程。

桑德尔在发挥柏拉图特别是亚里士多德的国家治理的基本观点的基础上，明确指出，只有在确定了共同善目的的情况下，才能确定什

① 颜一编：《亚里士多德选集》（政治学卷），第 100 页。并参见苗力田编：《亚里士多德选集》（伦理学卷），第 103—104 页。

② 〔德〕黑格尔：《法哲学原理》，第 265 页，并参见第 269 页。

么样的治理过程或制度是正义的。[①] 同时，在国家治理的过程问题上，他提出，既然正义的社会需要一种较强的共同体感，需要人们的团结和相互责任，那么，就必须找到一种培育公民关心全局以及为共同善做贡献的方式，找到一种反对将良善生活完全私人化，并且培育公民的美德的方式。[②] 可见，桑德尔市在明确坚持共同善这种价值目的的前提下，把国家治理的过程和目的统一起来。

最后，可以看出，共同善目的论的上述两个方面都直接涉及国家与个人的关系问题，特别是国家利益与个人权利的关系问题，在这一问题上，共同善目的论总体上是国家整体价值取向的，认为国家不等于所有个人的总和，国家必须成为一个内部成员结合紧密、团结和谐统一的整体，因而，在国家与个人的关系的安排和处理上，共同善目的论强调国家高于个人，认为个人只有在国家的共同生活中，才能获得自己生存的意义，国家的整体利益从根本上决定着个体的权利。

在这一问题上，柏拉图、亚里士多德给予了大体相似的洞见式阐明，黑格尔立足于近代西方的社会现实，以自己特有的角度提出了丰富深刻的思想，桑德尔则是在批判罗尔斯正义论的过程中强调和阐发了柏拉图特别是亚里士多德的观点。

柏拉图通过对城邦起源的讨论，提出城邦的建立来源于个人自己无法单独满足自己的各种需要，人们只有建立并生活在城邦中才能满足自己的各种需要，城邦的这种整体和自足性质，决定了城邦高于个人，决定了城邦的统一生活对于个人生活具有根本意义。亚里士多德认为，城邦是由众多个人结合而成的整体，如前所说，城邦作为共同体整体，在本性上优先于作为部分的个人，个人脱离了城邦就不再

---

① 〔美〕迈克尔·桑德尔：《公正：该如何做是好》，朱慧玲译，北京：中信出版社 2012 年版，第 298 页。

② 〔美〕迈克尔·桑德尔：《公正：该如何做是好》，第 312 页。

是人[①]，因而，在亚里士多德的观念中，个人是从属于城邦整体的统一存在的。黑格尔批判了卢梭的国家或公意理论，认为卢梭所理解的公意只不过是众多个人意志的集合。他提出，国家作为一个社会的普遍和最高的环节，作为伦理理念的现实，是绝对统一的和自在自为的实体，国家的使命不是保证和保护个人的任性自由和单个人本身的利益，相反，“个人本身只有成为国家成员才具有客观性、真理性、伦理性……他们进一步的特殊满足、活动和行动方式，都是以这个实体性的和普遍有效的东西为其出发点和结果”[②]。桑德尔则是在与罗尔斯关于权利与善的争论中提出自己的观点的。他认为，一个国家共同体的性质特点，界定了公民个人的身份特征，规定了公民个人的权利的范围和形式。

可以看出，由柏拉图、亚里士多德、黑格尔、桑德尔等哲学家所形成的以共同善目的为主导价值取向的国家治理理论，具有自身的突出优势与合理性，这就是，它深入阐明了国家实现统一稳定、繁荣强大所需的治理方式。也就是说，一个国家的发展和强大，必须树立正确的共同善目的；它是一个国家前行的首要信念和终极理想，是引领全体公民思想与行动的根本方向，是形成统一意志、凝聚创造精神的巨大动力。

这种理论之所以具有上述优势与合理性，是因为它正确反映了人类国家治理实践的一种基本类型，在人类历史的现实中有其产生的深厚土壤。就西方古代来说，古希腊的城邦和中世纪的西欧主要国家，在多数情况下和大部分历史时段内，基本上是以国家的统一强大作为整体目的、共同善目的而进行治理的。古希腊的雅典和斯巴达等城邦的治理尤其如此。城邦的人口和领土的有限规模，城邦社会从原始社

① 颜一编：《亚里士多德选集》（政治学卷），第 7 页。
② 〔德〕黑格尔：《法哲学原理》，第 254 页。

会氏族中脱胎而来的历史背景，城邦的比较低下的经济水平等诸多因素，共同决定了城邦治理的整体论、共同善目的论性质，决定了柏拉图和亚里士多德能够充分自信地把城邦的共同善作为城邦治理的决定性目的。就中国古代来说，夏商周三代，以及从秦汉以来的历代封建王朝，都把民生安定、天下太平作为国家治理的根本目的，在多数历史时期也基本上做到了这一点。就是说，中国儒家多数代表人物的国家治理思想也是整体目的论的。

二、国家治理研究的权利正义理论

西方国家治理思想发展到近代，形成了权利正义取向的理论。这种理论大多采取社会契约论的形式，认为国家治理的根本方式在于正义的过程安排，特别是制度安排，正义的过程所带来的整体结果必定是正义的，因而国家治理的首要原则是正义，正义比共同善更加根本，正义优先于共同善。也就是说，在价值取向上，这种国家治理所具有的本质特点，与共同善目的取向的理论基本上是对立的。从产生的时代来看，权利正义取向的理论尽管在古希腊社会晚期的智者派和伊壁鸠鲁的思想中有其先兆，但它的真正创立是在近代，其中洛克和卢梭的社会契约论是典型代表。在现代，罗尔斯和诺奇克等哲学家以更全面更深入的理论形式发展了洛克和卢梭的理论。考虑到诺齐克的观点是对洛克个体权利观点的极端发挥，为了行文的简明和尽可能避免重复，我们这里主要分析洛克、卢梭、罗尔斯的理论。

首先，在国家治理的目的的问题上，西方权利正义论的近代代表和当代代表在理论形式上存在一定差异。前者认为，个人的生命、自由、财产等权利具有天然正义的性质，这些权利在人们的社会共存中具有神圣不可侵犯的地位，国家治理的根本目的和任务就是以统一可靠的社会方式保护和实现每一个人的这些权利，这也是国家治理的正义所在；后者则宣称，他们的理论是非目的论的，反对在没有得出正当性的正义原则的情况下设定国家治理的共同善目的，因为这种设定带有突出的主观偏爱和偶然性。我认为，当代的这种理论形式尽管在表达上反对国家治理的目的论，但从本质上看，这种理论形式实际上是把保护和实现个人权利作为国家治理的首要目的，把权利目的正义看作比国家的共同善目的更加重要。

洛克以社会契约论方式所提出的国家理论，尽管没有明确命名和使用“权利正义”概念，也没有专门讨论权利正义与共同善的关系问题，但他的思想明显是权利正义论取向的。他提出，人类作为上帝创造的子民，每个人都天生拥有自然法则所赋予的一切权利和利益，人们之所以通过“契约同意”的方式脱离自然状态而联合为国家并置身于政府之下，其“重大和主要目的”，就是为了稳定可靠地“互相保护他们的生命、平等、自由、财产、执行权等”，这也正是国家统治或国家治理的正义所在，因为这消除了在自然状态下“大部分人并不严格遵守公道和正义的情况”[①]。

卢梭的国家理论明确指出了国家制度的目的是保护通过社会契约所建立起来的公民社会中的个人的权利。与洛克的理论相比，卢梭的理论在内容和思路上带有一定的复杂性。一方面，他比洛克更加强调由契约所形成的“主权者”或国家的统一性质和共同任务，更加深入地认识到人们通过社会结合建立国家后必然产生对自然状态下的个人权利、个人利益的某些改变、统一和整合；但另一方面，他认为，“既然主权者完全是由组成主权者的单个的人所构成，那么主权者就没有，而且也不会有任何与构成主权者的人们的利益相反的利益”[②]，人们签订

① 〔英〕洛克：《政府论》（下篇），叶启芳、翟菊农译，北京：商务印书馆 1964 年版，第 52、59、77、79—80 页。

② 〔法〕让-雅克·卢梭：《社会契约论》，徐强译，北京：九州出版社 2007 年版，第 45 页，并参见第 81 页。

社会契约而结合为国家的目的，是用集体的力量保护每一个人的自由、人身、利益等，即“能够动用全部成员的集体力量来保护**每一成员**的人身和利益，而且在这种结合下，每一个人在和别人结合的时候并不是使自己服从其他人，而是服从他自己，并且像从前一样自由”[①]。

罗尔斯自认为他是在提升洛克、卢梭、康德的社会契约论的基础上，提出以保证和实现每一个人的自由权利为核心的正义原则的。实际上，在社会契约论方面，他主要继承和发展了洛克和卢梭的理论。只是在对人的本质的看法上，他主要继承了康德关于人能够是理性存在者因而能够是自由存在者的观点。在对目的论的态度上，罗尔斯明确反对目的论，特别是亚里士多德主义的善目的论和功利主义的功利最大化目的论，认为目的论所主张的对事物的善的判断独立于正当概念和正义的观点，是不能成立的，相反，只有在确定了正当概念和正义原则情况下、在正义原则的规导下所形成的共同善目的才是正当的和可以追求的。[②]但是，我认为，通过深入分析应该可以判定，罗尔斯的理论在实质上隐含地把实现个人的自由权利作为社会主要制度安排的首要目的。所谓正义是一个社会的首要美德，所谓正义的主题是社会的基本结构，即社会的主要制度分配基本权利和义务、决定由社会合作产生的利益之划分的方式，所谓正义的自由原则优先于机会平等和差别原则，都有力地表明了这一点。

其次，从国家治理的目的与过程的关系的角度看，权利正义取向的多数研究者们虽然同意人们的社会生活能够形成共同善目的，但反对把正义作为实现共同善目的的手段或过程，认为正义独立于和优先于共同善目的，也决定着共同善目的。从前面的分析来看，他们实际上不仅把实现权利正义作为国家治理的根本目的，而且把权利正义的

---

① 〔法〕让-雅克·卢梭：《社会契约论》，第35—37页。译文根据英文做了稍微改动。

② 〔美〕约翰·罗尔斯：《作为公平的正义：正义新论》，姚大志译，上海：上海三联书店2002年版，第329—330页。

制度安排作为实现权利正义的过程或手段。

洛克的理论所具有的突出的权利正义取向，决定了他在国家治理的目的与过程的内容上的同一性观点，也就是说，在他的思想观念中，国家治理的目的与过程都是以个人权利为轴心的。尽管洛克认识到一旦建立国家，就必然形成权力的同一性、共同性，因而必然要求人们服从国家的权力，但在国家治理的目的与过程的实质上，可以看出，他的基本观点是明确的，这就是，保护和实现每一个人的权利，既是国家治理的目的，也是国家治理的过程和正义的标准；国家的立法权力和行政权力的界定和行使，都必须以此为根本原则，任何违反和僭越这一原则的国家行为，都是不正义的。

卢梭的国家治理理论在这一问题上具有两面性。一方面，他的理论隐含着一定程度的集体论倾向，认为人们基于社会契约进行社会结合，形成公民社会或法律社会，这就使得人们的行为获得了统一性即公共人格或公意（总体意志），任何个人的行为都必须以公意为准则，都不能违反公意，而且，他经常由此明确指出，公意代表了共同利益或公共利益（the public good，the public interest）。另一方面，从人们的行为过程的角度看，他认为，公民社会在本质上是人们以正义取代本能作为行为的准则，而且人们的行为由此便具有了前所未有的道德品性，人们虽然失去了自然状态下的那种自由和其他绝对权利，但获得了社会的自由以及对他所占有的财产的合法权利。[①] 因此，可以看出，在卢梭的理论中，国家治理的目的和过程是统一的，这就是国家以共同的、法律的形式实现那些超越人们本能的社会和道德方面的自由和权利。

罗尔斯在国家治理理论研究上的确做出了许多重要推进，其中最重要的一点是他更加自觉和突出地强调正义过程即正义的制度安排对于人们社会生活、社会合作的头等重要性，认为制度安排过程的正义，

① 〔法〕让-雅克·卢梭：《社会契约论》，第 49—51 页。

决定了目的和结果的正义。他提出，在他所主张的作为公平的正义中，正当概念优先于善的概念，善观念要符合正义原则的要求；他认为，在以正义原则为规导的社会合作过程中无疑也会形成共同善目的，但是，既然这种共同善目的是在正义原则下形成的，那么，它就是由正义的过程决定的，而不是像功利主义和亚里士多德的目的论以为的那样，是独立于正义的。①可以看出，由于罗尔斯把正义主要理解为保证和实现个人的平等的自由权利的，因而不管他如何强调自由权利正义的非目的论特征，不管他如何反对目的论，他的观点在实质上必定是自由权利正义过程论与自由权利正义目的论的统一。

最后，在国家与个人的关系问题上，十分明显，国家治理的权利正义取向理论是个人价值取向的，它认为，国家作为一个实体是由个人构成的，个人对国家具有前提性和优先性。如果说国家是一个整体的话，那么它是服务于个人的整体，所谓国家利益，不过是个人利益的共同方面的结合，在重要性上是次要于每一个人的利益的。在国家共同善目的与个人权利的关系上，这种理论认为，无论国家可能形成的共同善目的多么崇高，都不能违反或侵犯个人的权利，特别是个人的自由权利。

在洛克看来，国家是所有公民个人权利之集合的产物，国家的权力不能够超出所有公民个人的权利需要之外。“人们在参加社会时放弃他们在自然状态中所享有的平等、自由和执行权，而把它们交给社会，由立法机关按照社会的利益所要求的程度加以处理，但是这只是出于个人为了更好地保护自己、他的自由和财产的动机……社会或由他们所组成的立法机关的权力绝不容许扩张到超出公众福利的需要之外。”②洛克这里提到了社会利益或公众的福利。通过深入分析可以看

① 〔美〕约翰·罗尔斯：《正义论》，何怀宏、何包钢、廖申白译，北京：中国社会科学出版社1988年版，第24、30—31、396页。

② 〔英〕洛克：《政府论》（下篇），第79—80页。

到，他的确认识到了在社会中保证所有公民的个人权利与自然状态下个人权利的独立和分散状况存在明显的不同，因而需要对个人权利作出合乎社会结合要求的某种调整，而且，他也认识到，人们的社会结合产生了共同的安全、和平、公众福利等共同利益，但显然，洛克仍然把保护个人权利作为国家存在的根本，因而，他认为，如果国家肆意违反或践踏个人权利，人们就可以起而推翻它。

卢梭的社会契约论在这一问题上的观点同样具有双重性，但他把公民个人的“社会权利”作为国家治理的基点这一基本立场仍然是清楚的。一方面他提出，公意作为以法律进行治理的普遍形式，尽管有时候会出错，但它永远是正当的（rightful），而且总是倾向于追求公共利益（the public good），因此，他强调主权者（国家权力）的绝对、完整、神圣和不可侵犯；另一方面，他又提出，国家的权力不会超过，也不能超过公共契约的界限。由此，所谓公意和主权者，在实质上是保证和实现人们在社会中的那些权利的统一的、法律的、一视同仁的方式。公意在本质上是权利平等和正义观念的集中表达，是对所有个人之自身利益偏爱的平等和正义的处理方式，“它在目标上以及在本质上必须要有普遍性；而且它必须来自所有的人，又适用于所有的人”[①]。因此，国家和公意的出发点和落脚点仍然是保护和实现公民个体的社会权利。

在罗尔斯的正义论中，由于他所提出的对主要社会制度进行安排的正义原则本质上是个人自由权利原则，由于他把这一原则作为人们社会合作的首要理念或灵魂，因而已经预设了个人与国家或社会之间关系的“正义”观点，即，众多个人的独立价值在重要性上高于国家或社会的价值，众多个人的自由权利高于国家或社会所形成的共同善。这一点，罗尔斯在论述正义的作用（即把正义理解为社会的首要美德）

---

① 〔法〕让-雅克·卢梭：《社会契约论》，第77页。

时给予了明确回答。他提出，正义赋予个人的存在以绝对价值，这是国家整体的利益所不可侵犯的。“每个人都拥有一种基于正义的不可侵犯性，这种不可侵犯性即使以社会整体利益之名也不能逾越。……所以，在一个正义的社会里，平等的公民自由是确定不移的，由正义所保障的权利决不受制于政治的交易或社会利益的权衡。”① 正如他自己所说，他的这种正义观是个人主义的：“根本的观点在于：我们想用一种以个人主义理论为基础的正义观来解释社会价值，解释制度的、共同体的和联合活动的内在善。……我们不想假定社会是一个有着自己独特生命的有机整体——它的这种生命区别于并优越于它所有的成员在其相互联系中的生命。”②

可以看出，国家治理的权利正义取向理论，在本质上是个人权利价值取向的。这一理论在国家治理研究方面的长处在于，它能够比较充分地彰显个人权利的性质、内容、重要性，能够深入阐明权利对个人成长的本质意义，能够从个人价值的视野出发判别国家治理制度服务于个人发展的作用的性质和程度。

同样需要指出的是，近代以来产生和发展的这种权利正义取向的国家治理理论，也不是离开现实的纯粹的理论思辨，而是在无形和有形中折射出了近现代西方社会的现实本质，这种本质与古代社会的本质是截然不同的。正如马克思深刻指出的，近代西方所产生的资本主义经济以及与之相应的政治制度和价值观文化，在本质上是围绕资本主义个体的生存发展而展开的，因而也对社会的所有个人的精神和实践产生了根本影响；概言之，以资本实体为基础的社会，在主导的价值取向上是个人权利取向的。从洛克的契约保护下的个人的天赋权利，到卢梭的契约公意下的个体权利，从罗尔斯对平等的自由权利正义的

---

① 〔美〕约翰·罗尔斯：《正义论》，第3—4页。

② John Rawls, *A Theory of Justice*, Revised Edition, Cambridge, Massachusetts: Harvard University Press, 1999, pp. 233-234.

强调，到诺齐克对最弱国家和个体绝对自由权利的论证，尽管它们未必都是有意识地在为资本社会的个人权利取向进行辩护，但总是自觉不自觉地表征了这一本质。这一点，在我们没有进行讨论的麦金太尔的理论中，已经尖锐地指明了。[①]

三、两种国家治理理论的局限与意义

国家治理研究的上述两种理论——共同善目的取向理论与权利正义取向理论，代表了西方从古至今所形成的国家治理研究中两种基本理论，它们在价值取向上是相反的，或者说它们是国家治理的两种相反的价值理论。从理论探讨和建构的角度说，这两种理论作为国家治理的一般价值理论，除了前面指出的双方各自的独特优势之外，既存在着各自的单向度执着和历史主义原则不够充分的局限，也具有重要的理论研究意义。而从现实的角度看，它们对于我们深入分析当今人类的国家治理实践，改革和完善我国的国家治理体系，都有重要的启示意义。

首先，需要清楚认识这两种理论的局限和理论意义。

就其理论研究的局限而言，这两种理论的第一个局限，是各自坚持自身的单向度立场，忽视了双方观点的互补性。国家治理在一般价值要素的构成上总是包括个人权利与共同善这两个基本要素，因此，不管是主要强调个人权利，还是主要强调国家的共同善，都很容易忽视个人权利与共同善之间的内在关联，忽视它们之间的一般关系。就这两种理论的实际情形来看，权利正义取向理论坚持正义原则独立和优先于共同善目的，共同善目的取向理论则坚持共同善目的规定着权利正义，而实际上，权利正义与共同善目的之间一定存在着相互规定

① Alasdair MacIntyre, *After Virtue: A Study in Moral Theory*, third edition, p. 254.

相互制约的关系，而这两种理论由于执着于一种基本价值都没有深入思考两种基本价值的这一关系问题。

双方在理论上的第二个局限，是对社会历史主义研究方法的运用不够充分彻底。一方面，虽然并非权利正义论的所有代表人物都完全忽视对于自身理论的历史情境的思考，如罗尔斯就明确认为，他的正义理论主要以西方社会的政治制度为蓝本，但是权利正义论在总体上具有突出的静态特征，并且显著强调自身对各种国家治理的普遍适用性，洛克、卢梭、罗尔斯，以及诺齐克都是如此。另一方面，共同善目的论的某些代表人物如黑格尔和桑德尔虽然比权利正义论更加明显地坚持社会历史主义方法，认为善与正义的关系是社会情境的和历史变化的，但柏拉图特别是亚里士多德的理论，却缺少足够自觉的社会历史视野；同时，即使是黑格尔和桑德尔，在对社会历史主义研究方法的运用方面，也还存在着不够彻底的问题。例如，桑德尔的理论并没有明确指出，究竟是什么样的不同的社会历史情境条件，必然决定权利正义和共同善目的双方中的一方会处于主导地位而另一方处于从属地位，或者必然决定双方能够处于相互协调、大体平衡的状态。

就其理论意义而言，要充分认识到，上述两种价值取向理论所作的各自相对完整的合理性论证、所形成的对立谱系及其理论上的不足，也表明了它们在各自方向上达到了带有极端性的深度，因而各自在自身的着重点上都做出了重大理论贡献，在相互对立的意义上提出了国家治理研究的一系列重要问题，为我们今天的进一步研究提供了富有启发的基础。可以认为，对于今天的研究者来说，如下这些问题都是由上述两种理论所激发的、我们今天必须面对的重要问题：在一个国家或社会中，个人权利和共同善究竟是如何形成的？判定何者优先、何者具有决定意义的正确依据是什么？在国家治理中是否存在着个人权利和共同善之间关系的普遍模式？在国家治理的目的和过程的关系中，个人权利和共同善，在什么样的条件下能够实现内在一致？个人价值与国家价值在什么样的条件下主要处于对立状态，在什么样的条件下主要处于相互促进、共同发展的状态？最后，究竟如何思考正义与利益之间或道义正义与利益善之间的关系问题？等等。

而且，也正是由于这两种理论充分展现出相反的性质，才促使我们去思考它们之间可能具有的互补性，思考权利正义与共同善目的之间的相互制约关系，进而思考如何对这两种理论进行批判式的融合。归根到底，在国家治理研究中，必须思考个人价值与国家价值、个人权利与国家权力、正义过程与共同善目的这样的内核问题或永恒的理论问题。同时，也只有找到正确或可靠的阿基米德出发点，才能深入地研究这些问题，这也意味着的确需要尽可能全面地探讨这些问题。另外，它们之间的对立也必然促使我们思考国家治理研究的第三种价值取向。这些都是权利正义论与共同善目的论的争论给予我们的重要理论启示。

其次，对当今的现实研究而言，由于共同善目的取向理论与权利正义取向理论本身就是立足于历史现实的理论，是对西方社会发展过程中两种国家治理类型的深入思考，因此，它们对于我们研究当今世界人类的国家治理实践，也必定具有重要的分析价值。

纵观当今世界的国家治理实践可以看出，大多数西方国家属于权利正义取向即以个人价值为主导的国家治理类型，中国等国家则属于共同善目的取向的国家治理类型。至于是否存在着权利正义与共同善目的基本平衡的国家治理类型，目前还难以断定，还需要进行深入的考察研究。同时，不管在哪一种价值主导的当代国家治理实践过程中，一般也都存在着一些人对另一种相反的价值的思考或追求。就是说，在以权利正义为主导的国家治理的社会生活中，总有一些人站在相反的立场上，呼吁重视国家共同目的和公共利益，桑德尔、麦金太尔的理论就是如此。而在以共同善目的为主导的国家治理的社会生活中，也总有一些人呼吁和追求权利正义，强调个人价值。

因此，只要当今世界存在着这样两种国家治理实践，那么，共同善目的取向与权利正义取向的国家治理理论，对于探讨当今国家治理实践就仍然是最具针对性和最有效力的分析框架或分析工具。人们可以修改、调整、完善、发展这两种分析框架，但却不能无视它们所取得的重要成就，不能彻底置它们于不顾。

最后，对于我国国家治理体系的改革和完善来说，上述两种价值取向的国家治理理论，也有着可以批判分析的借鉴意义。我国正在推进的国家治理体系和治理能力现代化改革，除了经济制度和体制的活力提升、政治民主制度的完善、决策制度的科学化、政府运转效率的大幅提高、各种制度的法治化等方面以外，最核心的内容是价值目的性质的定位以及实现这一价值目的的制度安排的合理化。党的十八届三中全会已经明确指出了我国国家治理体系及其改革所指向的根本价值目的——促进公平正义、增进人民福祉，因而，现在的主要任务是改革和完善相关的制度。由于我国国家治理体系的现代化是在坚持中国特色社会主义道路前提下进行的，是强调社会整体价值优先的，所以，对于西方共同善目的取向的国家治理理论，我们要充分地、批判地加以鉴别和吸收。同时，我国社会主义社会的不断发展和向更高阶段的迈进，以及市场经济体制和社会保障制度的完善，也会不断鼓励和激发马克思所说的人的个性自由成长意识，这要求我国的国家治理体系建设要更加重视个人价值，因此，权利正义取向的国家治理理论，也有值得借鉴的因素和意义。

第四章
西方公民社会理念对我国社会管理创新的有限意义

我国社会正在发生的历史性变革是从传统社会向现代社会过渡的一种方式独特的转型，我国社会管理创新在本质上是社会主义现代化建构的一个重要方面。因而，如果公民社会的确是西方现代化的重要构成部分和重要成果，那么，不管人们是把它理解为西方社会发展过程中对中世纪封建等级性质的“臣民社会”的历史性否定，还是把它理解为与政治国家和经济生活并列的狭义社会领域，它的实践和理论，特别是它所蕴含的价值理念，对于我国社会管理创新无疑都具有值得认真思考和借鉴的意义。但与此同时，我们也必须看到，我国的“国情”、“社情”与西方社会不同，公民社会的框架和价值理念对于我国社会管理创新的意义是有限的和非实质的，我们不能够把它全盘拿过来加以运用。本章以当今政治理论家科恩（Jean L. Cohen）和阿拉托（Andrew Arato）在批判地继承葛兰西（Antonio Gramsci）和哈贝马斯（Jürgen Habermas）等人思想的基础上所“重建”的狭义公民社会理论为分析对象，来阐明上述观点。

一、公民社会框架与我国社会管理的部分相关度

在西方，公民社会作为一种现实，主要是近现代社会建构和发展的产物。就公民社会理论的形成和变迁来说，它主要经历了从洛克的

公民社会思想到黑格尔和马克思的市民社会理论[①]，再到西方马克思主义代表葛兰西在概念使用并不连贯的思考中所提出的公民社会、国家政治、经济生活三分法雏形[②]和哈贝马斯的公众领域和生活世界理论所包含的对公民社会的阐释[③]，最后到科恩和阿拉托所"重建"的"社会整体三分法"理论模型的复杂演变过程。

根据科恩和阿拉托最后确定的这一理论模型，公民社会是相对于国家和经济——即政治维度的社会和经济维度的社会——而言的，指的是介于国家与经济之间的社会互动领域，主要由家庭等私密领域、社团领域、大众交往领域、社会运动领域构成；公民社会是由公民自己建构、自己动员而创造出来的，并且是通过法律特别是主体权利而制度化和普遍化的；公民社会的这两个维度——自己创造和制度化——虽然在一定时期内能够分立存在，但从长远来看，它们的相互依赖是公民社会得以再生的必要条件。[④]

对于这一理论模型中的公民社会，科恩和阿拉托特意指出了他们认为必须说明的三个关键之点。首先，有必要把公民社会与另外两个维度的社会——由政党、政治组织、政治机构（特别是议会）所组成的政治社会，以及由生产组织和销售组织如公司、合作经营体、合伙

---

① 众所周知，黑格尔和马克思都使用了"bürgerliche Gesellschaft"概念。在黑格尔的《法哲学原理》中，这一概念主要包括经济生活以及围绕它而建立起来的同业公会和法制保障。在马克思的《德意志意识形态》中，"bürgerliche Gesellschaft"的最一般意义指的也是社会的经济活动，特别是工商业的物质交往形式。所以把黑格尔和马克思的上述文本中的"bürgerliche Gesellschaft"翻译为"市民社会"是恰当的，翻译为"公民社会"则容易引起误解。

② 〔意〕安东尼奥·葛兰西：《葛兰西文选》，李鹏程编，北京：人民出版社 2008 年版，第 190、192、202—208 页。对葛兰西的公民社会概念内涵及其与黑格尔、马克思的市民社会概念的差别的清楚分析，可参见王晓升：《市民社会、公民社会与国家——重新认识葛兰西的"市民社会"概念》，《华南师范大学学报（社会科学版）》2010 年第 2 期。

③ 〔德〕尤尔根·哈贝马斯：《交往行为理论》，曹卫东译，上海：上海人民出版社 2004 年版，第 69—71 页；《在事实与规范之间》，童世骏译，北京：生活·读书·新知三联书店 2003 年版，第 453—460 页。

④ Jean L. Cohen and Andrew Arato, *Civil Society and Political Theory*, Massachusetts: The MIT Press, 1992, p.ix.

经营体等组成的经济社会——区分开来。公民社会与政治社会、经济社会，既相互区别，又相互关联。他们认为，政治社会和经济社会一般产生于公民社会，它们分有着公民社会的某些组织形式和交往形式，并且通过权利特别是政治权利和财产权利而制度化。其次，公民社会并不等于行政国家和经济过程之外的社会生活的全部，它所代表的只是由各种规范、角色、实践、关系、能力、依赖形式所构成的社会学意义上的世界的一个维度，或者说，它是一个从自觉结社和社团生活视角出发去看世界的特殊角度，它是更广阔的社会文化生活世界的一部分；在已经制度化或正处于制度化过程之中的意义上，它是生活世界的社会化过程的各种机构、社团、有组织的交往形式。最后，公民社会与经济、国家是相互关联、相互作用的过程，公民社会与后两者并非必然处于对立之中，尤其是在自由民主条件下，把公民社会与经济、国家对立起来是错误的。①

我们认为，以社会三部分划分为基础的公民社会理论，并非仅仅是一种理论构想，而是对西方社会中公民社会现实的一种特定角度的写照，确切地说，是对西方近代以来逐渐形成的狭义的社会生活和相应价值理念的一种概括。这就是说，公民社会的历史和现实是公民社会理论得以产生的客观根源。无论人们怎样界定公民社会，只要人们把个体权利作为公民社会的一个基础性价值理念，那么，在西方，就必定有与上述界定相对应的公民社会存在。确认这一点，对于本文所要进行的分析十分重要，因为我们把公民社会的理论框架，也看作是公民社会的现实框架，并由此去思考本章所要探讨的主题。

从本质上来看，公民社会是西方社会现代性建构过程的一个具有重要历史意义的成果。或者说，现代性是公民社会的根本历史性质所在。这也正是公民社会的实践和理论，特别是它所蕴含的价值理念，

---

① Jean L. Cohen and Andrew Arato, *Civil Society and Political Theory*, pp.ix-xi.

对我国社会管理创新能够具有一定借鉴意义的主要原因所在。

为了给我们所要探讨的主题提供清楚的前提，我们首先需要确定“社会整体三分法”中的公民社会框架在社会范围、关注的领域重点和管理主体方面与我国社会管理创新的相关度。

其一，在社会范围方面，公民社会所代表的社会范围，如前所说，主要是由家庭、社团组织、社会运动、日常交往形式所构成的领域。显然，这一社会范围与“我国社会管理创新”所指的社会范围，既有部分重合，又存在着不同之处。我国社会管理创新所说的社会，指的是与经济建设、政治建设、文化建设、生态建设并列存在的社会建设意义上的社会。它的范围不仅包含了公民社会理论所指的生活世界的社会化活动，而且更加广泛。我国当前的民生问题（社会保障问题、收入分配的悬殊问题、社区治安问题、交通拥挤问题）、民权问题（农村与城市的差距问题、农村人口向城镇的流动问题、东西部地区的社会差距问题、教育和医疗权利的公平问题、利益补偿问题、群体事件问题）、日常交往问题（直面交往问题、媒介交往问题）、消费问题（浪费现象和不良消费问题）等，基本上都在我国社会管理所指的社会问题范围之内。因此，公民社会所指的社会和我国社会管理创新所指的社会，尽管都是狭义的社会，但总体上看，虽然前者包含了文化生活中非官方的交往活动及其形式，但前者所涉及的生活内容，远远小于后者，只是后者的生活内容的一个部分。

其二，在关注的领域重点方面，“社会整体三分法”模型下的公民社会理论，立足于西方社会已经实现的现代性和制度背景这些前提，其所关注的领域重点是生活世界中公民主体自身结社、自身组织的活动，而我国由于整个社会仍然处于现代性的建构过程之中，并且具有极其不同于西方国家的制度背景等因素，因而我国社会管理创新所关注的重点领域，主要是民生和民权领域，而且处于从首先主要关注民生领域然后再主要关注民权领域的发展过程中。

其三，在管理主体方面，公民社会理论明确认为，管理主体就是公民和公民组织。它对公民社会的界定以及对公民个体权利、公民自主的强调，对国家与公民社会的关系的说明，表明它把公民和公民组织作为公民社会管理的支配性主体，国家或政府的作用则主要是提供基本的法律规则，是辅助性的管理主体。与之不同的是，我国社会管理及其创新的主体，尽管越来越需要，而且实际上也正在越来越强调公民和公民组织的主体性，但显而易见，要解决我国社会的那些重要的民生和民权问题，政府在相当长的时期内仍然是社会管理的领导主体。考虑到我国国情的各种主要因素，我国社会管理的未来趋势也许是实现政府主体和公民主体大体平衡发挥作用的过程。

因此，在社会范围、关注的领域重点和管理主体方面，公民社会框架与我国社会管理创新，既有相关联、相契合的方面，也有不同、不相契合的方面，总体上看，相关联的方面所涉及的是我国社会管理的较小部分。这是我们进一步确定公民社会的价值理念和实质精神对我国社会管理创新的有限借鉴意义的前提。

二、公民社会价值理念对我国社会管理创新的有限适用性

按照科恩和阿拉托的看法，公民社会作为整个社会的一个维度，有其由自身本质所决定的规范要素，这就是个体权利、个人隐私、自愿结社、平等合理对话、多数原则、公开性、自由创新、团结联合、合乎法律等。[①]

不难看出，这些规范要素，实际上是公民个体和公民组织从事狭义的社会化活动的主要的一般原则或共识性要求。从价值理念的角度看，我们认为，在这些规范中，除了合乎法律这一制度要求前提以外，

---

① Jean L. Cohen and Andrew Arato, *Civil Society and Political Theory*, 1992, p.xiii.

有的本身就是公民社会的价值理念，如个体权利、自由、平等，其他的则隐含着公民社会的诸多价值理念。如果把这些规范作为一个整体来看，我们认为，它们所承载的价值理念主要是公民的个体权利、自主自治、自由选择、民主平等、理性对话、团结一致。

需要特别强调的是，我们不能够把公民社会的这些价值理念看作是自身自足的存在。归根到底，它们在西方任何一个社会整体所信奉的基本价值理念体系之中有其根源，因此，它们的性质和作用，也只有从其根源出发才能确定。所以，如果说西方任何一个主要社会整体所信奉的基本价值理念体系都是由个体权利、自由、平等、民主所组成，那么，它们也必定表现在公民社会领域之中。在一般情况下，公民社会的主要价值理念，虽然由于其存在领域而具有一定的特殊性，因而不会完全等同于社会整体的基本价值理念，但显然，它们也不会与后者根本异质或完全异质。从公民社会的价值理念与社会的经济领域、政治领域的价值理念的一致和差别来看，从实证研究的角度可以判定，个体权利、自由、平等是这三个领域所共同具有或共同要求的核心价值理念，民主平等和理性对话则主要是公民社会与政治领域所共同强调的，它们在经济领域中一般处于非主导地位，而自主自治和团结一致则是公民社会不同于政治领域和经济领域的最突出的价值理念。

无论如何，公民社会的上述价值理念，作为西方社会现代以来经济、政治、文化、社会变革演化的内容和结果，本质上是西方社会进行现代性建构所形成的引导性价值理念。如果我们断定我国正处于自己的现代性建构过程之中，如果我们把我国的社会管理创新理解为在我国社会主义条件下所进行的社会管理的现代性建构，那么这就意味着，在西方形成的公民社会理论所强调的公民社会的基本规范，特别是我们所指明的那些基本价值理念，对于我国的社会管理创新，的确有着一定的借鉴和适用意义。

我国自20世纪80年代初以来在经济生活、政治生活、文化生活方面所进行的历史性变革，在我国的现代性建构方面取得了突出成就。首先，我国经济领域中通过改革逐渐建立的公有制主体与非公有制主体同台竞争、共同发展的经济主体格局，以及在市场经济体制条件下不同类型的资本开始生成和对经济的驱动作用，都在本质上意味着我国在经济上已经开始了有自己特色的现代性建构。其次，政治体制改革、政治民主建设也取得了许多重要进展，以宪法和具体政治法律为制度规则的政治文明取向，以村民自治为试验的基层政治民主改革，都在很大程度上开启了我国政治生活的现代性进程。最后，在文化生活方面，以百花齐放百家争鸣、繁荣我国社会主义文化、满足人民群众健康的文化需求为指导原则的文化体制改革，使得文化创作的选择度空前扩大，文化产业经营的自由度空前提高，为我国文化的发展赋予了巨大活力。

从我国社会管理创新所指向的狭义的社会领域来看，随着我国社会管理体制的改革和不断完善，我国公民对自身法定权利的自觉程度、对自身生活方式的自主选择程度，公民团体的自治程度，公民间交往活动的自由程度，公民在自身正当利益的实现，公民在工作、教育、医疗等社会条件的获得等方面，与改革开放前相比，无疑已经取得了巨大的历史性进步。由于这些社会成就都是以我国经济政治生活的现代化过程为基础的，即是以建立社会主义市场经济体制、建设社会主义民主的过程为基础的，所以可以断定，我国整个社会中的狭义社会及其管理，也正处于现代性建构的过程之中。

与此同时，也要清醒地看到，我国社会管理创新这一狭义维度上的社会的现代性建构，的确有我国特殊的现实和历史情境。第一，我国社会主义经济政治文化制度的根本价值目的是实现人民群众的“平等而统一的整体福祉”。所谓“平等而统一的整体福祉”，强调的是人民群众的个体之间在价值实现上不存在实质性差距，同时他们的福祉又是一个统一而不可割的整体。我国基本制度的这种性质，从根本上决定了我国在社会管理方面必须实行人民群众整体福祉优先于个体福祉的管理制度。第二，我国数量巨大的人民群众对平等共存的迫切要求、各民族对共同发展的强烈愿望，也规定了我国在社会管理方面必须把与经济政治文化相对应的社会这一狭义领域的统一稳定、团结和谐、一体繁荣放到首要位置。第三，从我国的文化价值观的传统和现实来看，我国文化价值观的悠久传统中的民为邦本、社会和谐、国家统一、民族整体利益优先的价值理念，已经被中国共产党合理地改造和转换为对指导当今我国整个社会发展具有巨大现实意义的价值理念——人民群众平等而共同的整体福祉优先、以人为本、社会和谐、国家统一、集体主义。这些价值理念，在本质上是“传统—现实”意义上的价值理念，它们虽然并不就是我国整个社会中狭义的社会领域管理的直接的价值论理念，但却具有根本的灵魂意义和方向引导意义。显然，上述这些国情因素的综合体，形成了我国社会管理创新或现代性建构的本质限定条件。

这里，我们主要从文化价值观或价值理念的角度对我国社会管理创新进行分析。如果文化价值观或价值理念是一个民族赖以生存发展的灵魂和主要优势所在，那么，我国社会管理创新必须面对、也必须解决的根本问题，就是我国历史上所形成、传承并且经过中国共产党合理改造和转换而建立起来的、以传统与现实相统一为突出特征的文化价值观中的那些与社会管理有关的价值观或价值理念，与西方公民社会所突出的以现代性为核心内容的社会管理的价值观或价值理念之间的不一致、矛盾或冲突问题，即如何面对、如何解决两种不同的社会管理体系的价值观或价值理念的关系问题。

对于我国社会管理创新来说，它所需要的价值观在内容上是多维的、丰富的，或者说，它所需要的价值理念是多维的、多层次的。我们这里主要讨论如下两个层次。

其一，在根本方向层次上，我国国情条件决定了我们需要把“传统—现实”维度的关于整个社会发展的价值理念，正确地转化到狭义的社会管理中去，使之成为我国社会管理的根本方向理念；我们认为，与经济政治文化相对的“社会”管理的根本方向性价值理念，应主要由“社会”福祉优先、“社民”为本、“社会”和谐、“社会”团结所构成。显然，我国社会管理的这些根本方向性价值理念，与公民社会所强调的核心价值理念如个体权利、自主自治、自由选择、存在着异质性的不同，因而，后者在“方向上”对于我国的社会管理创新，是不适用的。

其二，在次要但也相当重要的目标层次上，考虑到我国整个社会从传统向现代过渡的特定历史进程，特别是考虑到我国“传统—现实”的社会价值观对我们民族生存发展具有根本灵魂意义，同时也考虑到我国古代社会管理把社会本位价值理念加以绝对化这一历史缺陷，我们认为，需要在进一步完善和优化我国“传统—现实”维度的社会管理的价值理念的框架下，相对充分地实现公民社会所强调的个体权利、自主自治、自由选择、民主平等这些价值理念。至于公民社会的理性对话这一价值理念，则需要尽可能充分地补充到我国的社会管理体制之中；至于团结一致这一价值理念，由于与我国社会管理的社会和谐理念基本一致，则无须专门增加进来。无疑，从我国社会管理的本质要求出发去整合公民社会的价值理念，是一个复杂的社会管理创新任务，而且，归根到底，需要通过我国社会管理的系统制度安排才能完成。

上述讨论表明，公民社会的价值理念对于我国社会管理创新，主要具有补充和辅助的借鉴价值，其能够发生作用的范围是有限度的，其价值理念的各种要素，需要加以具体分析、甄别以后才能利用。

三、公民社会的价值观实质对我国社会管理创新的非实质意义

公民社会的那些基本价值理念构成了一个关于公民社会管理的价值观整体。深入分析这一价值观整体，可以发现，存在于它之中的实质精神，是公民个体的自由自主价值至上。无论是公民的个体权利，还是公民自主自治、自愿结社，还是公民的自由选择、自由创造，都无不体现着上述实质精神。至于理性对话和社会团结，说到底是以公民个体的自由自主价值为前提的。公民社会的价值观的这种实质，可以从西方近代主要民族所产生的公民社会与社会整体、公民社会的价值观与社会整体的价值观之间的历史性关系得到证明。

西方自近代以来之所以会逐渐形成公民社会，归根到底是由于已经先行产生了资本主义工商经济关系及其人格化主体——工商资产阶级，由此首先形成了哈贝马斯所说的资产阶级的公众领域[①]，然后资产阶级在政治生活中取得统治地位，最后资产阶级在全社会建立起占据支配地位的、反映自身经济政治权利要求的个体自由选择至上的完整价值观。从此以后，在西方社会中不断涌现出各种各样的公民社会价值观，其中除了少数具有批判或调和的特征以外，绝大多数在本质上与西方社会整体中占据主导地位的个体自由选择这一价值观是一致的。无疑，公民社会与社会整体以及公民社会与社会的经济政治领域之间，公民社会的价值观与社会整体的价值观以及公民社会的价值观与社会的经济政治领域的价值观之间，存在着相互作用，但归根到底，任何一种公民社会，在通常情况下必然受到它处于其中的社会整体，特别

① 〔德〕哈贝马斯：《公共领域的结构转型》，曹卫东等译，南京：学林出版社 1999 年版，第 14—25 页。

是这个社会的经济政治状况的根本制约[1]，任何一种公民社会的价值观，在通常情况下也总是处于社会整体的价值观的支配之下。由于现有的公民社会是处于西方社会的背景框架之中的，由于西方社会资本驱动型经济制度及其市场体制形式和西方社会的政治制度共同决定了西方社会整体的价值观在本质上是个体自由权利至上的，所以，西方社会中公民社会的主导性价值观，在实质上必定是与社会整体的价值观相一致而又体现公民社会本质特点的价值观。考虑到自主自治是公民社会的另一本质特点，因此，我们把公民社会的主导性价值观概括为：公民个体的自由自主价值至上。

如果对西方社会中公民社会的价值观的上述判断是基本正确的，那么，它与我国社会管理创新的根本价值观在性质上不只是不同，而且是相反的。因而，它的借鉴意义也只能是非实质的。

从我国的社会管理体制来看，随着我国经济政治文化生活的改革发展和现代性建构，随着我国对外开放进程的深入，随着我国公民自觉自主意识的提高，我国原有的对公民个体自由自主权利的社会管理制度设计上的不充分、不到位问题开始凸显。既然我国社会管理创新也是社会管理的一种现代性建构，那么，就需要改革原有的社会管理体制，建立起既保持我国以“传统—现实”为主要特征的社会管理价值观的主导地位，又尽可能充分地实现和保障公民个体权利的新制度。正是在这一点上，公民社会的价值观的实质精神，对于我们有着可以参照、可以适度借鉴的意义。例如，在公民自愿结社、自愿建立各种交往组织等社会化生活方面，国家应建立起以宪法为基本依据的开放的管理制度，主要提供方向正确的一般性引导法律，去除那些磨损公民自主积极性的烦琐的规章和手续，建构起公民自己组织自己、自己

① 在这一点上，科恩和阿拉托所提出的经济维度的社会和政治维度的社会一般产生于公民社会的说法，应该只是一定历史时期的特殊现象，并非是历史的普遍状况。Jean L. Cohen and Andrew Arato, *Civil Society and Political Theory*, p. ix.

管理自身社会生活的制度条件。

同时，必须再次强调，我国社会管理创新所进行的现代性建构，是由我国国情或我国条件的性质特点所决定的。社会主义制度是我国国情或条件的本质内涵，因此，我国社会管理创新所要坚持的根本价值观，显然只能是公民整体的“社会”福祉优先或人民群众整体的“社会”福祉优先，这既是我国社会管理对传统文化中社会本位的价值观进行批判式改造的必然结果，也是我国以人民群众整体福祉为首要价值目的而对经济、政治、文化、社会进行制度安排的必然结果。由此来看，由于公民社会的价值观的实质精神是公民个体的自由自主价值至上，由于它与公民整体的“社会”福祉优先这一根本价值观是异质的，因而，我们不能整个地采用它，必须去掉其至上性，即把“公民个体的自由自主价值”作为我国社会管理制度的一个非方向性部分来构建。当然，这对于改善我国的社会管理现状来说，也是重要的。

也正是由于这一根本原因，从解决当前我国社会领域存在的各种突出问题的角度来看，如果以公民社会的个体自由自主价值至上的价值观为引导，显然不可能真正解决我国社会领域中存在的各种各样的民生和民权问题。因为，如果实行个体自由自主价值至上，它所指向、所实现的重心是个体的权利、价值、利益，其活动是围绕个体的生存发展目标而展开的，不可能把社会成员整体的共同统一的生存发展目标放在首位；这在高度竞争的经济政治和社会条件下，必然导致一些个体与另一些个体之间在生存发展机会和条件上的不平等分化，致使大量个体落入非自由自主，甚至无法生存的地步，更不用说去解决狭义“社会”领域中的那些重大和普遍性问题了。西方社会存在的严重的收入和社会地位的两极分化，已经有力地证明了这一点。从西方经济理论史的角度看，这也是亚当·斯密提出的资本个体投资自由会自动导致社会利益最大化乃至社会利益和谐的观点的根本问题所在。因此，如果我国的社会管理实行公民个体自由自主价值至上，就不可能真正实现建设“社会”和谐的管理目标。

事实上，在我国的社会转型过程中之所以会产生诸多民生与民权等社会问题，原因是多方面的、复杂的。我们认为，其根本原因恰恰不在于对个体的自由自主这一价值重视不够或缺少相对充分的制度安排，而在于对主要由市场经济过程所形成的一个副现象——对原有的人民群众整体的“社会”福祉优先制度的削弱——没有建立起新的、充分完备的补充和加强体系。这一点应该完全能够从实证研究的角度得到证明。

第五章
桑德尔和罗尔斯在正义与善问题上的对立以及批判式融合的可能性

桑德尔和罗尔斯在正义与善的关系问题上的尖锐争论，在本质上是关于治理国家的根本原则的争论。双方的观点代表了国家治理研究的两种对立路径，这两种研究路径在观点立场、致思逻辑、内容意义等方面各具优势，同时也有各自执着于自身、未能充分阐发对方观点的合理性等问题。本章将重点阐述双方在正义与善关系问题上的基本论证，并在初步分析双方观点对立性质以及各自优势的基础上，指出建构更加广阔更加合理的国家治理研究路径的可能性。

一、在正义与个人善观念的关系问题上的对立

回顾西方政治哲学和伦理学的历史可以看到，多数思想家对正义或正当的讨论总是与对善的讨论密切相关。从道德价值理论的角度看，正如罗尔斯所说，正当与善这两个概念，“是道德价值理论的两个基本的概念。一种道德学说的结构取决于它在何种程度上把这两个概念联系起来和如何规定它们之间的区别”[①]。由于这一重要原因，对于力图建构一种充分可靠的正义理论的罗尔斯来说，他自己也无法回避正义与善的关系这一重要理论问题。

罗尔斯在正义与善的关系问题上的基本观点是，正义优先于善、

① 〔美〕约翰·罗尔斯：《正义论》，第449页。

正义决定善。“在作为公平的正义这里，正当概念优先于善的概念”[①]，“要构筑道德上的善观念，必须引入正当和正义的原则”[②]。对于这一观点，他给予了极其独特的论证。同他对其他多数问题的论证一样，这一论证带有一定的复杂性，而且在不同文本中所作的分析也存在差异。例如，与 1971 年发表的《正义论》相比，1993 年发表的《政治自由主义》对于这一问题所作的讨论，不仅增加和丰富了内容，而且条理更加清晰。综合起来，我认为，可以从正义观念对不同主体的善观念的关系的角度，把他的论证分为两个层次。本节先讨论第一个层次的论证，第二节将讨论第二个层次的论证，并分别指出桑德尔提出的批评。

罗尔斯第一个层次的论证是对正义优先于以个人为主体的善观念这一观点的论证，包括从个人的合理生活计划和现代社会中的理性多元论两个层面所进行的论证。

首先看罗尔斯在以个人的合理生活计划为基础的善观念方面所作的论证。

罗尔斯正义理论的一个主要前提观点是，为了获得可靠的正义原则，必须建立公平或正当的限制性条件。这是他提出原初状态设定的根本目的所在。这种状态一方面对人们可以选择的正义观对象作出了限制，另一方面也对人们自身处境方面的知识作出了限制。“无知之幕”就是关于后一个方面的限制，它的目的是排除各方对某些特殊事实的了解或信息，使各方对有关可能性的知识降低到最模糊的程度。“我假定各方是处在一种无知之幕的背后。他们不知道各种选择对象将如何影响他们自己的特殊情况，他们不得不仅仅在一般考虑的基础上

① 〔美〕约翰·罗尔斯：《正义论》，第 395—396 页。

② John Rawls, *A Theory of Justice*, Cambridge, Massachusetts: Harvard University Press, 1971, p.404.

对原则进行评价。”①

在无知之幕背后，各方不知道的一类重要特殊事实是以个人为主体的善观念和心理特征。仅就个人的善观念来说，罗尔斯在这里主要指个人的合理生活计划的特殊价值指向，这体现在生活计划的细节和最终目的等方面。“各方不知道他们的善的观念。这意味着当他们知道他们有某种合理的生活计划时，却不知道这一计划的细节，不知道它打算推进的特殊目标和利益。”②

可以看出，罗尔斯之所以假定人们不知道自己的善观念，首先是因为这样的善观念会直接引发人们对自己利益的单独考量，因而导致他们无法就选择正义原则达成一致。同时还因为，每一个人的善观念本身都是特殊的，无法为人们选择正义原则提供统一可靠的标准；其原因在于，人们的善观念是在各自不同的生活条件下形成的，是与人们各自的特殊合理生活计划相关联的，因而人们的善观念必定是千差万别的，带有各自人生经历的偶然性和个人偏好。也就是说，人们对于涉及自己合理生活的特殊善的认知，不可能是在统一正当的条件下形成的，这决定了人们各自的善观念不可能具有统一的正当性尺度，一个人认为是善的，另一个人可能认为不是善的，因而，从他们各自的善观念当中不可能引出正当的正义原则。“我们还应保证被采用的原则不受到特殊的爱好、志趣和个人善恶观的影响，这是为了排除那些作为提议似乎有道理，但只要人们知道一些与正义立场无关的某些事情就很少有成功希望的那些原则。”③

这是罗尔斯的原初状态理论对“个人自我”的本质规定，或者说，是他的“自我优先于目的”的观点所要表达的一个实质内涵。原初状态中的各方自我，作为在本质上是自由、平等、理性的各方自我，是

---

① 〔美〕约翰·罗尔斯：《正义论》，第136页。
② 〔美〕约翰·罗尔斯：《正义论》，第141页。
③ 〔美〕约翰·罗尔斯：《正义论》，第18页。

被屏蔽掉特殊目的的自我，只有如此，他们才能够选择正当的正义原则。“由于自我优先于他所确认的那些目的，因此，即使是一种主导性的目的，也必定是从大量的可能性中选择出来的。没有办法越出审慎的合理性。因此，我们应当将目的论学说所主张的正当和善的关系颠倒过来，将正当视为是优先的。”[①]

由此，罗尔斯认为，排除掉人们以合理生活计划为表现形式的各种特殊的善观念，是获得可靠正义原则的一个必要的前提条件。这不仅表明，正义原则只有在独立和优先于人们的善观念的情况下才有可能，而且表明，由此所得出的正义原则或正当原则，与各个个人的善观念必定存在着鲜明的不同。第一，正义原则或正当原则是处于公平原初状态下的人们所愿意选择的原则，是一个理性共识的原则，而决定人们善观念的合理选择原则和审慎思考原则，则是完全不被选择的。第二，在原初状态下人们所选择的正义原则，对于一个组织良好的公民社会来说是必需的共同原则，这些原则将能够解决人们相互之间的冲突、建立起最终的秩序。相反，各个个人从不同方面确定他们各自的善的东西，由此形成他们各自的、相互间存在差别的善观念或价值判断，这不仅是一件好事，而且也不存在达成一项公认判断的迫切性。第三，正义原则的许多应用受到无知之幕的限制，而个人对于他自己的善观念则自始至终要依赖于对事实的充分认知，需要因地制宜地进行调整，因为一个人的合理的生活计划总是把自己的特殊能力、利益和环境考虑在内。

其次再看罗尔斯对正义原则的获得和确定必须独立于理性多元论即道德学说、宗教学说、哲学学说等包罗性质的（comprehensive）学说，独立于这些学说所包含的各种善观念的论证。从文本来看，他主要是在《政治自由主义》和《正义新论》中对此进行讨论的。正如罗

① John Rawls, *A Theory of Justice*, Revised Edition, p. 491.

尔斯自己在《政治自由主义》中所指出的，他在《正义论》中没有把政治哲学与道德哲学进行区分，没有把一种严格的政治的正义观念与普遍范围的道德正义学说区别开来。而现在他明确把政治的正义观念与这些学说中的正义观念加以界分，并以此界分为基础来论证政治的正义观念不依赖于这些学说中的善观念。

他认为，对于现代社会来说，它的一个永久性特征是理性多元论事实的存在，即存在着既互不相容又合乎理性的道德学说、宗教学说、哲学学说，这些学说所主张的善观念不仅各不相同，而且经常是相互冲突的。他多次强调，理性多元论的存在，“是立宪民主政体之自由制度框架内人类理性实践的正常结果”[①]。然而，尽管在现代社会中这些学说的存在具有必然性，它们所主张的善观念也具有包罗万象的特征，但作为一种政治观念的正义观念的确定却不能立足于它们，而是必须独立于它们。其原因有二。

其一，政治的正义观念与这些多元论学说的善观念所针对的对象存在范围上的不同。正义观念的基本主旨或特征在于，它是为立宪民主政体的基本结构而制定的一个道德观念或理性观念，并不是要为整个社会生活提供一种政治的正义观念。政治正义观念本身“代表着一种适合于基本结构的理性理念”，它“不是按照任何包罗性质的学说来制定的”。[②] 与正义观念不同，道德、宗教、哲学等学说，则是关于人们的人生价值、美德和品格理想以及绝大部分非政治行为的价值观念。换句话说，这些学说属于公民社会的背景文化，是日常生活的文化、众多团体的文化，简言之，是社会文化，而不是政治文化。[③]

其二，从内容性质的角度看，起引领和调节社会结构作用的政治

---

① 〔美〕约翰·罗尔斯：《政治自由主义》，万俊人译，南京：译林出版社 2000 年版，第 4 页。

② John Rawls, *Political Liberalism*, New York: Columbia University Press, 1996, p. 175.

③ John Rawls, *Political Liberalism*, p. 14.

的正义观念，在内容上要求单一性，同时，它也必须是各方一致同意的，而这只能通过各方在原初条件下共同进行理性思考才能获得。相反，对于各种包罗性质的学说而言，尽管它们之中可能存在着真的学说，可能存在着最好的善观念，但这些学说及其所包含的善观念是互不相容，甚至是互相冲突的，我们既无法判定它们之中究竟哪一种学说正确，也不能指望对它们达成切实可行的一致。[①] 而且，各种包罗性质的学说及其与它们相连的生活方式也可能与正义原则发生冲突。

这些都决定了政治的正义观念不仅必须独立于各种包罗性质的学说的善观念，而且决定了一旦得出政治的正义观念，就需要以它为根据对各种可采纳的包罗性质的学说进行规导或限制。在这一意义上，由正义观念所规导的制度或国家，不会有意偏袒或支持任何特殊的包罗性质的学说。当然，政治的正义观念也需要公共证明，这种证明的基础既隐含在公共政治文化中的那些根本直觉性理念之中，也需要各种包罗性质学说与它一起形成“重叠共识”并把它作为“重叠共识”的核心。这就意味着，政治正义观念与各种可采纳的包罗性质的学说的善观念是相互补充的。

因此，罗尔斯观点的实质是，正义原则是独立于人们的包括各种包罗性质的学说的善观念在内的各种善观念而得出的，而且是正当一致意义上的“一”，是社会合作和良好社会秩序所必需的，而人们的善观念则是差别的“多”，既缺少也没有必要确定统一的正当条件和正当标准，因而对于社会生活不具统一规导意义，所以，正义原则优先于善观念、决定善观念。正如他所说，一旦人们在正当的条件下得出正义原则，就必须使它支配人们的多样性的善观念。“在公平的正义这里，正当概念和善概念具有许多不同的特性。这些区别来自契约论

① 〔美〕约翰·罗尔斯：《作为公平的正义：正义新论》，第138页。

的结构，来自由此产生的正当和正义的优先性。”[①]“和目的论成为对照，在这里，某物仅当它符合于同已有的正当原则相一致的生活方式时才是善的。”[②] 而且，罗尔斯认为，由于正义原则在本质上意味着所有个体的平等的自由权利，因此，如果以任何个人的善观念作为一个社会制度的统一的善观念，必定违反其他个人的自由权利。

针对罗尔斯的上述观点和论证，桑德尔与其他多数共同体主义者一样，立足于亚里士多德的善目的论，提出，“正义原则及其证明取决于它们所服务的那些目的的道德价值或内在善”[③]，正义原则不可能对公民所信奉的道德信念和宗教信念保持中立。一句话，正义不可能优先于善。大体上，他也是针对罗尔斯的内容思路来进行批评和反论证的[④]，他的一个出发点，是对罗尔斯的原初状态理论所包含的自我观的本质认定。

在正义与个体层次上的善观念的关系问题上，桑德尔抓住罗尔斯关于人的观念——对自我的“无羁绊”设定[⑤]，认为罗尔斯的观点和论证在实质上是个人主义的。他指出，罗尔斯在《正义论》中把人理解为平等自由的理性存在者，以此作为原初状态条件设置的主体论前提，把原初状态中的各方自我设定为脱离各种社会道德纽带的、先于各种特殊目的、能够进行选择的独立自我，这种自我观在本质上是康德式的，即坚持和强调人们的本质在于选择实现目的的正当原则，而不在

① 〔美〕约翰·罗尔斯：《正义论》，第453—454页。

② 〔美〕约翰·罗尔斯：《正义论》，第396页。

③ 〔美〕迈克尔·桑德尔：《自由主义与正义的局限》，第二版前言第2—3页，正文第22—23页。

④ 国内有研究者认为桑德尔对罗尔斯的《政治自由主义》中的正当（或权利）的优先性的批判与桑德尔早期的批判存在不同。参见姚大志：《桑德尔：权利与善》，《理论探讨》2012年第6期，第44—46页。

⑤ 关于桑德尔对罗尔斯的自我观的批判，国内已经有诸多研究。可参见龚群：《桑德尔对自由主义自我观的批判》，《中山大学学报（社会科学版）》2011年第3期，第149—154页；韩震、李伟：《桑德尔对罗尔斯“自我”概念的批判》，《国外社会科学》1998年第2期，第27—32页。

于人们的目的本身，这种对自我的规定在实质上必定认为，对正义的考虑总是比对特殊目的的考虑更加重要。而问题在于，这种“先在于其目的和纽带的自我观念，不能理解我们道德和政治经验的某些重要方面”[①]，如团结的义务、忠诚、友谊等。

桑德尔认为，人是社会各种共同体中的人，在特定的社会共存中人们必定形成相应的道德品格，如团结、忠诚、友谊等，这些道德品格以及它们所包含的善观念，表征了人们在不同层次的共同体中所具有的相互关联的身份和角色承担，如一个特定家庭、国家、民族中的一员，一个特定共和国中的公民，同时，也表征了人们所承当的特定的历史。这种身份和历史是一个人的品格和道德深度所在。这种品格也是人们自我认识、自我反思的能力所在。既然这些善观念是来源于人们社会共存的本质要求，它们就具有统一的必然性和确定性，而不是像罗尔斯所理解的自我那样对善观念的选择具有偶然性或任意性。[②]因此，离开这些善观念，就无法判断一种正义原则的正当性。

而且，桑德尔指出，罗尔斯对正义优先于人们的善观念、必须使正义从根本上规定人们善观念的论证，存在着一个严重的逻辑问题。他说，尽管在罗尔斯那里，正义和善都是人们基于“选择”的产物，但人们对于正义的选择是由原初条件所限定的，实际上并没有自己的选择，而人们对于善观念的选择则是由每个人自由决定的，每个人都按照自己的意愿计划自己的人生。[③]桑德尔正确地评论道，这意味着把正义理解为是自律的，把善观念理解为是他律的。[④]他的意思是在问，为何人们不能够设定同样的原初条件而使之像决定正义原则那样决定善观念呢？

---

① 〔美〕迈克尔·桑德尔：《公共哲学——政治中的道德问题》，朱东华、陈文娟、朱慧玲译，北京：中国人民大学出版社2013年版，第198页。

② 〔美〕迈克尔·桑德尔：《自由主义与正义的局限》，第216—217页。

③ 〔美〕迈克尔·桑德尔：《自由主义与正义的局限》，第198、199页。

④ 〔美〕迈克尔·桑德尔：《自由主义与正义的局限》，第186—187页。

在正义与一个社会中公民个体所持有或所信奉的那些多元的包罗性质的宗教理论、道德理论、哲学理论及它们所主张的善观念的关系问题上，桑德尔批判了罗尔斯在《政治自由主义》中所明确提出的政治的正义观念必须独立于各种包罗性质的道德和宗教理论中的善观念的主张。他认为，为了政治的目的而悬置或搁置那些产生于包罗性质的道德和宗教观念的主张并不总是合理的，因为，现实经验表明，人们的实践或行为抉择，在很大程度上取决于他们对自己所持的道德信念或宗教信念之正确与否的判断，换句话说，在事实上可能存在着正确的道德信念和宗教信念，因此，我们无法脱离这些学说的善观念而判断相关实践或行为的正义与否，借助这些善观念比搁置它们显然更加合理。针对罗尔斯所说的现代民主社会在善观念上存在着理性多元论的事实，桑德尔反驳说，如果人们在道德、宗教及其善观念问题上是各不相同甚至是对立的，那么，人们在正义问题上也同样如此。

还有，桑德尔认为，一个社会的人们总是力求使他们的生活更具有价值和意义，而究竟如何才能实现这一追求，各种宗教理论、道德理论、哲学学说所提出的不同的善观念，为此提供了各种维度的具有丰富意义的考量和探讨，这对于建构一个足够正义的社会来说，也是需要认真对待的。如果像罗尔斯所提出的那样，要求公民遵守所谓公共理性的限制，把道德和宗教信仰完全作为私人的事情，而不能把它们带入关于正义和权利的公共争论中去，这必然造成关于正义和权利的政治对话贫瘠化，无法获得公共慎议的诸多重要维度。

总之，桑德尔在正义与个体的善观念的关系问题上的结论是，“为了形成一个公正（正义）的社会，人们必须共同论证善的生活的意义，因而正义也不能离开宗教理论、道德理论、哲学学说”[①]，必须对这些

① 〔美〕迈克尔·桑德尔：《公正：该如何做是好》，第298页。

学说保持聆听、学习、质疑、反对等多维度的开放态度。[①] 作为一个哲学问题，我们关于正义的反思不能合理地脱离我们对于好生活之本质以及人类最高目的的反思。作为一个政治问题，如果不涉及那些体现于诸多文化和传统中的善观念，我们关于正义和权利的慎议就不能进行。[②] 因此，罗尔斯的论证是不能成立的。

二、在正义与共同善的关系问题上的对立

罗尔斯对正义优先于善的观点所进行的第二个层次的论证，是在正义对共同体的共同善、共同善目的的关系问题上展开的。他的基本观点是，只有在以正义原则指导下建立起的社会中所形成的共同善、共同善目的，才是真正的共同善、共同善目的，正义在这方面与共同善、共同善目的具有一致性，同时，这决定了正义优先于、决定着共同善、共同善目的。这同样遭到了桑德尔的尖锐批判。

罗尔斯的论证主要是围绕以正义原则所建立起的秩序良好的社会是否能够获得共同体的善这一基本问题而展开的。

他指出，尽管作为公平的正义具有个人主义特点，但正义原则提供了评价社会制度和它们所产生的愿望和追求的阿基米德点，遵循正义原则，将能够建构起秩序良好的社会，而在正义与共同善的关系上，如果这种社会能够实现共同善，就可以表明正义与共同善是一致的，而且是决定着共同善。“正当和善的一致性在很大程度上取决于秩序良好的社会是否能够实现共同体的善。”[③]

同时，他认为，他并不是像人们所指责的那样，把现实的人类个

---

① 〔美〕迈克尔·桑德尔：《公正：该如何做是好》，第 306 页。

② 〔美〕迈克尔·桑德尔：《公共哲学 —— 政治中的道德问题》，第 156 页。

③ John Rawls, *A Theory of Justice*, p. 520.

体成员看作是相互分离的孤立存在者，相反，他认为人具有社会本性，即具有社会群居、社会联合的性质，这决定了他们必定分享着共同的最终目的，而且把他们共同的制度和活动看作本身就是有价值的东西。因此，正是通过建立在社会成员的需要和潜能基础上的社会联合，每一个人才能分享其他人的天赋才能所带来的利益；这就意味着一个人类共同体的存在，这个共同体的成员从彼此由自由制度所激发的卓越和个性中受益，同时，他们承认每一个人的善是人类完整活动的一个因素，这种活动的整个系统是大家都赞成的并且给每个人都会带来快乐。

他强调，一个社会联合体的共有目的并不等于人们对某种具体事物的共同愿望，而是取决于由正义原则调节利益时人们所从事的活动的共同性，即一致同意的行为系统；通过这个系统，每个人的优点和快乐补足着共同的善。

而由正义原则所引导的一个秩序良好的社会，归根到底是一种社会联合形式，是诸种社会联合的社会联合。这种社会有两个特征。第一，成功地实行正义的制度是社会所有成员的共有的最终目的，因为在这样的社会中，人们只是在以正义原则所允许的方式去实现他们的本性时才形成一起合作这种共同目的。第二，这些制度形式自身被人们看作是善的。因为，首先，从康德式的解释来看，这些制度形式意味着，人们只有按其正义原则要求去行动，才能充分实现或表现他们的本性（即自由、平等、理性的道德人性质），他们的行为才是为着所有的人的善的。其次，根据亚里士多德主义原则来衡量，由于这些制度形式所由以建立的正义原则是得到世代坚持的，同时这些制度形式赋予了每个人的生活计划更加丰富的结构，因而每个人都有实现正义原则这种共同意图；这样，这些制度形式自身作为公共生活的调节形式，必定被人们看作是善的。[①] 因此，这符合亚里士多德对共同体生

① 〔美〕约翰·罗尔斯：《作为公平的正义：正义新论》，第 530—531 页。

活的本质方面的解释。也就是说，“集体生活是人类繁荣兴旺的突出形式。因为在条件有利时，人们正是依靠维护这些公共的安排，才能最好地表现他们的本性”[①]。

根据这样的分析和论证，罗尔斯在正义与共同善、共同善目的的关系问题上得出了他认为是可靠的基本结论：在一个由正义原则所调节的社会共同体中，既然人们在进行社会合作和共同生活，他们就不仅可能而且必然会形成共同目的和共同的终极目的，即共同的善目的和共同的终极善目的[②]。同时，也只有在建立起正义制度或在正义制度条件下，才能确定真正的共同的善目的和共同的终极善目的，因此，正义不仅优先于共同的善目的和共同的终极善目的，而且决定着共同的善目的和共同的终极善目的。

桑德尔的观点同样与罗尔斯的观点针锋相对。他对于罗尔斯正义与共同善、共同善目的之间关系观点的反驳，同样是从罗尔斯的正义论建构所预设的自我观的角度出发的。他的观点是，正义不可能优先于、不可能决定共同善和共同善目的。

首先，他认为，罗尔斯在论述原初状态时所说的反思的平衡，预设了特定性质的自我主体，而罗尔斯所假设的他们之间互无利益关涉这一主要动机条件，表明这些主体是绝对个体化的自我主体，也就是说，他们被剥夺了一切社会依附身份和承诺，被剥夺了他们共存的情感和价值观念，成为没有任何目的的个人主义的自我主体，因而这样理解的自我主体，在本质上既排除了任何与构成性意义的占有紧密相连的善（或恶）观念，也排除了人们公共生活的可能性，排除了在构成意义上确定共同体的可能性，更一般地说，排除了人们建构自我理解的“主体间”形式的可能性。[③]以这种样式的自我主体设定为前提，

① 〔美〕约翰·罗尔斯：《作为公平的正义：正义新论》，第532页。

② 〔美〕约翰·罗尔斯：《作为公平的正义：正义新论》，第329—330页。

③ 〔美〕迈克尔·桑德尔：《自由主义与正义的局限》，第76—77页。

罗尔斯必然得出正义优先于和决定着人们的共同善观念和共同的善目的这一结论。“罗尔斯定位、严格地说重建道义论自我的努力，使我们超越道义论而达到一种关于共同体的观念，这一观念标明了正义的局限，确定了自由主义理想的不完满性。”① “正义在那些既涉及身份也涉及利益共同体的地方，发现自己的局限。”② 人类社会的自我存在的现实充分表明，自我的存在是构成性的，即它总是不断形成特定的目的、渴望、情感，是在不断修正对自己的理解中成长的，而这种自我也只能是共同体中的自我。正是在共同体中，人们获得对自己的身份和意义的理解，获得人们自我理解的共享的形式。

其次，桑德尔还分析了罗尔斯的差别原则的问题和所隐含的对交互主体性或共同主体的先在预设，由此阐明正义无法优先于和决定共同善。他指出，既然罗尔斯的差别原则的一个重要方面是把人们的自然能力和偶然带来的社会财富作为共同财产或集体财产来分配，而他同时又要避免在这方面把人仅仅当作手段，那么，它实际上是把共同财产的概念和一个共同的占有主体的可能性维系在一起，也就是说，差别原则在本质上隐含地承诺了交互主体性概念，尽管这是罗尔斯自己所否认、所反对的。桑德尔说，罗尔斯所谓把天赋才能和偶然财富作为人们的共同的优势加以利用，所谓“在公平的正义中，人们同意分享相互的命运”，都依赖于他的理论在实质上必然反对的交互主体性概念。③

最后，在罗尔斯所说的人类的社会联合问题上，桑德尔指出，罗尔斯的观点实际上也预设了交互主体性维度。他说，罗尔斯对社会联合问题的讨论，从共同财产问题到共同目的问题，以及对人们的共同

---

① Michael J. Sandel, *Liberalism and the Limits of Justice*, Cambridge: Cambridge University Press, 1982, p. 14.

② 〔美〕迈克尔·桑德尔：《自由主义与正义的局限》，第220页。

③ 〔美〕迈克尔·桑德尔：《自由主义与正义的局限》，第98—99页。

特征的讨论，所使用的都是交互主体性语言，在修辞上极其接近共同体目的论。凭借着这种交互主体性维度，“社会联合理念就克服了当个人被看作是完全的个人时所显现出的特殊性”[①]。这就与罗尔斯的正义优先于共同善、共同善目的的个人主义实质，形成了明显对立。

三、双方对立的本质及一种批判式融合的可能性

桑德尔与罗尔斯在正义与善的关系问题上的对立和争论大体如上。可以看出，双方的价值取向或价值立场虽然不是绝对的两极，但的确可以称之为道义论与善目的论的对立。[②]

首先，从理论内容实质来看，简单说，罗尔斯的观点是权利正义规则决定论，坚持权利正义规则对社会制度建构和运行的本质意义，认为由权利正义规则所建构的制度过程，最终决定着人们所形成的善目的、共同善目的的合理性，相反，桑德尔的观点是善目的方向决定论，强调善的目的特别是共同善目的对于共同体的引领意义，认为只有从善目的出发，才能确定什么样的原则真正是正义的，什么样的原则是不正义的。

其次，在对不同主体的理性特征的强调方面，罗尔斯所强调的是各个个体主体的理性的自我性质，把个人理解为有独立理性的平等自由的存在者，他们是作为各个单独的理性存在者而进行社会合作的，而桑德尔所强调的则是人们在共存中的理性的相互性，把个人理解为在共同体中承担着建构共同理性因而是具有社会性质的主体，即能够形成共享式理解，需要共同论证善生活的意义等。双方在这一前提预设上的对立，必然导致前者认为个体具有从自己的理性出发进行自由

① Michael J. Sandel, *Liberalism and the Limits of Justice*, p. 81.

② Anne Maclean, “Right and Good, False Dichotomy?”, *Philosophy*, Vol. 60, No. 231, Jan., 1985, p. 21.

选择的绝对权利，而后者则认为，个体只有从自己所承担的建构共同理性的角色出发，才能获得自己行为的真正意义。

顺便指出，在如何看待人们的理性的作用方面，罗尔斯强调的是人们的相对纯粹理性的正当性，力求使正义原则对社会制度的安排发挥“一劳永逸”的作用，认为只要选择了正当的正义原则，就可以长期或永久地使之规导社会基本结构和人们的行为，相反，桑德尔则认为，人们在社会共存中的理性，是一个不断共同思考的过程，是在不断共同慎议中而提升和丰富的过程，无论是对于善的认识，还是对于正义的理解，都需要通过人们不断的共同对话、论辩和反思才能动态地达成共识。

最后，在对社会过程和目的的理解方面，罗尔斯认为，社会过程是各个独立的个体所进行的社会合作或“社会冒险”事业，在本质上是以众多个体为主体的，而社会合作的目的是在公平正义的制度下实现各个个体的权利和利益，特别是平等的自由权利，与之不同，桑德尔把社会过程看作是历史的一贯性过程，认为社会在本质上是交互主体性的，人们社会共存的目的是实现人们所追求的有价值和意义的生活。

双方的上述对立的确具有本质性。既然他们的观点都围绕社会制度安排而展开，因而它们代表了国家治理研究的两种基本路径或两种基本理论。而对它们进行批判式融合，也就是指出国家治理研究的第三条基本研究路径。

考虑到本文的主旨，一个必须回答的前提问题是，是否存在着批判式地融合这两种理论的可能性？我认为，答案是肯定的。归根到底，这需要对人类社会历史进行深入分析，因为，在不同历史阶段，正义与善的关系是不同的。实际上，如前所说，桑德尔已经指出了正义与善的关系的历史性，而本文没有加以讨论的麦金太尔，更是明确地分析了这一点。[①] 另外，国内也有研究者对正当与善的关系进行了社会历史分析，正确指出了西方古希腊城邦社会土壤决定了人们以善规定正义，而近代社会所内在包含的对于制度正义的正当要求，造成了正义与善的分离以及正义作为善的前提这一新的状况。[②] 这些分析无疑富有启发意义。

鉴于批判式融合这一任务的艰巨性和复杂性，下面主要在阐明双方理论各自具有的优势以及共同具有的两个预设的基础上，通过对社会历史运动中理性、规律、利益之间关系的简单分析，指出批判式融合双方对立观点的可能途径。

对于正义与善的关系，究竟是正义独立于善，还是正义必须在与善的关系中才能得到界定，以及双方究竟是前者优先于和决定后者、还是完全相反，我认为，显然，桑德尔所提出的正义与善一体共存论和社会情境论的解释，比罗尔斯的单向决定论更加合理，更加合乎人类社会的历史现实。回顾人类社会的历史运动特别是国家治理实践史可以看出，在对正义和善作出区别的前提下，正义和善的确密不可分，它们都是人类所追求的重要价值，同时，正义与善的关系也的确是历史的，我们只有根据特定的历史条件，才能判定正义与善何者优先、何者更加根本。在这一点上，桑德尔等共同体主义者不仅初步揭示了正义与善的相互关联，而且指明了柏拉图和亚里士多德关于正义内在于实现善的过程这一观点的本质意义。

而且，桑德尔所主张的人们对正义原则的确定离不开社会中的宗教、道德、哲学等关于善的多元论学说，强调必须容纳、学习这些学说，吸收它们的合理之处，也比罗尔斯所坚持的正义原则的确定必须独立和中立于这些学说的主张，更加广阔、更加合理。这在认识上至

---

① Alasdair MacIntyre, *After Virtue: A Study in Moral Theory*, third edition, pp. 252-254.

② 詹世友：《西方近代正当与善的分离及其伦理后果》，《道德与文明》2007 年第 6 期，第 55—57 页。

少涉及正确认知的形成所需要的主体层次的条件是否充分的问题，在实践上则至少涉及正确实践所需要的观念的正确性程度问题。显然，桑德尔的主张更加符合人类存在的本质要求。正如他自己所说，共同体主义的主张所指向的是一个更具活力、更加丰富的社会。

不过，罗尔斯的观点和论证也有着理论思考维度上的重要价值。其一，他在论证正义优先于善以及整个正义论的过程中所坚持的理性主体论前提，在本质上表明了他对人类的理性能力的坚信，即人们的理性能够在相对纯粹的条件下共同获得正义原则，而这种坚持在西方政治哲学历史上再次指向了人类理性的社会存在论意义。其二，他对正义原则的同一性和正义制度的强调，反映了现代国家治理实践的一种类型的本质要求，因而具有重要的实践意义。其三，由于他提出从正义原则、正义制度的角度来理解和规定善，因而，实际上他至少把握到了在现实社会中，或者用他的话说，在秩序良好的社会中，正义与善的不可分离关系。其四，他关于正义优先于和决定善的观点至少在下述意义上是合理的，即在一定的社会历史条件下，正义能够优先于善、决定善。桑德尔在批评罗尔斯时所持的正面观点，即正义和善都是历史的，已经隐含地表明了这一点。其五，毕竟是罗尔斯在当代首先明确提出正义优先于和决定善这一观点，并作出了系统深入的论证，由此才引发了桑德尔等共同体主义者的批评和再思考，使得对这一问题的研究得以深化。

我认为，罗尔斯的第三和第四点理论贡献，是桑德尔没有予以充分肯定的，罗尔斯也没有加以强调，实际上，这是双方理论的重要契合点或“重叠共识”。不仅如此。双方的理论还具有两个基本相同的前提预设，这也是双方没有予以透彻反思的；而对于两个前提预设所指涉的两个要素在社会生活中的关系，双方也缺少深入的探讨。

第一个前提是双方对人的理性能力的大致相同的判断。可以看出，双方都认为，理性能够达到对事情本质的相对可靠揭示。罗尔斯所设想的原初状态，正如他自己所说，是一种理性条件的设置。尽管他强调在理性条件下所得出的正义原则是正当的但未必是正确的，但他毕竟坚信理性对社会制度安排的指引作用。而桑德尔认为，在人们的善观念特别是包罗性质的学说方面，有的可以达于正确。因此，坚持对人们的理性能力的确信，是批判式融合双方理论的基点。

第二个前提是双方对利益（interests 或 advantages）作为人们社会生活的基本要素的判断。罗尔斯的正义论把利益看作是社会历史运动的一个基本要素，提出正义的主题的一个重要方面就是社会主要制度决定由社会合作所产生的利益的划分方式，尽管他认为利益与自由、平等等基本权利相比，处于相对次要的地位。桑德尔也认为利益是共同体生活的一个重要方面，只不过是他把利益置于共同体的共同善目标之下，同时强调其他道德价值如团结、忠诚、友谊等的重要性。尽管存在着这样的差别，但双方都认可了利益的现实重要性。

对于理性与利益在社会生活中的关联，虽然罗尔斯和桑德尔对于理性的主体性质和作用特点的理解存在分歧，但在把理性作为引领利益分配和创造的根本尺度这一点上是相同的，这是他们在理论前提上的一致之处。同时，由于双方理论的侧重点和争论焦点不同的缘故，他们都没有对理性与利益之间的相互作用关系做出专门而系统的阐明。

我认为，要确定正义与善的一般关系和历史变换，需要对人类社会历史进行透彻分析，这除了需要正确探讨理性和利益及其相互作用关系以外，还必须增加罗尔斯与桑德尔所没有明确强调或没有深入思考的社会历史的另一个基本要素，这就是规律，同时，还必须进一步对理性、利益、规律这三个要素的关系运动进行深入探讨。

我坚持认为，马克思所说的人类社会历史是有规律的观点是正确的，那种把社会历史仅仅看作是人们随意选择的过程和结果的观点是难以成立的。长期来看，规律的本质的确就是不依人们的意志为转移。

应该强调，人类社会的历史，既有完整统一的基本规律，也有各个领域的规律，内含由多种规律所组成的规律体系，是根本规律与非根本规律的相互作用。同时，利益的创造和分配，本身就存在着规律，这种规律是人类社会历史的一种重要规律或基本规律的构成部分。

就理性、利益、规律的关系来看，一方面人们在认识上通过理性可以对社会历史运动中的利益和规律做出相对正确的把握，另一方面人们在实践中却会由于对利益的考量而形成理性、利益、规律之间的复杂关系。这一点最终决定了正义与善的关系的历史性。

从人类社会历史的过程来看，当人们的理性正确认识了社会生活的规律或趋势或者一定历史阶段的规律或趋势，并在实践上以这种认识去指导制度建构和社会生活时，就会形成国家治理的善目的；而由此去确定利益分配和创造赖以进行的各种基本原则，则会在处理利益问题上形成相应的正义原则，显然，这是善目的决定正义原则的情况，正义原则与共同善目的是本质一致的。相反，虽然人们的理性获得了对社会生活的基本规律的正确认识，但由于不同主体对于自身利益的考量，最终违反这种正确认识而去确立对于社会整体来说的错误目的，这就形成非善的目的或恶的目的，而由此去进一步确定建构社会制度和社会生活的指导原则，就形成非正义或不正义的原则。而当这些非正义或不正义的原则导致了严重的实践后果时，改变这种状态，建立正义的原则和制度，就具有首要的决定意义。

另一种情况是，当一个社会处于利益激烈争夺的历史阶段，或一个社会的人们处于利益激烈争夺的状态，而人们的理性不管是否获得了对社会生活规律的正确认识，如果它在实践上主要是为人们的利益争夺制定规则，为了保证人们的利益争夺过程有强制的规章可依，那么，这个社会就必然自觉不自觉地把确立正义规则置于最重要的地位，而把追求共同善的目的置于次要地位。这是正义决定善的情况。

因此，可以看出，深入研究人类社会中的理性、利益、规律的一般关系和历史运动，深入研究这三个要素之间关系的复杂性、不同形式、变化趋势，是真正解决正义与善的关系问题所必需的更加合理的思路。这种思路的实质展开，就是对桑德尔和罗尔斯在正义与善问题上的对立观点进行批判式融合的可能性所在。说到底，这也是国家治理研究的更加合理的基本路径——第三条基本路径。

第 二 编

现代组织管理的哲学理论

第六章
整体思维在现代管理理论中的凸显及其知识论定位

在人类思想史上，整体思维的脉搏一直在有力地跳动。它在某些历史阶段呈现为主导的思维方式，如古代中国和古代希腊这两个民族的哲学思维；在其他一些历史阶段则处于与之相反的思维方式——分解式思维的支配之下，如西方近代早期的经验论哲学。在现代管理理论的历史运动中，整体思维经历了从产生到扩大再到基本成熟的过程，这是遵循两条线索发展起来的。这种整体思维是现代管理学历史发展中所潜含的具有哲学意义的思维方式。对于它的反思、概括和提升，是管理哲学实现根本创新的一件重要工作。本章把整体思维在现代管理学中的凸显，理解为一个从有限整体思维走向更大整体思维、从组织内部走向组织与环境的整体关联的历史过程，并认为这一过程既是它自身的历史运动，更是各种主要知识相互作用的结果。这一分析是初步的，目的是为更加深入的管理哲学研究提供一种内容和方法论的准备。

一、从科学管理理论的有限整体思维到社会合作理论的整体视野

整体思维在现代管理理论中生成和凸显的第一条线索，是从对待管理的有限整体思维发展到对待管理的社会整体视角。这就是从泰勒的科学管理理论的有限整体思维方式开始，经过法约尔的一般管理理

论的经验整体视野，到梅奥从社会历史变迁中寻找组织合作障碍的社会管理理论。

泰勒所创立的现代科学管理理论，一个极其鲜明的特点是他自觉地提出了看待管理、看待劳资双方关系的有新意的思维方式——力图从一定层次的整体和长远的角度看待管理，同时，由于这种思维方式的整体特征还没有达到基本全面的层次，因而也包含了诸多矛盾之处。因此，我们把他的这一思维方式概括为有限整体的思维方式。

首先，也许泰勒研究和实施科学管理的初衷并不是真的像他后来所说的那样，但至少他后来认识到实行科学管理对于美国整个民族减少由低效、管理不当等原因所造成的资源浪费的重要意义。换句话说，他最终是从整个民族提高效率从而实现资源节约这一高度来看待科学管理的，并且由此认为科学管理的根本原则适用于一切社会行为的管理，包括家庭、农场、商业、教育、社团、政府各部门的各种管理。另外，从科学管理的最终目的的角度看，他在1911年出版的《科学管理原理》以及稍后在美国国会听证会上所作的证词中，也把成本下降、效率提高而带来的财富增加的意义落脚到减少社会贫困、使全体人民生活富足繁荣上，甚至落脚到全世界的繁荣昌盛上①，这不管是他事后反思的结果，还是他出于有力辩护而提出的，总是在一定程度上显示了他的有限整体思维视角。

其次，泰勒的科学管理理论认识到了对组织进行系统管理的重要性，突出强调提高效率的关键是依靠科学的系统管理，而不是依靠某个或某些非凡的个人。泰勒对差别计件工资制和车间管理的研究、特别是对任务管理制（工作时间、劳动动作、计划安排等）和生产最佳一体化的研究及其实践表明，他不是仅仅对某一方面进行改革，而是

① 〔美〕F. W. 泰罗：《科学管理原理》，胡隆昶、冼子恩、曹丽顺译，北京：中国社会科学出版社1984年版，第222—223页。

从改变生产的整体管理的角度去提高效率，因此他既注意对生产过程各个方面、各个环节的分解，又注意整体系统的结合；同时，他坚持把各种具体工作制度化，认为这是实现系统或整体管理而不依赖于某些非凡个人的关键。“补救低效能的办法在于系统化管理，不在于收罗某些独特的或非凡的人。”[①] 由此，他明确提出，管理体制是第一位的，好的管理体制可以发掘第一流人才，并能够比以前更有把握和更迅速地把他们提升到重要岗位上来。[②]

最后，泰勒力图把劳资双方的经济利益作为一个统一体来看待，强调劳资双方通过整体合作、和谐共济，最大限度地提高生产率，增加双方的整体和长远经济利益。他认为这是科学管理的实质所在。他指出，管理的主要目的是同时实现雇主和雇员的最大限度的昌盛。对于公司或雇主来说，这不仅意味着取得巨额红利，而且还意味着把各行各业的经营引向最佳状态，使昌盛永远存在下去；而对于雇员来说，也不仅意味着获得更高的工资，而且更重要的还意味着使雇员达到他的最大效率，以便做他的天生能力赋予他所能干的最高级别的工作。也就是说，泰勒认为，雇主和雇员的昌盛是一体的、不可分割的。他提出，与雇主组织和雇员组织一直坚持双方利益对立的看法相反，科学管理的根本观点则相信，雇主和雇员的根本利益是一致的，因为除非雇员也同样昌盛，雇主的昌盛不可能长久，反过来也是一样。[③] 因此，雇主和雇员之间消除怨恨，实现和谐，通力合作，是实现双方昌盛的根本保证。而归根到底这又必须通过管理制度来实现，因而它构成了衡量一种管理制度是否合理的根本标准。“一种管理制度或方案，如果从长远的眼光来看，不能使劳资双方都满意，如果不能表明他们的最高利益是彼此一致的，如果不能给双方带来彻底而诚挚的合作，使他

① 〔美〕F. W. 泰罗：《科学管理原理》，第 155 页。

② 〔美〕F. W. 泰罗：《科学管理原理》，第 155、23 页。

③ 〔美〕F. W. 泰罗：《科学管理原理》，第 157 页。

们同心协力而不是分道扬镳，那么这种管理制度就不值一顾。”[①]泰勒特别地论证了，劳资双方利益一致的具体内容，就是低成本与高工资的结合。显然，这是泰勒的思维方式具有利益整体的长远眼光的一个突出方面。

总体来看，泰勒的科学管理理论与实践所蕴含的思维方式的确具有一定程度的整体性特征，其中的某些观念也的确具有合理性，所以，他的理论和实践能够在越来越大的范围内取得成功。国外有研究指出，根据劳动生产率的数据，当时完全推行泰勒制科学管理方式的大多数工厂，的确大幅提高了生产效率，而科学管理方式的精髓以及在泰勒之后所得到的不断完善，更是历史性地提高了西方国家的生产力。著名的管理大师德鲁克甚至把它评价为生产力发展的一次革命。

然而与此同时，一个不可忽视且直到今天仍然值得深入探讨的重要历史事实是，泰勒的科学管理遇到了巨大的挑战和障碍。工人的反对，工会的阻挠，资方的谩骂，国会的听证调查，使得当时泰勒的科学管理方式的推广困难重重。这除了历史已经形成的种种传统观念的巨大惯性阻力以外，泰勒的科学管理在思维方式上存在着严重的不足应该是一个重要原因。他的思维方式只是具有有限的整体性，因而带有巨大的片面性。

第一，由于他把科学管理主要看作是一种节约劳动、提高效率的正确手段，一种使工人取得更高工资、使雇主取得更大利润的一种正确手段，因而他实际上把经济利益、经济效率放在了决定性的位置，正如人们已经指出的，说到底他是把经济利益或物质利益看作是组织成员特别是工人的主要追求，把长久地提高经济效率看作是企业的最高目标，因而尽管他多次指出，推行科学管理不能够采取强硬方式，要和工人耐心地进行意见交流，要重视工人的情感态度，取得工人的

① 〔美〕F. W. 泰罗：《科学管理原理》，第 33—34 页。

理解和支持，但是由于他的上述根本观念的限制，因而不可避免地导致严重忽视工人的自尊、情感归属、社会价值的实现等精神和社会追求。从人的存在是各种需要的实现这一角度来审视，泰勒没有充分认识到，组织成员的需求是多维的整体，并且是不断生成和不断变化的，因而在管理实践中不能把人们的经济利益或物质利益追求与其他追求分割开来。而进一步从企业的最高目标的角度看，经济效率也并不是企业管理或企业发展的最终目标，而是实现企业可持续发展并服务于社会发展的一种手段目标。尽管泰勒说提高效率、增加财富生产的意义在于提高全体人民的生活水平，但这一点在他的科学管理理论中并不带有贯穿全体的灵魂地位。

第二，他强调了组织中生产方面的优等工人的效率和工人个体之间的收益差别，而忽视了组织中本来存在的工人们在工作、生活等方面互助共存意义上的社会一体关联，也就是说，忽视了组织中工人成员的团体社会性质。当他为任务定额而寻找最适合的工人时，那些最适合的工人经常不愿合作的一个重要原因，就是他们不愿让其他同胞的工作和生存受到威胁。实际上，工人之间的团体联系，对于他们的生活具有多方面的意义：是他们在困难时互相帮助互相支持的保障，是实现他们社会归属需求和共同生存的最重要形式。看不到这一点，不去自觉有效地促进这种社会联系，科学管理的推行必然困难重重。

第三，把组织成员绝对地区分为管理者和被管理者，把管理仅仅理解为管理部门的工作，而忽视了一般员工参与管理的必要性与重要作用。这不仅人为地造成了组织成员之间的层级对立，而且人为地扩大了组织成员之间的不平等格局。事实上，即使在一般情况下，管理者与被管理者之间的区分也是相对的，而且这种区分本身就具有历史的性质。20 世纪 50 年代以来企业管理方式的发展和变革表明，传统意义上的一般员工正在越来越多地参与管理工作，而不只是完全被动地处于被管理状态。

泰勒的科学管理理论的有限整体思维方式的缺陷，从源头上当然是由当时美国特定的社会历史条件和管理方式传统等因素所决定的。劳资双方在经济利益方面的冲突对立，在当时是长期以来没有解决好的一个现实问题；把经济利益或物质利益追求看作是组织员工的决定性的追求，是近代以来西方经济学和人们价值观念的主导传统；企业管理实践中管理者和被管理者的严格区分，也是近代以来企业管理方式的主要特征。一句话，人们的思维方式不可能离开他们的时代条件。

然而，也正是由于时代条件和管理方式传统的局限在泰勒的管理思维方式和管理实践上的尖锐表现，或者反过来说，正是由于泰勒在管理理论和管理实践上尖锐地凸显了他的有限整体思维的严重不足，才使后来的人们能够发现问题的症结所在，在管理思维方式上逐步走向全面和充分的整体思维。

比泰勒稍后的法国管理实践家法约尔，虽然并没有直接针对泰勒的思维方式的局限而思考管理问题，没有完全自觉地去克服泰勒的上述局限，但却自觉把企业看作一个整体，把企业的管理活动看作一个整体，由此提出了一般管理理论，被认为是现代管理学一般管理理论的创始人。

从理论内容的角度看，法约尔理论内容的重心不在于任务定额和劳动动作等具体方面的研究，而是在于管理的一般原则和一般职能要素的探讨。西方管理思想史的资料和研究表明，尽管法约尔的《工业管理与一般管理》的公开发表（1916）晚于泰勒的《科学管理原理》（1911），尽管泰勒主义在法国的推行不仅的确对法约尔管理理论的创立产生了一定影响，而且掩盖了法约尔思想的广泛传播，但是法约尔的思想的形成却有其基本独立的实践背景和形成过程。[①] 而在我们看来更为重要的是，法约尔的理论与泰勒的科学管理理论在思维方式上存

① 〔美〕丹尼尔·A. 雷恩：《管理思想的演变》，李柱流等译，北京：中国社会科学出版社 1997 年版，第 236—238 页。

在着根本不同。隐含于法约尔一般管理理论中的灵魂，是他自觉或不自觉地在一定程度上直接把管理本身作为一个整体来探讨的思维方式。

首先，法约尔在认识到管理在社会各种生活领域中的普遍存在和十分重要的同时，也明确认识到管理是一个组织的整体活动的一个构成领域，是与其他活动不可分割的一种活动。他以企业活动为对象，认为企业活动是技术活动、商业活动、财务活动、安全活动、会计活动、管理活动的统一体。这六种活动或职能各不相同、紧密联系，缺少任何一项或缺少任何一项的有效行使，企业都无法正常运转。[①]

其次，法约尔对管理的许多一般原则的阐发，间接或直接地表明了他思考这些原则时具有一定程度上的整体观念，即管理是围绕企业或行政单位的整体而进行的一种活动——虽然他没有明确指出这一点。他把劳动分工、统一指挥、统一领导、个人利益服从整体利益、秩序要求、公平要求等作为管理的一般原则，所表明的都是企业以什么样的原则为指导才能作为一个有效整体而存在。例如，他在说明统一指挥、统一领导原则时，突出强调了这一原则对于社会的各个基本领域的必要性和重要性，明确指出，泰勒强调管理的职能划分而否定统一指挥的原则是错误的。这就透露出他进行思考的方法前提：企业作为一个整体不可能没有统一指挥。[②]

需要指出，法约尔管理理论所表现出的整体思维方式也还远不充分。例如，他对管理这一职能的要素的思考就不是充分整体论的。他只是分别地分析了管理的计划、组织、指挥、协调、控制五大要素，而并没有进一步去说明五个要素之间的内在关系。也就是说，他并没有明确指出，管理的各个要素之间是平行并列的，还是依次递进的，或是互相交织的。他在这一方面的不足，构成了后来管理学努力探讨

① 〔法〕H. 法约尔：《工业管理与一般管理》，周安华等译，北京：中国社会科学出版社1998年版，第2页。

② 〔法〕H. 法约尔：《工业管理与一般管理》，第28—30、86—88页。

的一个重要问题。

从管理思维方式演进的逻辑来看，与泰勒的思想方式形成直接的历史对照性补充的，是20世纪20年代到30年代（1924—1935）由霍桑实验引发的对工人生产行为所作的社会维度和历史维度的研究，实际地形成了具有“社会—历史认识论意义”特征的整体论和历史论的思维方式。其中，梅奥无疑是这一思维方式的一位最重要代表。不过，他和其他研究者一样也许并没有充分自觉意识到他在思维方式上的这种重要进步。梅奥之所以能形成比较突出的整体和历史论思维方式，除了工业进程及其所引发的社会历史本身的巨大变化的原因外，也由于他受到了完型心理学的心理活动是一个整体以及帕累托的社会是一个系统等整体观念的影响。① 无论如何，这是现代管理学发展史上的一个具有里程碑意义的成就。

梅奥的整体论和历史论思维方式表现在他的理论的各个主要方面。首先，他敏锐地把捉到了当时的社会状况——即当时工业文明的迅速发展及相应的社会变化对工人的生产行为状况（有意限制产量、对管理者反感等）所产生的根本影响，明确提出，保持处理人事关系的能力与处理物质技术的能力的平衡，是一个组织长久存在的根本条件。他认为，工业文明的快速变化特征，包括技术的迅速进步，经济的快速增长，人们工作职业和居住地点的不停变动，造成了传统生活方式的瓦解，打乱了人们之间原有的社会联系的完整性，使人们不停地从一个组织团体（特别是工作团体）转到另一个组织团体，从旧的组织团体转到全新的组织团体，因而产生了人们在新的组织团体中的社会关系协调能力的缺乏问题，产生了社会意义上的组织失调问题。② 也就是说，过去的社会是定型的社会，现在的社会则是不断变动的社会。

---

① 〔美〕丹尼尔·A. 雷恩：《管理思想的演变》，第314—315、321页。

② Elton Mayo, *The Human Problems of an Industrial Civilization*, London and New York: Routledge, 2003, p. 142.

当人们在物质和科学领域形成了可靠知识和技术的同时，人们在团体合作领域、社会共处和政治管理领域，却处于偶然的猜测和机会主义的摸索之中。一句话，社会发明落后于技术发明，社会协作能力的进步落后于技术能力的进步。[①]他指出，在原始社会和发达社会，人们在工作方面协作的恒久持续，都取决于非逻辑的社会规范的发展，这种社会规范规定着人们之间的关系以及相互对待的态度；由于工业文明只坚持生产的经济逻辑，干扰了这样一种社会规范的发展，其结果是在团体中产生一种人性失败的感觉。这种失败的感觉又会产生一种较低水平的社会规范，并且这种规范同经济逻辑相对立，其征兆之一就是"产量限制"。[②]

这就表明，梅奥已经开始不再像泰勒那样，主要停留于企业组织内部来思考员工的磨洋工、有意限制产量等生产行为，而是从整个工业和社会的巨大变化背景来思考问题。也就是说，梅奥开始深刻认识到企业与工业技术变化、社会变化的历史关联，力图从整个社会运动的角度寻找企业或团体内部发生问题的原因。与泰勒相比，这无疑是思维方式的一个重大进步。

梅奥的整体论和历史论思维方式的第二个方面表现在，由于他把人类的存在看作是一个从本性上需要社会合作的过程，因而进一步看到了人类在不同团体层次上的整体合作的重要性，看到了实现物质经济需要与实现合作两者之间不可分割的关系。通过在霍桑实验过程中的实地考察和深入研究，他提出，在人类的本性中包含了合作、交流、共同参与的倾向，这正是人类实现有效生存和不断进步的根本。而任何水平的社会团体，都会面对两个永远存在和反复出现的管理问题：物质和经济需要的满足；整个组织的合作的维持。一般情况下，这两

① Elton Mayo, *The Human Problems of an Industrial Civilization*, p.137.

② Elton Mayo, *The Human Problems of an Industrial Civilization*, pp.120-121.

者都是重要的，必须同时得到实现，然而在人类历史的某些阶段上，后者比前者甚至更加重要。“任何原始部落的仪式几乎完全是为了促进合作上的和谐，工作中保持团结一致的纪律；很明显，部落暗暗地认为如果合作能得到保证，团体的物质需要就一定会得到满足。”[①]然而，工业革命以来的管理方法却主要是针对物质的有效供给而严重忽视了人们合作的有效保持。在现代技术经常变革、产业结构快速变化、工作职业经常变换、人口快速流动的现代社会，这一问题就变得尤为尖锐。这对于现代大企业的管理来说同样如此。梅奥认为，现代大企业的管理有三个必须解决的突出问题，一是把科学技术应用到物质生产中去，二是系统地安排工序，三是实现持久的合作。只有这三者保持平衡，企业才能取得成就。而在当时的企业生产中，第一个方面得到了高度重视，第二个方面在实践中得到了明显发展，而第三个方面则存在严重不足。人们并没有认识到企业内部整体协作的重要性，把企业生产主要理解为领导者、管理者对一般员工的单方面的指挥命令过程，因而严重忽视了从组织整体上处理好企业成员特别是管理者与一般员工之间的社会协作关系，因而产生了工人消极怠工、情绪低下、敌视管理者等一系列严重问题。[②]可以看到，尽管梅奥把合作的需要看作是人类的本性这一观点并不全面，但强调人们在不同组织层次上的整体合作对相应组织的重要性，强调实现物质经济需要与维持整个组织合作的统一，却是十分深刻的见解。

梅奥的整体论和历史论思维方式的第三个方面表现在，他在探讨如何实现组织的持久合作时，深刻认识到人的需要是多方面的整体，而不是仅仅为了追求个人利益和物质利益，同时，个人利益、物质利益也不是人们工作的根本动力。他尖锐批判了古典经济学特别是李嘉

---

① 〔美〕梅欧：《工业文明的社会问题》，费孝通译，北京：商务印书馆 1964 年版，第 68 页。

② 〔美〕梅欧：《工业文明的社会问题》，第 24、81 页。

图关于个人的自我利益追求是社会的基础的观点，提出，工人之间除了经济利益、物质利益的追求以外，还有实现社会价值的需要，人格尊重的需要，情感交流的需要，希望充分反映自己的意见、主动创造和自主负责的需要等。[①] 因此，建立管理者与工人之间的平等关系，建立管理者就企业的重要问题与工人进行交流的制度，充分了解工人的情绪和生活状况，使企业成为多种形式、多种层次的共同参与的互动合作整体，使所有成员成为企业的共同主人翁，就成为企业实现有力合作、持久发展的关键。简言之，一个组织的合作，不仅涉及工作体系的有效安排，而且涉及对人们的精神生活及社会合作的正确管理。“任何工业组织一方面是工作——必须技术上有专长和有效——同时另一方面又是很多人的一种生活方式——一个必须有效率的合作体系，一种可以令人满意的生活方式。”[②] 而工业文明所存在的根本问题就在于，管理者只是把企业组织作为提高工作效率的场所，而没有作为一种生活方式来对待。实际上，即使仅仅从提高效率的角度看，管理者也只有为员工的社会和情感需求找到合理的解决方式，才能充分调动他们的生产主动性，实现生产的最大效率。

与上述思想相应，梅奥在对解决问题的信心方面也充分表现出他的历史动态观点。既然当时社会组织失调、工人的团队失败等问题是工业文明的发展所形成的人们在社会合作方面能力的落后，那么只要人们认清问题产生的根源并给予足够的重视，努力寻找在工业条件不断变动的情况下人们如何进行社会合作的技术，那么，问题就会迎刃而解。也就是说，人们能够建立新的组织合作形式或社会合作方式。这在现实中也可以找到例证。当时美国的一些地方，人们甚至成功地设计出了抵御传统生活方式被破坏的方法。他指出，迪尔凯姆对社会

① 〔美〕梅欧：《工业文明的社会问题》，第 50—57、79—97 页。
② 〔美〕梅欧：《工业文明的社会问题》，第 68 页。

反常现象的危险所作的估计，在某种程度上被夸大了。解决问题的关键是深入研究当时的这一社会问题，找出有效的解决途径。① 这也就是说，梅奥不是静止地看待社会和人们的生产行为问题，而是把它们看作是社会结构变化在一定历史阶段上的产物。在我们看来，梅奥的这一观点同样体现了他从社会历史变化的角度研究具体社会问题的思维方式。然而，这一视野似乎还没有引起研究者们的足够重视。

总之，与泰勒的科学管理理论不同，梅奥的理论凸显了工厂管理与社会的关联，凸显了团体合作、社会合作对于工厂管理的重要意义。尽管他不可能全面探讨所有的重要问题，但却开辟或拓展了研究组织管理的整体和社会历史方法。

二、关注组织与环境的整体历史关联

整体思维在现代管理学发展中的另一条重要线索是关注组织与环境的整体关联。这就是从韦伯的层级制管理理论到巴纳德的协作组织理论。

韦伯和泰勒、法约尔基本上是同一时代的人物，从他们的管理理论形成的时间过程来看，韦伯比泰勒稍晚而与法约尔差不多同时②，因此后人把韦伯与法约尔都看作一般管理理论的创始人是恰当的。然而，我们也应该看到，韦伯的层级制理论（人们通常称为官僚制理论）是存在于他的更加广阔的主题论域之中的，而且比法约尔的理论具有更加自觉的整体思维方式和社会历史主义观点。

首先，韦伯的层级制理论并不是一种纯粹的管理学专业方面的

① Elton Mayo, *The Human Problems of an Industrial Civilization*, pp. 141-142.

② 关于韦伯社会学基本理论的创作时间，参见韦伯的《经济与社会》一书的出版整理者约翰内斯·温克尔曼所作的说明。见〔德〕马克斯·韦伯：《经济与社会》(上卷)，林荣远译，北京：商务印书馆 1997 年版，第 13、23 页。

理论，而基本上是其社会学理论的组成部分，是他在社会生活整体运动的社会学考察中提出的，并且主要是在他未完成的社会学理论巨著《经济与社会》中得到集中阐述的。同时，必须引起高度注意的是，他自己关于合法性统治的思想，是他的层级制理论的根本出发点。这些都规定了韦伯考察问题的方法论特点，即他总是力图考察一个共同体组织的管理方式与社会条件的历史关联，把组织管理结构与经济、社会的关系作为他的理论研究的重要内容。

他明确指出，尽管在古代封建社会乃至奴隶社会时期的一些国家的政治生活或宗教生活的管理方面已经存在不同类型、不同程度的层级制，如在古代埃及、晚期罗马帝国、秦始皇以后的古代中国、13 世纪以来的罗马天主教会等政治和宗教组织中，但充分发展的、典型意义的层级制，仍然是现代社会的产物，是以现代特定的社会和经济条件为前提的。

在经济条件方面，他认为，规模经济特别是资本主义经济及其相应的货币形式的发展，是典型层级制的一般前提条件，也就是说，资本主义经济的发展与典型的层级制的建立，具有重要的历史关联。因为现代资本主义企业是以能够理性预期为管理原则的，它为了生存，必然要求在国家层面上建立起理性的司法和行政，因此，现代资本主义所特有的以合理技术为基础的劳动的合理组织，只有在理性建构的国家制度内才能产生，而层级制正是这种国家制度的主要特征。所以，“在历史上，迈向层级制的、根据合理制定的法律和规章行事、执行司法的和进行行政管理的国家的‘进步’，与现代资本主义的发展息息相关”。[①] 甚至可以说，“资本主义也是层级制可能以最合理形式赖以存在的最合理的经济基础，因为从财政上讲，这个经济基础提供着必

① 〔德〕马克斯·韦伯：《经济与社会》（下卷），林荣远译，北京：商务印书馆 1997 年版，第 738 页。为了概念含义的恰当，本章把“官僚制”一律改为“层级制”。

要的货币资金”[1]。因此，韦伯认为，正如自从中世纪以来迈向资本主义的进步是经济现代化的唯一尺度一样，迈向层级制的官员制度的进步则是国家现代化的同样明确无误的尺度。

在社会条件方面，组织规模的扩大和复杂性程度的提高，管理任务数量的增长，管理的各个领域的强度的增强，管理技术手段的提高等，则是实行典型层级制这种管理方式的重要诱因，同时，以法律平等为根本原则的现代群众民主，则是促成层级制的政治条件，尽管群众民主与层级制化倾向最终会陷入某种矛盾。[2]

与此同时，韦伯特别指出了层级制的社会影响，并且在更加广阔的框架内即在国家的法律制度的意义上间接地表明了层级制对经济行为、经济制度的影响。就层级制的社会影响来说，他提出有三个重要方面：管理体制由于需要普遍地从专业业务上招聘最有资格的人才，因而倾向于拉平等级；由于需要尽可能长时间的专业培训，因而倾向于导致财阀统治化；由于一切照章办事、公事公办，因而带来了形式主义的非人格化统治。[3]就国家的法律制度对经济的关系来说，他明确指出，在一般的关系上，法律制度绝不仅仅保障经济的利益，而且保障各种各样的其他利益（个人安全、政治、教会、各种社会地位等），法律制度的改变也未必一定引起经济关系的变化，但是，以规则或契约合法性为基础的法律制度，对于现代形式的经济制度来说，是不可或缺的。[4]这种现代的法律制度，当然包括了具有合法性的强制权力垄断和具有统辖特征的层级制。

其次，就纯粹的或典型的层级制本身也即合法型统治的纯粹类型来说，韦伯同样是从组织的整体统一角度来说明它的优越性和局限的。

---

① 〔德〕马克斯·韦伯：《经济与社会》（上卷），第249页。

② 〔德〕马克斯·韦伯：《经济与社会》（下卷），第286—295、305—308页。

③ 〔德〕马克斯·韦伯：《经济与社会》（上卷），第250—251页。

④ 〔德〕马克斯·韦伯：《经济与社会》（上卷），第370—374页。

他提出，现代层级制的运作方式有六个重要的突出特点，这保证了这种体制的“纯技术”上的优势：一是存在着固定的、通过规则（法律和行政规则）普遍安排有序的、机关的权限的原则，包括职责业务明确分工，命令权力和手段的界限分割，按规定有计划地招聘和安排有资格的人员；二是职务等级原则，即上下级固定有序的体系，上级监督下级，同时下级能够向上级反映问题；三是职务的执行建立在文件档案制度和各种各样的官员与文书班子的基础之上；四是职务工作，至少是一切专门化的职务工作以充分深入的专业培训为前提；五是职务工作要求官员投入他们的整个劳动力，以圆满完成工作；六是官员职务的执行，按照一般的、一定程度上固定的和相对详尽说明的规则来进行。①

韦伯强调指出，纯粹的即现代的层级制，其各种规则以理性为取向，具有专业分工、精确、迅速、明确、求实、持续、统一、严格服从、人力物力的节约、公事公办等一系列优点，从“技术上”可以达到最完善的程度，因而在行政管理的有效性方面超过任何其他形式，是国家实施统治的最合理形式。②

可以看到，韦伯的纯粹层级制理论，突出地把这种管理体制看作理性规则引导、分工明确、紧密联系、上下级互动、持续运转的统一整体，具有明显的整体思维特征。所以在他的理论中，规则的理性取向决定了层级制统治和管理的合法性，因而有权要求所有团体成员、要求落入这个团体内的社会关系或采取社会行动的人们必须遵守它。同时，任何法律规则也都是一个总体，行政管理就是在法律规则的界限内，合理地维护团体制度所规定的利益，而团体成员服从统治者或管理者，所服从的并非是统治者个人，而是非个人的整体统一的制

---

① 〔德〕马克斯·韦伯：《经济与社会》（下卷），第278—281页，并参见上卷第245—246页。

② 〔德〕马克斯·韦伯：《经济与社会》（上卷），第248页，并参见下卷第296页。

度。[1] 因此，从规则角度可以说，纯粹层级制方式就是各种规则的有机整体和实施过程。

与此同时，就对层级制所存在的局限的分析来看，韦伯也同样是力求从社会历史和统一整体的角度来思考问题的。他深刻把握到了纯粹层级制产生和扩展的历史必然性，把它看作是以理性为引导的生活方式在全世界的胜利进军。从社会生活的各个横向领域来看，不仅政治组织的管理，而且经济组织的管理以及教会组织和军队组织、社会生活的管理，都在日益走向纯粹的层级制方式。从社会历史的纵向进展来看，纯粹层级制不仅在现代西方资本主义社会是一种历史必然的事实，而且是未来社会主义社会各种组织管理方式的必然选择：即使有朝一日铲除了资本主义，“那么这种铲除实际上绝非意味着现代职业劳动的钢筋铁壳被摧毁，毋宁说，国有化了的或者被吸收到某种‘公有经济’里的企业劳动效益将变为层级制的”[2]，未来属于层级制化。因而，纯粹层级制对整个人类现代历史来说，具有不可摆脱的性质。

然而，虽然纯粹层级制具有理性取向、分工明确、权责清楚、运转效率无可比拟等优势，然而，正是由于它是一个整体严密的管理和控制系统，所以它具有与生俱来的固有局限。韦伯深刻地认识到了这一点，明确指出了纯粹层级制存在的多种问题。其一，它是一台毫无生机的机器，是一种凝固的制度体系，因而对人们的生活具有统一的强迫和主宰性质。其二，层级制在很大程度上抑制了个人主义、自由选择这些人权时代所取得的成就，而这些成就恰恰是人作为人而存在的根本。其三，层级制管理者的巨大权力优势形成了对群众民主的严重制约，因而如何有效地限制和监督他们的权力成了一个严峻问题。

---

① 〔德〕马克斯·韦伯：《经济与社会》（上卷），第242—243页。

② 〔德〕马克斯·韦伯：《经济与社会》（下卷），第754页，译文有改动。并参见第752—753页。

其四，层级制无力解决经常发生的职责要求与正确选择的矛盾，即使是不当的甚至错误的命令，只要上级坚持，下级也必须执行。总之，层级制无疑是一种正在创造使人们依附的巨大机器体系。[①]

韦伯在层级制理论方面所表现出的整体思维方式，无疑是当时管理实践需要的产物。韦伯对当时规模日益扩大、复杂程度日益增加的工业组织特别是美国和德国的工业组织的经验观察，对近代以来许多资本主义国家管理制度日趋整体化特征的深入思考，是他形成整体思维方式的主体条件。美国著名的管理思想史家雷恩深刻地指出了这一点："韦伯感受到了为大型组织和大规模企业管理建立合理基础的需要（这些大型组织不管是政治组织、宗教组织、工业组织，还是其他什么组织）。问题在于如何使任何一个大型组织都可以更为系统地发挥作用。"[②]

按照雷恩的解释，由于韦伯的层级制理论直到 1947 年才从德文翻译成英文，因而在此之前对美国管理学的发展没有产生广泛和重大影响，只有巴纳德等个别人物通过韦伯的德文著作获得了分析问题的部分依据。[③]雷恩的这种解释大致上恰当，但他并没有明确指出韦伯的什么思想对巴纳德产生了影响，同时对影响程度的判定似乎远远不够。在我们看来，韦伯的层级制理论，特别是他在层级制理论的阐发中所表现出来的两个层次上的整体思维方式——把层级制看作是一个运作整体、认为层级制与经济社会条件历史地相关，对于 20 世纪 30 年代巴纳德的组织理论的创立产生了极其重要的影响。

如果说，韦伯的层级制理论是在社会学的视野中进行阐发的，因而并不具有完全专门的管理学论域性质的话，那么，巴纳德 1938 年在

① 〔德〕马克斯·韦伯：《经济与社会》（下卷），第 754—758 页。
② 〔美〕丹尼尔·A. 雷恩：《管理思想的演变》，第 254 页。
③ 〔美〕丹尼尔·A. 雷恩：《管理思想的演变》，第 255、347 页。

《管理人员的职能》[①]一书中所阐发的组织理论，则完全是管理学或组织管理学的专门理论，并且明确指向了组织与环境的整体统一。

巴纳德的组织管理理论不仅突出强调了组织本身的整体，而且突出强调了组织与环境的内在关联，表现出比较彻底的整体思维方式。他的整体思维方式之所以如此鲜明，除了受到韦伯的影响以外，他自己长时期丰富的组织管理实践经验，也许是更加重要的方法论源泉。

首先，巴纳德同梅奥一样，认为在任何社会中，都不仅存在着有着具有共同目标和确定机构的正式组织，而且存在着没有共同目标和没有确定机构的非正式组织。社会主要是由正式组织构成的，人们有目的的和建设性的活动主要是在正式组织中进行的，这意味着正式组织在很大程度上决定了社会体系的结构和过程，但与此同时，正式组织必然受到在非正式组织所形成的态度、理解、习惯、习俗的影响，非正式组织能够为正式组织提供活力，它发展到一定程度，也会产生正式组织。正式组织与非正式组织是社会中相互依存、相互作用的两个方面，“两者缺一不可，其中一个失败了，另一个也会解体”[②]。

其次，巴纳德深刻地洞见到，正式组织是有意识地协调人们的活动或力量的社会体系，是协调不同个人的努力的整体，因而是不同个人活动的社会化，是各个活动部分的相互关联。从组织活动主体的角度说，尽管人是行为的担当者，但“行为却并不是个人性的。行为的性质决定于体系的要求或对体系有重要影响的事物”[③]。说到底，组织

① 顺便指出，把巴纳德的著作 *The Functions of the Executive* 中的“the Executive”译为“经理人员”并不恰当。因为，巴纳德虽明确指出，他所讲的“the Executive”的职能是正式组织中的控制、监督、经营等，这些职能不限于工业组织和商业组织，而是属于各种类型的组织，如政府、政党、教会、军队、学校、社会团体等。根据巴纳德对这一问题的多处论述，把“the Executive”译为“管理者”或“管理部门”，更能表达他所指的意义。

② 〔美〕C. I. 巴纳德：《经理人员的职能》，孙耀君等译，北京：中国社会科学出版社 1997 年版，第 96 页，并参见作者序言，第 4 页。

③ 〔美〕C. I. 巴纳德：《经理人员的职能》，第 63 页，并参见第 34 页。

是人们之间的相互作用，是每一个人与组织整体之间相互作用的过程。从构成组织体系活动的各个部分的关系来说，“一个体系就是一个必须作为整体来看待的事物。因为其中的每一部分都以某种重要的方式同体系所包含的其他部分关联着”①。他指出，一个组织体系既能够创造出大于它的各个组成部分的力量的总和，也能够创造出小于它的各个组成部分的力量的总和，特别是，能够创造出不同于各个组成部分的新的特性。正式组织作为一种协调体系，其作用就在于把物的因素、个人因素（主要是心理的因素）、社会因素连接起来使之成为一个整体。②

最后，他明确指出，正式组织作为人们在具有共同目标、做出贡献的愿望、信息交流基础上的社会系统的行动过程，其平衡的维持，最终和根本上是组织与其整个外部环境的平衡的维持。外部环境不仅包括外部的物质事物及其规律，而且包括社会规律、社会信念、人们的活动准则等。这涉及两个条件：一是组织的有效性，即组织在与外部环境的动态关系中，必须不断确定新的目的并有效实现它们；二是组织的能率，即组织在与外部环境（如外部组织）的动态比较中，必须较高程度地实现个人目的以最大限度获得个体成员的贡献。③可以看到，巴纳德非常深刻地表明了，组织的生存在内部是组织目的与个人目的的平衡，这种平衡又直接处于与外部环境的关系之中，因而更大的平衡是组织内部的平衡与组织和外部的平衡之间的统一。

巴纳德正是从组织是多维的整体、是内部状况与外部环境的统一这种根本观点出发来分析管理活动的，因而极其自觉地把管理看作是组织活动的整体协调过程。

第一，从管理人员的职能看，一方面，管理人员的职能就是制定

① 〔美〕C. I. 巴纳德：《经理人员的职能》，第 63 页。
② 〔美〕C. I. 巴纳德：《经理人员的职能》，第 53—60 页。
③ 〔美〕C. I. 巴纳德：《经理人员的职能》，第 66—76 页。

目标、提供信息交流的合理配置体系、促成必要的个人努力，使组织的各种活动或力量成为一个有效和有能率的整体；另一方面，管理人员的这些职能本身，也只是一个有机整体的组织过程的部分或方面，是合作体系的一部分，它们并没有单独的独立存在。[①]

第二，从所涉及的组织体系的内部因素来看，管理活动或组织活动就是对物的因素、人的因素、社会因素所进行的有意识的整体协调活动。巴纳德指出，当时组织理论的根本问题是没有整体地、全面地研究组织，因而对管理活动的研究也是如此，以致在实践中造成了管理上的许多失败；而产生这种情况的原因，是由于科学专门化而导致的思想的片面化。[②]可以看出，尽管巴纳德把科学专门化看作是导致当时组织理论的缺陷与管理实践失败的原因是不全面的，缺少问题所要求的深刻性，但是，他看到了当时管理理论没有从组织存在的整体研究管理，却是抓住了当时管理理论的根本缺陷。

第三，从组织管理的内与外相统一的角度看，管理活动则是协调整个组织和环境的努力。他指出，一个合作体系的组织过程本身就是一个整体，组织过程的本质是“对作为一个整体的组织及其有关的整个环境的了解”，“整个组织行为的主要决策基础是整体感”[③]，所以，管理过程作为组织过程的基础方面，也必须从组织和环境的关联整体的角度来考察。因此，由于一个组织持续存在和动态平衡的根本是组织的有效性和能率之间的平衡，所以管理过程必须不断结合外部环境的动态变化，把组织活动的有效性和能率有机统一起来。

第四，由于正式组织与非正式组织相互作用，所以，管理正式组织，必须充分认识非正式组织的特点及其对正式组织的影响，充分调

① 〔美〕C. I. 巴纳德：《经理人员的职能》，第 169—183、184 页。

② 〔美〕C. I. 巴纳德：《经理人员的职能》，第 60、227 页。

③ 〔美〕C. I. 巴纳德：《经理人员的职能》，第 184 页，并参见第 170 页。

动非正式组织的各种功能和力量，以实现正式组织的健康持续发展。[①]在实质上，尽管巴纳德没有明言，他所说的非正式组织也属于正式组织的环境，因为他所说的在非正式组织中所形成的态度、理解、习惯、习俗，本身就是社会影响的产物。

第五，正是立足于组织与环境的关联来探讨管理，所以巴纳德头脑十分清醒地指出，不是有了合作和组织的科学，有了全面的管理理论，就可以促使各种社会力量很好地结合起来，因为成功的合作要求把个人的眼前利益从属于个人的最终利益和公共利益，因而要求人们形成相应的理想信念，而这主要是由社会的价值观条件所决定的。他指出，当时世界的混乱以及人们由此所形成的疑问和失望，并不单纯是产生于经济骚乱和国际对立，而更多的是产生于社会所形成的信念的对立，特别是个人自由至上论和集体合作至上论的对立。而巴纳德的信念是：具有自由意志的人的合作的力量，能够使人自由地合作；人们只有选择合作，才能实现每一个人的充分发展，同时，只有每个人承担起选择的责任，他们才能紧密合作；合作的扩展和个人的发展是相互依存的，它们之间的恰当平衡是实现人类幸福的必要条件。可以看出，尽管巴纳德在说明当时社会的问题时强调主观理想信念的作用，但他始终坚持组织发展与个人发展、组织与环境不可分割的整体观点，因而坚持管理活动必须立足于这样的整体来进行。

总之，巴纳德的组织理论的创立，标志着现代管理理论中整体思维方式以及动态思维方式的一种形态的基本成熟。这种思维方式在现代管理理论中的产生和成熟，其意义绝不仅仅是管理学的，而更是哲学的或管理哲学的。这实际上就是从管理学到管理哲学的一种历史升华过程。当然，在这里，其研究主体从形态上主要是或主要被判定为管理学家，而不是哲学家。然而，这也正是需要我们从管理学理论中

---

① 〔美〕C. I. 巴纳德：《经理人员的职能》，第 91—98 页。

提升出管理哲学内容的一个重要方面。

三、现代管理理论整体思维方式的知识论定位

现代管理理论整体思维方式发展的上述两条线索，虽然有各自的相对独立的发展脉络，但并不是相互平行、相互分离的运动过程，而是存在着历史运动的立体关联。

现代管理理论整体思维方式所到达的基本成熟，并非意味着它在实质上不再发展。因为，任何特定历史阶段的社会整体及其内部的每一组织的整体不仅是多维度的，而且是不断变化的；所以，对一定历史时期的一种组织的管理活动的思考，随着组织本身的发展、管理理论以及其他知识的进展，也会要求在某一或某些维度上对组织的管理做出新的或更加全面的整体把握。自然，所把握的维度越多，整体思维的特征就越突出。也就是说，整体思维的发展过程必然形成低层次和高层次的历时态区别。从泰勒的以经济利益为取向的科学管理理论到法约尔的一般管理理论再到梅奥的社会人管理理论，从韦伯的层级制理论到巴纳德的组织管理理论，现代管理理论在其演进中终于形成了一种大体成熟的整体思维形态。现代管理理论中这种整体思维的形成和凸显，既是现代管理理论发展的产物，更是当时西方社会实践和知识发展的产物。

一方面，19 世纪末期到 20 世纪 30 年代，西方社会生活特别是经济政治生活的飞速变化和复杂性的增强，提出了对社会生活进行整体把握的迫切要求。当时的社会生活有三个突出特点：一是在工业革命的基础上，电力技术的发明及其在生产中的广泛应用，产生了经济生产的新的工艺组合方式，因而要求经济组织特别是经济组织的管理方式作出相应的改变。二是当时西方的市场经济还不成熟，仍然存在着许多突出问题，经济波动乃至严重的经济衰退时常发生，由此导致许

多工商业组织处于动荡多变的宏观经济环境之中，破产现象十分突出。这也十分尖锐地提出了经济组织如何在外部经济环境极其不确定的情况下实现基业长青的问题。三是国际政治军事矛盾复杂尖锐，形势极不稳定，其间发生的第一次世界大战更是引发了国际政治关系的巨大变化和格局重组，并在很大程度上导致了各国政治组织管理方式的某些重要改变。上述经济政治的复杂多变状况在这一历史时期的同时并存，要求各国政府必须把社会的技术变化、经济发展、政治生活作为一个统一的整体来处理，必须从社会运转整体的角度对管理方式作出调整。正是现代西方社会实践的这些深刻要求，从背景上推动了管理理论的整体思维方式的产生和发展。

另一方面，除了管理理论本身的进展以外，当时西方社会各种重要知识的进展，也包含了日益走向整体思维的趋势。经济学的研究开始认识到经济现象与非经济现象的联系，提出既要研究经济发展的内部因素，也要研究经济发展的外部因素，如自然灾害、战争、人口的变化等，如熊彼特从 1912 年到 1939 年期间所提出的经济发展理论和经济周期理论，就对此作出了具有重要意义的探讨。在社会学方面，正如雷恩所指出，除了韦伯的社会学视野下的层级制理论以外，帕累托（1848—1923）提出了社会系统概念，认为社会是相互作用、相互依赖的各个单位的集合体，它力求使各个组成部分保持平衡，而工厂也是一个社会系统。这两位思想家的社会学理论，对梅奥的社会人理论和巴纳德的合作组织体系理论的创立产生了重要影响。[①] 另外，在社会学的一个分支——法律社会学中，也产生了强调对社会组织进行整体考察的观念，这一点巴纳德在说明其《管理人员的职能》一书的写作原因时已经间接地透露出来：埃尔利希的《法社会学基本原理》提出，各种法律并不起源于统治者、立法者或法庭，而是起源于社会地

① 〔美〕丹尼尔·A. 雷恩：《管理思想的演变》，第 227、250、347 页。

组织起来的人们对社会生活的正式的特别是非正式的理解[①]。我们认为，这一说明的真正含义是，必须在社会整体的尺度上来理解各种法律，换句话说，各种法律是社会整体的产物。在生物学领域，贝塔朗菲在20世纪30年代就强调要把生物作为一个机体系统来研究，并开始创立一般系统论。[②]在心理学方面，把各种心理活动作为一个整体进行研究的完型心理学已经产生，而且产生了研究人们的心理品质与特定工作的关系、人们对工业环境的心理满意与效率的关系的工业心理学[③]。这些成就，对现代管理理论从关注物质人向关注社会人的转变产生了有形与无形的影响。如雷恩就认为，玛丽·福利特的"团体人"、"集体统一与合作"理论就部分地来自完型心理学。[④]在我们看来，心理学这一重要进展虽然处于管理学领域之外，也十分不同于管理学知识，但也有力地促动了管理理论中整体思维方式的形成和成熟。在哲学上，19世纪后期到20世纪初期的生命哲学，把人的生命的精神活动和人的外部生活理解为一个整体，20世纪30年代之前已经产生的存在主义，特别是雅斯贝尔斯和海德格尔的生存论哲学，把人的存在理解为与社会环境不可分割的整体，而怀特海所提出的有机体哲学，则突出强调所有事物都是有机的整体，并被雷恩认为是构成了巴纳德组织理论的分析方法之一。[⑤]当然，从总体上看，当时哲学上的整体思维是否以及在多大程度上无形地影响了管理理论，有待进一步考证，但无论如何却表征了当时知识发展的共同特征。

从对上述各种重要知识进展的思考中可以得出一些重要结论。目前看，有两个结论比较明确。

---

① 〔美〕C. I. 巴纳德：《经理人员的职能》，作者序言第3页。

② 郭咸纲：《西方管理学说史》，北京：中国经济出版社2003版，第309、314页。

③ 〔美〕丹尼尔·A. 雷恩：《管理思想的演变》，第218—222页。

④ 〔美〕丹尼尔·A. 雷恩：《管理思想的演变》，第334页。

⑤ 〔美〕丹尼尔·A. 雷恩：《管理思想的演变》，第347页。

第一个结论是，从19世纪末期到20世纪30年代结束之前，整体思维或系统思维已经在西方社会的主要知识领域开始涌动，管理理论中的整体思维方式的产生和扩展，并非完全是管理理论自身发展的产物，而是包括管理理论在内的许多主要知识相互作用、共同发展的结果。

第二个结论是，并非由于在第二次世界大战以后产生了系统论、信息论、控制论等理论，才有管理理论的整体或系统思维，恰恰相反，系统论、信息论、控制论等理论的产生，不过是在此之前的人类各主要知识领域中整体思维或系统思维的集中表现，或者说，它们只是人类各主要知识领域中已经日益凸显的整体思维的横向综合。

第七章
谢尔登对管理的科学与人文维度的创造性探索及其现实意义

今天回头反思西方管理哲学思想史，完全可以把1923年判定为一个具有划时代标志的年份。在这一年，英国现代管理实践家和管理思想家奥利弗·谢尔登（Oliver Sheldon，1894—1951），出版了《管理哲学》（*The Philosophy of Management*）这一标志着管理哲学诞生的开山巨著。在这一著作中，谢尔登对管理的科学与艺术维度、管理的伦理问题、管理所关涉的人的方面与社会方面、管理的社会责任等重要问题进行了开创性质的探讨，第一次开辟了管理哲学的基本问题视域。这一历史性贡献，在客观上奠定了谢尔登作为管理哲学创始人的地位。

一、对管理哲学的理解

依据我们通常的想法，既然谢尔登的《管理哲学》是中外管理思想史上第一部管理哲学著作，那么，它应当明确对什么是管理哲学、管理哲学是什么样的学科这些前提性问题做出回答。然而，谢尔登写作的主旨并不是为了开创管理哲学这门学科，而是为了研究和解决当时管理实践所凸显出的诸多深层问题，因而，他并没有试图对管理哲学提出明确定义，也不可能回答管理哲学的学科属性问题。尽管如此，他的思想却包含了对管理哲学的本质性理解。而这种理解又是以他对哲学的看法为基础的。

他认为，哲学是对终极问题的探讨，是从多样现象中把握统一本质、从众多的“有”中把握相对的“无”的过程。在他看来，这也决定了哲学对实践的特定意义，即实践必须以哲学关于事情的终极问题的思考为指导。这也就是他所说的，哲学是一种对事情的终极追问，它把日常事务的问题变为相对的无，它要求我们根据终极原则或终极法则指导我们的实践，而不是只抓住那些变化的细节不放。

正是从这样的哲学观念出发，谢尔登引出了他对管理哲学的理解：探讨管理的终极问题的学问。在他看来，管理的终极问题包括管理的本性、目的、成长路线以及主要原则等。因此，对管理进行哲学审视，必须追问管理的上述终极问题，而不是探讨管理的任何特殊分支和具体细节。

从谢尔登的整个文本来看，他对这些终极问题的思考是深刻的，至今仍然具有重要的启示意义。

管理在本性上是对人、对具有社会合作性质的组织的管理，它既是一种包含科学要求的实践，更是一种包含艺术要求的实践，艺术要求是本质性的，比科学要求更加根本，管理需要把这两种要求正确结合起来。需要说明的是，谢尔登在其著作中虽然多处说到管理的艺术方面，但他并没有明确界定管理的艺术是什么。结合他在论述这一问题时主要基于他说的人性（humanity）概念，并把人性主要理解为人的精神性，所以我认为，他所说的艺术，在本质上主要指的是人文，他所说的艺术要求，主要是人文要求。

管理的目的是为了实现人性的要求和社会共同体的福祉。人性的要求主要是人们的精神要求，包括人们在思想、理想、信念、意志、情感等方面的要求。社会共同体的福祉主要是社会整体的良好物质生活、团结统一、健康发展等。

管理的成长路线是日益成为被公众合理控制的活动过程。谢尔登认为，管理是社会性的事业，是关系到所有社会公众的人格塑造、身心成长、价值实现的事业，它必须方向正确、公开公正、方式合理，而这只有通过公众的合理控制才能实现。

管理的主要原则有两个。第一个原则是人高于物、物从属于人的原则，也就是人文要求高于科学要求的原则。因为人是有着自身主体意识的生命体，而物则是机械性质的存在。第二个原则是对工业内外的社会必须承担合理责任的原则。因为工业是整个社会的一部分，工业管理必须服务于社会的发展。

谢尔登认为，必须以上述理念指导工业管理，改变当时工业管理的各种主要弊端。因为，工业的方向——这是由管理的职能所确定的——主要是科学原则和伦理原则的问题，而运用这些原则所产生的细节问题，则是第二位的。针对当时科学管理所带来的新发展，他指出，必须把这些发展放在某种根本的信念之下，根据管理的目的来审视这些发展。否则，管理就只能是纯粹机会主义的。

以上就是谢尔登对管理哲学的理解。可以看出，尽管他的理解比较简明，但却是实质性的。

第一，他把管理哲学看作是对管理的终极问题的思考，这一观点与人们对哲学的一般理解是一致的。这样的理解，彰显了管理哲学的本质，表明了管理哲学与管理学的不同。管理学的任务重在管理的实证问题，虽然管理学的研究历史能够在一定范围内或一定程度上触及管理的终极问题，但它的学科性质决定了它不可能对它们作出基本彻底的研究。而管理哲学则能够做到这一点。

第二，他初步揭示了管理哲学的问题领域，提出管理哲学需要研究管理的人文要求与科学要求的关系、管理的伦理问题、管理的社会责任等主要问题。他所提出的这些问题，都是管理哲学的恒久问题，直到今天仍然需要我们加以深入探讨。这是我们建构管理哲学理论所必须致力的基本任务。

第三，他所提出的管理哲学对于管理的根本必要性的观点，深刻认识到管理哲学赖以存在的现实根基，也从一个角度间接表明了管理哲学能够作为一门学问来研究的必要性。在这样的意义上，可以说，他对管理哲学的理解，虽然是以解决当时的管理问题为目的，但却无意中对管理哲学学科的创立做出了奠基性的贡献。

二、管理的人文维度与科学维度

大体上从 20 世纪第一个 10 年开始，英美法等国在工业生产中逐渐推行泰勒的科学管理理论，这既带来了工业管理的巨大进步、效率的大幅提高、经济的明显发展，也造成了把工人仅仅当作机器、严重忽视了工人的精神伦理追求、管理者与工人形成尖锐矛盾等突出问题。这些问题相当充分地暴露了泰勒理论的两个方面的局限：重视对管理的科学分析而忽视人文考量；重视人们的物质价值追求而忽视人们的社会价值追求。谢尔登对这两个局限都进行了深入思考。

本部分主要讨论他对第一个局限所进行的思考。这一思考是以他对物与人的区分为基点的，内容可以分为以下三个层次。

第一，管理在本质上是一门哲学意义上的艺术或一种艺术实践，是管理者自身的心灵官能的运用，是对非管理者的各种才能的联合性运用。

从管理过程的角度看，管理过程必然既涉及物质事物和事情，也涉及人们的行为，对物质事物和事情的管理需要科学，而对人的管理则需要哲学意义上的艺术。虽然科学可以阐明计划工作的各种原则，可以使工作的每个部分都获得准确的结论，因而能够普遍适用，但是，它必定要作出这样的保留：这些原则是服从于人的因素的变化莫测的。换句话说，在管理所处理的物质事物范围之内，其方法可归纳为科学原则范畴；但在管理所处理的人的范围之内，科学原则只能在他们都愿意接受的情况下才能运用。

就管理者自身而言，管理者既要运用管理科学，也要运用自己的心灵能力，而只有在他们的心灵能力是健康合理的情况下，管理才能够取得成功。

另外，管理也需要把人和物、事有机结合起来，实现人为主导下的人和物、事的统一。这也需要管理的艺术。

这就是谢尔登对管理是一种艺术的主要论述。他的论述并不集中，其实质是说，管理归根到底是对人的管理，而由于人与物、事存在本质的不同，物和事是机械的、被动的、僵硬的，而人则是有思想精神的、活生生的、经常变化的，所以，对人的管理需要理解、关心、关爱、同情、灵活等。

依据本章第一部分对艺术的理解，所谓管理在本质上是一种艺术性质的实践，也就是管理在本质上是一种人文实践。

当时的情况是，科学管理的努力在于使管理变得日益科学，但这不意味着科学知识的每一种扩展必定会限制管理的艺术。即使管理科学同医学一样详尽，正如医生需要行医的艺术一样，管理者仍然需要管理的艺术。因此，从这种意义上说，管理实践作为决策和实施决策的活动，作为组织设计和实施设计的活动，在本质上是一种艺术。事实上，如果管理仅仅是一门科学的话，那就不会有关于人的哲学。对于管理的艺术来说，科学知识只是一种本质意义的准备，但并不是管理艺术本身。因此，掌握了管理的科学知识，并不能保证具有管理的才能。

总之，管理实践中存在着包括非管理者与管理者双方在内的人的因素，这是管理的科学无法解释的另一个领域。现在，人们已经意识到这一点，开始致力于部分地以科学、部分地以艺术为基础而进行管理，但显然这还远远不够。

第二，管理的确包含了科学的维度，是运用诸多科学知识的一种实践。这可以从以下三个方面来分析。其一，管理是包含着客观规律的过程，管理必须服从各种相关的规律，这是管理之所以必须成为科学的根本原因所在。工业或企业的运转包含了特定的物质过程、技术过程，管理实践包含了财务、行政、任务执行等职能，也就是说，工业管理可被分析为若干部分；同时，管理的职能需要相应的能力，如决策能力、行政能力、执行能力、服务能力。在这些维度上，依靠事实的积累，也能够形成工业管理工作的标准内容。其二，管理能够通过科学手段或科学方法来进行。也就是说，管理将不再是老板的独裁和鞭子，而是探究经验和依赖于事实的过程。从事管理活动的领导需要以知识而不是以权力为基础。他的任务不再仅仅是“使工作得到完成”，相反，在他的大多数活动里，需要通过运用由调查和解决问题的训练所获得的能力而进行工作。其三，掌握管理的科学是成为管理者的基本素质或资格要求之一。管理正在成为一种有着特定科学要求的职业。管理的实践不能托付给不称职的人，而是必须托付给那些拥有较高能力和完备知识、在职业上合格、从而可以被委以管理实践所要求的重任的人。

因此，管理在上述方面无疑要求科学。这也正是泰勒等人所开创的“科学管理”事业所努力要达到的目标。虽然管理还不成熟，但它已经成为工业有机体的具有明确功能的活动，已经成为任何事业的一种内在需要，正在变成一种专业性的工作。同时，现代社会的空前增长的分析批判精神也日益进入管理的实践中。因而，随着现代管理的发展，它自身几乎无意识地变得越来越科学。

第三，管理要求把决定性的人文要求与辅助性的科学要求统一起来。

谢尔登认为，管理的人文要求与辅助性的科学要求都是必然存在的，都很重要。同时，由于人是决定性的，所以管理的人文要求是决定性的，而物和事是从属的，所以管理的科学要求是辅助性的。这意味着，正确的管理，或者说，要使管理取得成功，就需要在以人文要求为主导的前提下而实现人文要求与科学要求的统一。

这一思想是谢尔登管理哲学理论的主要内容之一。我认为，可以把这一思想判断为谢尔登关于“管理”的基本理念之一。对此，需要作出两个方面的说明。

一个方面的说明是，在《管理哲学》第二章“管理的基本原理”（The Fundamentals of Management）中讨论这一问题时，谢尔登自己并没有使用“理念”这一概念，而且，他也没有明确把这一思想称作是管理的一个基本原理。而更容易引起误解的是，他在这一章的最后所概括的管理的三个基本原则，都是属于管理的科学维度，并没有再强调管理需要把人文要求与科学要求结合起来这一关键要点。我认为，这一要点在本质上当然是管理的一种基本原理。但为了避免引起读者对谢尔登文本的误解，这里用“理念”概念来概括。

另一个方面的说明是，在本章的开头我们已经指出，谢尔登的《管理哲学》所审视的是工业管理，这就产生了一个问题：这里说“管理”的基本理念，而不说“工业管理”的基本理念，这样说是否符合谢尔登思想论述的原意？我认为，答案是肯定的。这涉及谢尔登对“管理”这一概念所赋予的内涵问题。谢尔登认为，管理（management）概念有广义和狭义之分。狭义的管理仅仅指经营，而广义的管理则包含了行政（administration）和组织（organization）这两个概念的含义在内，涵盖了政策的制定、执行，组织的设计与应用。[①]他在书名中之所以使用管理这一概念，就是基于人们对管理的广义理解。他提出，管理的这种一般意义，归根到底是人类实践不断发展的结果。“不管是在工业中、家庭中还是国家中，涵盖行政和组织的管

① 根据谢尔登的界定，我们认为，把 administration、management、organization 分别翻译为行政、管理、组织比较恰当。下面是对他的文本的翻译：行政是工业中关于公司政策的制定，财政、生产和销售的协调，组织界限的确定，政策执行的最终控制的功能；管理是工业中关于在行政所确定的范围内执行政策以及为了实现特定目标而使用组织的功能；组织是把众多个人或众多群体必须从事的工作与执行工作所需要的才能相结合，以至于有效、系统、积极、协调运用人们的努力的过程。

理，是人们联合的自然结果。”[①] 无论何处，人们为了一个共同的目的而聚集在一起，都需要有领导来制定政策，确定权力范围，对人们的努力进行组织和控制。在这方面，工业与教会、行会、城市、军队、大学是完全相同的。正如一支管弦乐队需要指挥一样，一个被人们的各种力量的联合努力所促进的社会事业，需要指导、调节和协调。因此，管理不是强加给工业、外在于工业的，而是内在于工业、由工业自身的发展要求所决定的。

也就是说，尽管谢尔登所讨论的对象是工业管理，但他是从一般管理的角度来思考问题的。他所提出的人文与科学相统一的理念，就是如此。本章第五部分所讨论的他对于管理的社会责任的思考，也是如此。

三、工业管理所承担的人性与社会性内容

任何一种管理哲学理论都离不开对人的存在的基本理解。在谢尔登的观念中，人的存在分为人性与社会两个方面，这一观念是他的管理的社会责任思想的前提，也是他的管理哲学理论的另一个基本思路和主要内容。

他指出，工业中的管理正处于充满活力、蓬勃发展的时期，同时，人们对管理实践，也正在既从科学的角度也从伦理或哲学的角度进行审视，对管理的成就也既从科学分析的标准，也从已经恢复元气的社会良心的标准进行衡量。同时作为一种生产性的事业和一种社会信托，管理正在发现需要攀登的新高度，希望找到可以遵循的新途径。

他认为，对当时的管理来说，它所造成的危险在于只见树木而不见森林。人们仅仅强调管理的科学分析方面，而没有认识到或忽视了

① Oliver Sheldon, *The Philosophy of Management*, London: Routledge, 2003, p. 33.

管理的伦理或哲学维度。从具体内容来看，管理的确是一种精致的计划系统，包括成本核算、员工雇用措施、福利计划、工时研究、其他研究活动等；对这些活动过程的物质和技术维度的分析，构成了管理的科学方面。同时，这些活动又都是能量的支出，既然是能量的支出，就必须有一种根本目的作为指导方向，必须形成对支撑这些活动的终极原因的理解。显然，这对于上述各种活动是本质性的。这正是管理为什么会有哲学问题、为什么需要哲学的原因所在。

本章第一部分已经指出，谢尔登对管理的终极目的和本性提出了独特理解。正是从这种理解出发，他具体阐明了工业管理所承担的人性与社会性这两个方面的内容。

第一，工业不是一种机器，而是人们合作的复杂形式，工业绝不仅仅是追求效率的，而是具有人性的；工业机体不是机器和技术过程的结合，而是人们的结合体；不是材料的复合物，而是人性的复合体，是放大了的神经系统。一句话，工业不是通过非人的力量而是通过人的力量来完成它的功能的。说到底，人们的思想、目的、理想在其中发挥着重要作用。因此，对它的过去和现在的真正解读，应该是从人的角度所进行的解读——从人们的思想、目标和理想而不是从机械系统所进行的解读。对工业的真正理解就是要理解它当中的那些思想。科学的进步和对效率的推崇已经倾向于模糊了工业的根本人性。我们已经在很大程度上支付了工业应用科学的学费，但是在对人的理解上我们几乎是亏空的。的确，工业的物质方面有它的位置，但是那只是从属的。

如前所说，人性概念是谢尔登文本中的一个主要概念，主要指人的精神方面的状态和追求，包括思想、目的、理想等。从人的存在现实来看，谢尔登对人性的看法抓住了人性的一个重要方面，这和历史上柏拉图、康德、黑格尔等哲学家把人看作是精神性质的人的观点是一致的。当然，谢尔登对人性的看法不同于我们通常的理解，因为我们把人性理解为人的自然性和社会性的统一。

撇开这一点不谈。谢尔登明确提出，如果把工业的根本性问题归结为一个问题，那就是：在以人为核心的前提下，怎样能够最好地实现和保持生产中的物的方面（机器、建筑、物质资料、系统）与人的方面（工人、工头、经理和股东）之间的适当平衡？谢尔登认为，这一问题是处于工业管理全部问题根基之处的问题。如果这一个根基问题没有被认识到，那么工业不可能是有效率的。

他认为，目前工业上的“困境”，正是由于对人性的背离。当工业日益变为科学时，人们忽视了自己人性的努力成果，逐渐把人的因素从属于物的因素，在追求物的过程中忽视了人自己，没有使对人的领导、理解以及合作的艺术保持同步前进。当我们的工业变得越来越科学时，我们被自己的劳动成果所否定。当从机器那里赢得了效率的时候，我们已经丧失了工人的效率。目前工业的发展所需要的，是人们对人性理解上的飞跃。

因此，一个被设计来满足我们生活需要的工业——满足身体上、精神上和道德上的需要的工业，一定是充满活力的。管理的目标必须是使工业变得更富成效地人道——人们的更真实的共同努力，团结起来为了一个共同的目标，被激励于同一个动机。为了达到这个目的，我们首先需要一个动机和一个理想；其次需要领导和协调；第三需要工作和合作。所有这些因素又是相互作用的。

第二，工业又是社会性的，是整个社会的一部分，是由整个社会的要求所产生，与整个社会不可分割，而管理是工业的主导力量，因而承担着特定的社会要求。

工业组织本身就是人们的社会合作形式，它的每个成员本身就是社会性质的，具有不同社会背景、家庭背景、教育背景，不同的利益追求，不同的政治观念，不同的宗教信仰，因此，工业组织是承担着各种差别的社会关系的所有成员的结合体。

同时，工业的背景不只是由那些存在于其中的各种思想和利益所构成，而且同时是由工业为了维持自身而与之相关的共同体的整个精神所构成，因此，工业的任何进步都是由共同体整体的进步所支配。工业发展的任何一种巨大规划，除非被有力的公共情感、明达的公共舆论、坚强的公共意志所支持，否则，就不可能得到实现。谢尔登明确指出，解决当时工业的动荡、混乱、骚动等问题，重建工业的良好秩序，实现工业的繁荣，需要整个共同体的统一的长期不懈的努力。工业的重新确定方向，需要关于政治和社会的事业的复兴——一种政治和社会的一致和理解的巨大复兴。没有集中起来的（统一的）思想的实施，没有对共同目的的坚定不移的追求，没有共同体各阶层、各阶级的不懈的长期努力，持续的重建就没有希望，有秩序的进步就不可能取得。

谢尔登认为，当时的工业背景存在着严重问题。它是一种混合性的思想。由于这种思想从以往各种不同的哲学观念中升发出来，并被战争的风暴席卷得到处都是，因而它变得分散并失去了目标。这一代的责任，尤其是工业管理者的责任，就是要巩固并重新引导它，以便使工业能够走向一条通向新纪元的大道。

概言之，谢尔登是从人性的角度、社会整体的角度思考工业、工业管理问题的。工业归根到底是处于其中的人的活动，人具有不同于物和事的特殊性质，同时，工业又是社会整体的一部分，社会整体的状况对于工业具有根本的主导意义。这两点也就规定了工业管理必须承担相应的社会责任。

四、工业管理对共同体和工人的社会责任

由于工业的社会存在涉及共同体和工人两个方面，所以，工业管理的社会方面也包括两个广阔的分支：一是管理是工业的构成性和直

接力量，它与一般共同体有着特定的社会关联，因此，管理在这方面承担的是作为一个整体的工业对共同体的责任；[①]二是管理对于那些进入工业中的人的因素的关系，在这方面管理所承担的是为他们提供自我发展的条件的责任。

首先，在管理对共同体的责任方面，管理是作为一个整体的工业的代表，它对共同体承担着正确地服务于共同体的需要的责任。谢尔登说，管理层是驾驶在风浪之中、驶向公共目的的一个巨大帆船的舵手，他们进行管理的根本目的就是引导工业沿着正确的方向前进。这个正确的方向并不是单纯由管理本身或管理所引导的工业自身得到规定的，而是由管理所引导的工业“对共同体的服务”关系得到规定的。“服务于共同体”，应是工业的主要动机和根本基础。因为，对工业产品的价值进行评价的，不是工业本身或管理本身，而是整个共同体。

由此，工业的目标不是商品的纯粹生产，而是从共同体的角度来看的有某种价值的商品的生产。既然管理层控制着这样的生产，他们就必须按照工业对共同体的这种责任关系来进行。谢尔登指出，在这一点上，在工人也被咨询、提供建议和技艺甚至明确愿意坚持生产这样的范围内，工人与管理者分担着同样的责任。

同时，共同体还要求工业应该按共同体成员能够负担得起的价格生产商品，合理地满足共同体对商品的需要，这归根到底要求有效率的生产，通过有效率的管理、经营、组织、熟练的工艺技术、适当的利润、合法的工资等手段降低成本。

谢尔登指出，在根本上，在一种经济的意义上，工业，特别是工业管理，在任何情况下都是从属于共同体的。这是把服务于共同体作为工业的动机和根本基础这一理论的基石。在工业的动机是服务这一范围内，这种动机绝不整个地是经济的。因为，任何服务，只要把个

① 谢尔登这里所说的共同体，指的是包含工业在内的整个社会或整个国家。

人或共同体的善放在服务者所取得的利益之上，它就绝不整个地是经济的或物质的。人们从来也没有怀疑工业为共同体提供经济服务这一点，然而，新的哲学坚持认为，由这种服务所促进的善，而非经济利润，是工业存在的决定性因素。事实上，服务的完美理想，是把财富的创造与分配从属于共同体的福祉的高层次要求。由于工业领导的精神在一个民族的各种理想中占有重要地位，所以，如果工业领导只是追求物质目的，那么，民族的各种理想也就趋向于遵循相似的过程。

因此，工业产品的价值，并不像经济学家所宣布的那样，完全是它们的交换价值。可以设想，商品可以具有一种伦理的价值，这种价值并不能根据它们的经济价值的大小进行评价。如果工业的活动方式需要进行经济和伦理的双重评价，那么管理就需要重新调整它的视野。长远的理想要求长远的视野。也就是说，它不能够把工业现存结构的维持作为它本身的一种目的，而是致力于创造在其中每一个体都能够做出自己的最大贡献、表现他的个性的工业结构；同时，使企业有机会对于共同体贡献出它们的最大能力。[①]

其次，在对进入工业中的工人的责任方面，谢尔登同样是从工业、工业管理是服务于共同体这一总的观点出发来思考问题的，并且以对工人的社会性质的分析作为立论前提。这里把他的思考分为以下三个层次。

一是提出工业管理必须有助于塑造共同体所需要的合格公民。他说，服务于共同体，不仅在于为共同体提供它的物质生活所需要的商品，而且在于为共同体提供能够使它前进的公民。因此，工业中的工人不只是商品生产的手段，而且是社会进步的代表，他们的职能不只是工业的，而且是共同体的，任何一个工人都不只是一个工人，而且是一个（社会）个体。由此，工人不是工业自己所拥有的便利品，而

① Oliver Sheldon, *The Philosophy of Management*, pp. 74- 79.

是被借给工业去实现共同体福利的个体。同时，工人与工厂的经济联系并不是工人生活中必然发生的唯一的联系，工人还有家庭的、社会的、贸易的、国家的、宗教的等各种联系，因此，没有理由断定经济的联系有一种优先权。工人与管理者之间的经济联系，也不能取消工人的其他联系。简言之，管理的重要责任是把工人作为社会个体、社会单元来对待。

谢尔登进一步论证说，工人既是工厂内的一员即工人个体，也是在工厂之外生活的一个社会单元。不可能把一个工人在工厂外的生活与工厂内的生活分离开来，因为，外部生活与内部生活是不可分割地相互交织在一起的。工人既是工厂内的工人，也是家庭的成员，政治生活的投票者，具有法律规定权利的公民。由于个体的存在是连续的，一种生活必然对另一种生活产生影响。因此，管理对于工人的责任就必然延伸到生产领域之外。这样，管理对工人个体所施加的影响必然对他的其他方面的能力产生影响，管理在工人中所倡导的精神，必然影响到他们作为双亲、投票者和公民的精神。而且，考虑到工人的工作时间占据了他们白天工作的大部分，因此，管理就具有塑造人们或毁灭人们、提升人们或遗弃人们的巨大作用。简言之，商品生产只是管理作为报答提供给共同体的一种服务。

二是在充分尊重和发挥工人个性的基础上把工人结合为一个集中努力的整体。他指出，就工业中工人自身的目的和个性特点来说，他们不仅为了生存而工作，而且为了工业之外的生活而工作，他们具有各种各样的利益、无限多样的脾性、适合于不同领域的不同程度的工作能力，能够对外部影响作出不同的反应，能够把热情和积极行为相结合而创造出大量惊人的成就。因此，把如此复杂的人们集中到一个共同的任务上来，主要是管理者（领导者）的职责。更进一步说，管理者有义务最大限度地开发工人个体的潜能或才能，应该根据每个工人的脾性安排工作，按照职业能力表现提升工人，为他们提供最好的工作环境和充分发挥个性能力的空间。[①]

三是为工人乃至全体社会成员拥有较高生活标准和最低限度的闲暇做出应有贡献。谢尔登认为，这两个方面是紧密相连的，如果没有有效利用闲暇的物质手段，闲暇就是一种空洞的礼物；如果没有闲暇，人们也难以通过物质手段实现自身的个性发展。一句话，二者同等地都是社会关切的重要事情。

谢尔登的深刻之处在于，他总是从社会的角度思考问题。他指出，从社会的观点看，社会成员或共同体的生活标准并不是纯粹的物质标准，相反，它应该是希腊哲学意义上的好的生活，即健康与美德的结合、生活优越与个性发展的结合。在现代条件下，高水平的道德和智力标准在很大程度上依赖于一种最低限度的物质生活标准。尽管道德、智力标准和物质生活标准实际上处于完全不同的平台上，然而，较低的物质生活标准，即使不会阻碍较高的道德与智力标准的实现，也是对它们的一种抑制力量。另一方面，高水平的物质生活标准，如果没有一定的闲暇相伴随，对于实现道德和智力标准也很少发生作用。同时，所有这三方面的实现和扩大，都依赖于工业生产率的提高和能够保证每一位工人物质生活标准的足够的工资。在这一点上，谢尔登特别强调效率与平等分配的关系，明确认为，除非效率所带来的收益被平等地分配，否则，效率就没有道德的合法性。因此，付给工人以现代社会条件所要求的足够工资，必须作为工业的首要付出。

在适当的闲暇问题上，谢尔登认为，适当的闲暇是高水平物质生活标准因而归根到底是高水平的生产率的必然结果，而适当的闲暇则是人们实现舒适、尊严以及生活享受的必要条件。关键是管理者如何为共同体成员提供闲暇。谢尔登认为，减少工作时间具有决定意义。只有减少工作时间，才能使人们从单调、紧张、疲劳中摆脱出来，去

① Oliver Sheldon, *The Philosophy of Management*, pp. 82-83, 86.

进行学习、娱乐、社会交往等使身心得到健康发展的活动。因此，工作时间的减少是社会进步的重要标志。①

五、工厂的劳动力与生产管理的伦理要求

在工业的微观组织即工厂的管理方面，谢尔登主要讨论了劳动力管理与生产管理问题，他的讨论仍然是以他对人性与社会的理解为出发点的。

在劳动力管理方面，他提出，工业中产生了新的精神，人们精神状态发生了实质性的改变，这就是认为人性比财富更重要，人与人之间需要建立通力合作的关系。这种新的精神与采取铁腕政策的旧的精神是完全相反的。在劳动力管理的主要领域，包括工资、人事、保障和福利、合作等，都要运用这种新的精神。

工资是工业收益中支付给劳动的那一部分。这又不可避免地涉及以利息形式付给资本的另一部分。因而，利润的分配必须按照公正的尺度，能够对工业的公正感的发展有所贡献。从伦理优先于经济的角度来考虑，必须设定最低工资，即使在经济上代价很高也要这样做。最低工资是文明社会中一个普通公民的权利，这能够保证每一个人按照社会的一般标准过上普通生活，使每个人都有机会发展才能，因而能够凝聚而不是分裂社会。同时，设定最低工资不仅会提高工人的所得，激励工人的生产积极性，而且还会促进贸易增长。当然也需要提高生产率，使得雇主不需承担经济风险也可以给工人提供满意的工资。总之，在设定最低工资问题上，需要将社会利益放在雇主的暂时利益之上。

人事工作涉及人员的流动——工人的招录、维持、调整、离职

① Oliver Sheldon, *The Philosophy of Management*, pp. 91-94.

等，其任务是使用和维持有效的劳动力。这主要是人事部门承担的工作。人事工作同样需要体现工业中人优先于机器、人力资本优先于物力资本的原则，体现基本的人性精神。对人力部门的基本要求，就是必须代表工厂中所有人性的因素，紧密联系福利工作，不断地讨论管理政策在员工中引起的人道效果，照看好工厂的生命。要尽可能确保工人的稳定性，尽可能不让工人离职，因为离职会带来浪费；在不得不解雇工人时，需要有公正的原则和标准。总体来说，人事工作一方面要挖掘工人的能力，提高效率；另一方面，需要创造基于公正的努力奉献精神，使工厂更加人性化。

保障和福利是企业所必须履行的义务。从有效生产和责任的角度，要尽力减少失业，对失业人员必须承担相应的责任，根据失业的领域和失业者的身份给予一定的保障金。保障和福利工作，像人事工作一样，不仅仅是钱的问题，不能实行唯利是图、金钱至上的原则。最重要的是关注工人的心灵和道德，维护正义，提高士气，给工人更多的自由并使其承担相应的责任，在部门里建立起通力合作的感情纽带。

合作是劳动力管理的又一个重要方面。谢尔登认为，集体精神是人类最基本的天性。在工业领域，联合的动机十分多样，工业内部毫无凝聚力是因为劳资双方互不信任，因此，需要形成能够把所有成员凝聚为一个整体的动机。这就要扩大工人对管理的参与，激发他们自身的高尚动机，最终将工厂意识铸造成集体精神和兄弟情谊。这种为理想而产生的一致动机，能够引导各阶层的工人抛弃唯利是图的收益观，抛弃利己主义而怀着共同的理想向前进。由此，未来的管理者必将改头换面。管理者的首要资质不再是技术、约束力、精确度和可靠性，而是能够与人合作、使他人紧密联合起来的能力。

在生产管理方面，他提出，需要坚持人高于物的原则，坚持真正有益于消费者、服务于社会的原则。

生产活动需要人的因素与物的因素、人的因素与非人的因素的配合。应该更多地通过更有效地使用物资的因素或非人的因素，提高生产效率。这首先需要对操作过程和材料使用的标准化、劳动力布局的合理性、支出的节约、工作计划等方面进行科学研究，然后进行改善。

生产管理的最终目的不在于增加生产，而在于实现公众的消费。如果消费能力不增长的话，增加生产是没有价值的，生产出不能消费的产品会直接导致滞销。因此，增加生产必须伴随着生产节约，生产的支出要足够低，使得价格降低而销路畅通。同时，不仅应该生产更多和更便宜的产品，而且应该生产更好、质量更高的产品。缺少任何一个都不能说给社会提供了最好的服务。这才是企业的功能所在。

生产管理的一个重要任务是避免和消除浪费。生产中一般有四种浪费：人员浪费，操作方法上的浪费，机械、材料和布置上的浪费，管理方面的浪费。这需要把企业生产的总体效率而不是部门效率放在首位，并对生产的各个方面、各个环节进行深入研究，对生产作出科学安排。这主要包括，研究人员使用上的节约规律，合理安排人们的工作；研究操作过程和材料使用等方面的标准，按照标准指导生产；研究生产的合理支出问题，建立良好的支出系统；制定有效的工作计划，让工人在操作之前了解操作内容、操作方式、操作时间，知道目标细节等。

在这里，谢尔登从消除浪费、提高效率的角度再次比较客观地评价了泰勒的“科学管理”理论，认为这一理论非常重要，它大大提高了劳动生产率，为工业进步做出了贡献。但与此同时，从效率要求的角度看，科学管理理论对过去的经验原则批判过多；实际上，过去的很多经验遗产是有效率的，完全抛弃它们是不科学的。

六、理论贡献和现实意义

以上是对谢尔登管理哲学的主要内容的阐述与分析。回顾现代西方整个管理哲学思想的发展历史可以看出，在理论上，谢尔登的管理哲学做出了一种创造性贡献。

第一，谢尔登在人类管理哲学思想史上第一次创立了系统和深刻的管理哲学理论，明确提出了管理哲学概念，基本阐明了管理的本性、目的、原则等终极问题，提出和深入研究了管理哲学的许多重要问题，历史性地开创了管理哲学研究的实质起点。回顾整个人类的管理哲学思想史可以看到，无论是西方的，还是东方的，抑或是中国的，在谢尔登的时代之前，都没有出现过这样自觉意义上的管理哲学理论。由此来看，谢尔登的管理哲学具有空前的历史地位，值得做出合乎其重大贡献的高度评价。

第二，谢尔登第一次明确提出和深入论述了管理的人文或艺术维度，阐明了管理需要以人文要求为主导、以科学要求为辅助而实现两种要求统一的观点，这在实质上提出了管理的人本原则和科学原则，尽管他对管理的人文或艺术要求并没有直接使用后来人们所使用的人本概念，但却对此做出了奠基性的贡献。显然，这在西方管理哲学思想史上具有里程碑意义。深入的思考可以断定，这一问题直到今天仍然是发展管理哲学理论所需深入思考的重要问题之一。

众所周知，在谢尔登之前，主要有三位重要的管理思想家——泰勒、法约尔、韦伯。他们的主要贡献是对管理的科学问题的研究。泰勒的科学管理理论，重在探讨包括生产过程的动作、工时、流程等方面在内的生产管理的科学效率要求，很少触及生产管理的人文问题。法约尔的工业管理和一般管理理论，也主要强调企业管理的科学维度和效率目的，很少讨论管理的人文问题。韦伯的层级制理论，在阐发层级制组织管理的科学与人文问题方面无疑做出了贡献。一方面，他剖析了层级制这种管理方式的工具理性本质，指出了它的技术合理性、效率稳定性等优势，认为现代层级制的出现，是现代大工业经济和国家的复杂行政管理形势的需要；另一方面，他也指出了层级制对人们的价值理性的严重漠视，对人们的情感信任和意志自由要求的严重压抑等突出问题，虽然他没有使用人文或艺术概念，但所思考的问题在实质上属于管理的人文方面的问题。不过，韦伯在这方面的思考不仅不突出，而且缺乏理论的系统性和分析的深度。

第三，谢尔登第一次提出了管理具有科学与伦理两个维度，突出表明了管理中伦理问题的头等重要性，对管理的善目的、工人的伦理诉求、工业经济的伦理意义、工业产品的伦理价值、劳动力管理和生产管理的伦理要求等一系列问题进行了有说服力的独特分析，第一次充分展示了管理的丰富伦理内涵，而且，他还第一次明确提出了企业伦理（business ethics）概念，并把企业伦理作为工业教育和培训的必修课程，在实质上开了企业伦理或商业伦理研究的先河。

相比之下，泰勒、法约尔、韦伯的理论，由于思考主题或研究任务等方面的原因，或者没有思考管理的伦理问题，或者所作的思考比较简单。泰勒的理论基本上没有讨论生产管理的伦理问题。法约尔的理论虽然涉及了个人利益服从整体利益、公正等伦理问题，但所进行的说明非常简单。韦伯的层级制理论，如前所说，主要强调的是管理的工具理性或技术理性，以及对人文的有限思考，因而对管理的伦理问题的分析很少。相比之下，谢尔登不仅明确提出了管理的伦理维度，而且指出了它与管理的科学维度具有同等的重要性。

第四，谢尔登以整体优先的视野和历史主义方法，从人性和社会要求的角度对管理的社会责任的阐明，在西方管理哲学思想史上第一次创建了管理的社会责任理论，形成了20世纪中叶以后企业社会责任理论的思想源头，在理论内容上获得了相当的全面性和深刻性，具有重要的思想价值，对于我们今天进一步探讨管理的社会责任问题，具有深刻的启示意义。从现代管理思想的发展历史来看，这一理论的开创性的历史地位是显而易见的。

一方面，可以明确判定，谢尔登之前的管理思想家都没有直接专门地研究管理的社会责任问题。例如，泰勒关于工厂管理的根本目的就是实现产量和效率最大化，实现资方和劳方乃至全社会的共同繁荣的观点[①]，虽然涉及了工厂管理对工厂内外成员、对整个社会的目的的关系，但他不是在专门探讨管理的社会责任问题。又如，法约尔提出，管理是任何社会组织的手段和工具，由于管理从根本上是对人的管理，是一种塑造与控制人的艺术，所以，“为了人类的幸福，恰当地使用人的体力、脑力与精神方面的才能与合理利用我们的矿产宝藏具有同等重要的意义”[②]。他的这一观点认识到了管理与共同利益、人类幸福的关联，但他不是为了讨论管理的社会责任问题。再如，韦伯在研究层级制这种管理制度的作用和后果时，考察了这种制度的出现所需要的经济发展和管理任务方面的基础条件，认识到了它对于维持统治的可靠意义，认为它是统治关系“社会化”的工具，是“头等的权力手段”[③]，但他也没有专门思考层级制管理的社会责任问题。

另一方面，谢尔登之后特别是20世纪中叶以后管理学关于企业的社会责任的思考，基本上没有超出谢尔登的思路框架。对此，这一时期有两个思想家的观点可以证明。一个是德鲁克对企业社会责任的论述。德鲁克（Peter F. Drucker）在1954年出版的《管理的实践》（*The Practice of Management*）这一著作中，明确讨论了企业管理的社会责任问题。他的思考虽然增加了具体性，但其根本出发点依然是把企业作为社会的一个器官来看待，由此得出企业管理的各种社会责任，包括为社会创造利润、对决策所产生的影响负责、增强社会的信念和凝聚力等。[④] 可以看到，德鲁克所说的企业是社会的一个部分的观点，与

---

① 〔美〕F. W. 泰罗：《科学管理原理》，第154—157页。

② 〔法〕H. 法约尔：《工业管理与一般管理》，第142—143页，并参见第23页。

③ 〔德〕马克斯·韦伯：《经济与社会》（上卷），第248—249页，并参见下卷第291、309页。

④ 〔美〕彼得·德鲁克：《管理的实践》，齐若兰译、那国毅审订，北京：机械工业出版社2006年版，第2—4、14—22页。

谢尔登的观点是完全相同的。另一个是弗里曼的利益相关者理论。弗里曼（R. Edward Freeman）于 1984 年出版了《战略管理：利益相关者方法》（*Strategic Management: A Stakeholder Approach*）一书，提出企业的存在和发展来自企业内外各种利益相关者的贡献，因而企业管理不能仅仅为了实现企业组织的利益，而是同时也必须为了实现各种利益相关者的利益。从广义的社会概念来看，弗里曼所说的企业内外的各种利益相关者，都是不同的社会单元。因此，他的理论在实质上包含了企业需要依照企业内外的利益相关者所做的贡献而承担相应的社会责任的思想。他的这一思路，与谢尔登从工业内外思考管理的社会责任的思路是一致的。

在现实意义方面，联系我国改革开放以来社会生活各领域管理的改革和发展所取得成就和所存在的问题，可以认为，谢尔登的上述思想具有重要的参照和指导意义。

首先，在处理管理的科学要求与人文要求的关系方面，自从改革开放以来，我国在行政、企业、事业等组织的管理体制的改革过程中大力推行科学化要求，制定和实施了大量科学规则，但是，一方面，这些管理体制的诸多方面，科学管理的程度仍然没有达到事情本身的要求；另一方面，却又在很大程度上忽视了管理的人文要求，使人们成为实现效率的工具，缺少对人们的独立自主、自由创造能力的制度建构。因此，在社会生活的各个领域的管理中实现科学要求与人文要求的统一，是我国当前改革和完善各种管理体制的一个关键任务。显然，在这方面，谢尔登关于管理的科学要求与人文要求相互平衡的观点具有基本合理的参照意义。

其次，在处理管理的科学与伦理的关系问题上，由于我国的改革过程在经济方面主要是引入市场竞争体制，在政治与管理方面主要是引入效率机制，因此，我们在管理的科学方面取得了巨大进展，而在管理的伦理方面的努力则明显不足。由此，出现了许多迫切需要解决的重要伦理问题。在社会宏观层次上，对不同的社会生活领域应当遵循什么样的道德原则的自觉意识不突出，分配方面的管理体制的公正程度有待提高，某些管理政策制定过程的正当性依据不充分，管理者与非管理者之间的相互信任度不够高，管理主体的道德素质没有达到要求等。在微观组织层次上，许多组织的管理者对于自身组织的使命和目的、组织的存在过程、组织所提供的服务等方面的伦理维度缺乏深入的认识。

在这一点上，谢尔登提出的对管理进行充分的伦理审视，管理必须服从于共同体的福祉，管理的制度结构必须在道德上正当，管理的过程和结果都需要合乎伦理精神的观点，都是基本适用的，值得我们认真思考和充分借鉴。

最后，在管理的社会责任问题上，我们各个领域中组织的管理无疑越来越意识到承担社会责任的必要性和重要意义，但在一些管理者那里，也还存在着认识上不充分、实践上不自觉等问题。这里，主要以我国的企业为对象作一点讨论。

当前我国企业在对社会责任的认识和承担方面，存在着三个比较突出的问题，这些问题在很大程度上都可以从谢尔登关于管理的社会责任思想中找到解决答案。

第一个突出问题是，除了少数管理者认识到企业是一个社会的组成部分，是在社会整体发展的特定历史条件中产生，因而需要自觉为社会服务这一根本理念以外，多数企业的管理者并没有深刻认识到这一点，更谈不上按照这一理念去管理企业。要解决这一问题，一个可行的基本途径就是结合我国的实际，用谢尔登关于管理需要承担社会责任的理念去教育和引导这些管理者。

第二个突出问题是，不少企业的管理者完全为了利润而利润，或者肆意置污染环境、破坏生态于不顾，导致了对自然环境的严重损害，或者生产质量低劣、安全隐患严重的产品，严重危害了人民群众的生命安全。显然，这些管理行为与谢尔登所倡导的管理的社会责任思想是背道而驰的。自然，对于这样的企业管理者，依照法律规章进行惩罚是必要的，但与此同时，对他们进行社会责任观念方面的教育也至少同样重要。在这方面，谢尔登的思想无疑具有重要的应用价值。

第三个突出问题是，即使对于那些自觉承担社会责任的企业管理者来说，在企业究竟应当承担哪些社会责任、如何承担社会责任等方面，所持的认识也不够清楚。我认为，在承担哪些社会责任方面，谢尔登所作的社会维度和个人维度的区分，简明、合理、可行，完全可以作为基本的认知和实践框架。这包括在社会维度上为大众生产有价值的物美价廉的产品，为实现全社会较高的物质生活水平而努力，在个人维度上为工人们提供发挥个性的工作环境，为公民提供健康发展、实现自身价值的闲暇时间，等等。至于如何承担社会责任，可以根据谢尔登所说的社会责任的性质而加以确定。例如，对于物质方面的社会责任，需要在提高效率、降低成本、提高生产率方面进行努力，而对于实现个性发展方面的社会责任，则需要在改善工作条件、公平地分配利润、缩短工作时间等方面进行努力。在这些方面，谢尔登的理论都有比较明确的指示，只要自觉认真地去思考和行动，就会取得良好的效果。

第八章
福利特的企业管理的融合统一理论

20世纪20年代至30年代，美国著名管理思想家玛丽·帕克·福利特（Mary Parker Follett，1868—1933），创立了极富创造性的企业管理哲学理论，赢得了当时美英等国管理思想领域的高度评价。尽管由于种种原因，她的理论在第二次世界大战结束后的10多年内，在美国的管理实践以及管理思想界几乎被人们完全遗忘[①]，然而从20世纪50年代后期开始，她的思想逐渐得到重视，特别是，自从90年代以来，她的企业管理哲学再次成为国际管理研究和管理实践领域所关注的一个重点。这充分表明，真正深刻的思想总会对理论和实践产生重要影响，总会获得应有的历史地位。

福利特的企业管理思想内容十分丰富，但由于这些思想大多是以演讲的形式呈现给人们的，因而从外表上看，它们似乎缺少内在统一的逻辑。然而，深入的阅读可以发现，这些思想绝不是各种内容的杂乱堆积，而是贯穿着一个极其鲜明、具有本质意义的共同主题——从哲学和心理学等具体学科相结合的角度，研究企业管理如何使企业的各个部分、各种职能、各种内外关系成为一个融合的统一体。我们可以把这一主题简明地概括为企业融合统一管理思想。审视国内外的主要研究文献可以看到，人们虽然分别归类和探讨了福利特关于企业管

---

① Peter F. Drucker, "Introduction: Mary Parker Follett—Prophet of Management", in Pauline Graham ed., *Mary Parker Follett—Prophet of Management: A Celebration of Writings from the 1920s*, Boston, Mass.: Harvard Business School Press, 1995, p. 4.

理的权力、领导、协调、整合、统一、相互作用等方面的思想[①]，但没有突出地从整体上把握福利特的企业管理思想的实质，没有鲜明地呈现出福利特思想的统一主题和深刻辩证法。

一、企业管理的根本检验：企业成为融合的统一体

福利特的企业管理哲学的一个显著特点，是充分反思和借鉴了当时哲学、心理学以及生物学、生理学、政治学、经济学、社会学等学科的研究成果。这实际上是她过去研究政治民主和社会进步这两个主题的突出特点的继续和发展。她在研究企业管理之前，先后研究了政治民主的群体基础和社会进步的源泉问题，分别出版了《新国家》和《创造性的经验》这两部极具创新意义的著作。这两部著作以对哲学和心理学等学科的深入研究为基础，不仅形成了“不要把事物看作实体，而是看作关系”，事物的演进是由各种关系相互作用、融合统一的过程的普遍性观点，而且形成了关于政治民主和社会进步的相应结论，认为政治民主的实现，必须建立在对人们如何共同行动的规律的正确认识基础之上，人们只有通过联合而形成各种活生生的群体，才能获得真正的创造力量[②]，而社会进步的实现，归根到底也只有通过融合各种愿望特别是各种对立的愿望，融合个体与社会才能达到。[③]

正如有研究者所指出的那样，她的这些思想内容以及研究方法，显然综合了黑格尔以及怀特海等哲学家关于整体过程、相互作用、相互渗透、融合统一的辩证法思想，以及社会心理学、群体心理学的相

---

① 关于20世纪40年代以来人们对福利特的研究状况的详细陈述和评论，参见 Sheryl Suzanne Stigler Martin, *Toward a Theory of Invisible Leadership: A Content Analysis of the Writings of Mary Parker Follett*, Ann Arbor: ProQuest Information and Learning Company, 2006, pp. 22-73。

② Mary Parker Follett, *The New State*, London: Longmans, Green and Co., 1918, p. 13, 19.

③ Mary Parker Follett, *Creative Experience*, London: Longmans, Green and Co., 1924, p. xiv, 302.

关研究成果。福利特自己的论述也充分表明了这一点：哲学早就告诉了我们经验的统一性，“关于融合的真理，其核心是两种行动的关联过程、它们的相互影响以及由此而创造的价值”[①]，“社会心理学必须主要关注（人们）心灵的相互作用”[②]。

自觉从上述观点和方法出发来探讨企业管理，她提出了企业要成为一种不断发展的事业，就必须使企业成为一种融合的统一体的深刻观点。综观福利特在多次演讲中的论述，她是从企业的内部关系、企业与外部的关系这两个层次来分析企业的融合统一的。

首先，在企业的内部关系方面，企业的各个构成部门、各种职能、各种人员之间，必须形成协调一致、有效运转的融合统一体。“对企业管理、对工业组织的首要检验……就是看它的各个部分是否协调一致，是否在紧密交织和不断调整的活动中共同前进，是否相互连接、相互关联，以至于形成一个运转的单元，即一种功能性的整体或融合的统一体（integrative unity），而不是各种孤立碎片的堆积。”[③]

具体来说，企业内部所要实现的融合统一主要包括两个方面。一个方面是，企业内部的各个部门、各种职能之间形成相互协调、相互贯通的系统。这意味着，各个部门不能各行其是，不能仅仅各负其责，不能只是任务划分明确而无相互连接。因为，企业的所有活动都是相互依赖的，生产、销售、人事、广告、财务等各个部门之间必须有效合作，总公司与分公司之间必须协调统一，才能实现企业整体的有效运转。另一个方面是，需要建立起企业的构成部分对企业整体的合理贡献关系，使各个部分自觉主动地贡献于企业整体的发展。“哲学告诉我们更加深奥的事实，让我们不仅关注部分之间的关系，还关注部分

---

① Mary Parker Follett, *Creative Experience*, p. 53.

② Mary Parker Follett, *The New State*, p. 21.

③ Henry C. Metcalf, L. Urwick, eds., *Dynamic Administration: The Collected Papers of Mary Parker Follett*, New York and London: Harper & Brothers Publisher, 1941, p. 71.

与整体的关系。”[①] 事物“不仅由它构成部分所决定，而且由这些部分之间的相互关系所决定……还由整体与部分之间的关系所决定”[②]。在确定部分对整体的正确关系之前，实现有效的协调是不可能的。同时，这种关系不是静止的关系，而是动态变化的关系，因为，企业作为一个整体，并不是固定不变的，而是不断创造的过程。

其次，在企业与外部的关系方面，她提出，企业管理（以及产业管理）需要努力在生产、销售、利润、工资等方面实现与本行业的整体统一，特别是，必须把企业员工、投资者、消费者之间的利益结合起来，实现企业与所有利益相关者的融合统一。这是企业成为融合统一体的另一重要维度。[③]

简单地看，企业成为融合的统一体与外部主体没有直接的关系，但实际上不然，因为，企业不是孤立封闭的单子，而是包括与银行、股东、竞争者、供应商、消费者等主体之间的诸多社会关系、诸多利益关系的结合体。福利特认为，对管理者的实践重点来说，这些关系中最重要的是企业与一般员工、投资者、消费者之间的利益关系；无疑，投资者的利益当然需要重视，但一般员工和消费者的利益也同样重要，因此，企业管理的主要工作之一，就是找到融合企业和员工、投资者、消费者之间利益的方式。

富有启发的是，在对这一层次的思考中，福利特深刻认识到了在现代条件下群体创造性对企业发展的重要意义。她认为，近代是个体创造的时代，而今我们将要进入集体创造的时代。只要认识到集体创造的潜力、它所能达到的高度、它的终极意义，只要找到实现它的方

① 〔美〕玛丽·福列特：《福列特论管理》，吴晓波等译，北京：机械工业出版社 2007 年版，第 16 页。

② Henry C. Metcalf, L. Urwick, eds., *Dynamic Administration: The Collected Papers of Mary Parker Follett*, p.195.

③ Henry C. Metcalf, L. Urwick, eds., *Dynamic Administration: The Collected Papers of Mary Parker Follett*, pp.93-94.

法，我们就可以进入集体创造的王国。因此，企业家现在有机会把工人、投资者、消费者以及各种相关者融合起来，形成集体创造的巨大力量，对社会做出最大的贡献。福利特认为，当时人们的合作行动，特别是一些企业管理实践，已经有力地证明了这一点。

从福利特的论述思路可以推出，企业与外部关系的融合统一，同样是衡量企业管理成功与否的一项重要检验标准。

可以看到，在福利特的思想中，实现企业内外关系的融合统一，是企业管理的首要工作或根本任务。她在多次演讲中对此进行了反复论述和突出强调。

福利特从理论上把融合统一规律概括为一条根本原则。她说，这是一条深奥的哲学和心理学原则，一条能够从本质上帮助我们找到组织实践方法的原则。它适用于人们之间的关系、社会服务机构之间的关系、企业内部的不同职能人员、不同部门之间的关系。

对福利特的企业融合统一体理论作进一步分析，我们认为，它实际上隐含了关于企业管理的目的和手段的思想，尽管福利特并没有明确言明这一点。也就是说，我们可以提出这样的问题：使企业成为融合的统一体的根本目的是什么？综合福利特的论述可以得出，根本目的是使企业成为一种不断发展的事业，不断获得真正的创造力量，承担对社会的应有责任。从价值的角度看，这是福利特思想中所隐含的对企业存在的目的的一个价值判断，即，这是企业存在的真正意义所在。由此，形成企业融合统一本身并不是目的而是手段。当然，这并不意味着它在福利特那里不重要，相反，在她看来，这是企业获得生存发展力量的源泉，是企业成功的关键所在。她的论述表明，企业的各种活动或各种关系的相互分离、相互斗争，一般不利于企业的健康发展。

可以看出，福利特所论述的企业管理必须使企业成为融合统一体的思想，是对企业管理理论的重要贡献，有其独特的理论创造性。她的思想的实质是强调融合统一对企业发展的重要意义，强调整体对部分的优先性，这一点无疑深入把握到了现代企业组织实现持续存在的一个重要条件，因而对于今天的企业管理具有重要的指导意义。

从现代管理思想史的角度看，在这方面，科学管理理论的创始人泰勒主要强调管理者与工人的协调合作，管理哲学的创始人谢尔登在1923年出版的《管理哲学》中则集中说明了企业管理、工业管理对社会的社会责任关系，而福利特则形成了企业融合统一体的完整理论。这无疑是对企业或其他类型组织如何实现持续健康存在的一种重要阐明，是对企业管理理论的一个重大发展。

回到福利特的思路可以看出，接下来她需要论述的问题，是如何才能使企业成为一个融合的统一体。她认为，最重要的是在企业管理的以下三个方面建立起事情的本质所要求的正确关系：管理者与一般员工之间以及管理者之间有原则的融合关系；管理者与一般员工之间由企业形势的规律所要求的权力融合关系；管理方式各个其他维度上的融合统一。下面可以看到，福利特对这些方面的论述，同样具有重要的理论推进和实践运用价值。

二、组织内部冲突的建设性解决：愿望融合

回顾20世纪以来西方社会的历史可以看到，直到20世纪60年代之前，在美国和多数西方国家，资方和劳方、管理层与工人之间一直处于比较尖锐的对立关系之中。针对这种状况，福利特提出，要实现企业乃至整个社会的健康发展，就必须消除双方之间的斗争态度，以协商代替斗争，解决双方的矛盾冲突，形成双方的融合统一。

她认为，对于资方和劳方之间来说，他们要么选择斗争，要么选择团结。工会把企业中资方和劳方之间的关系划定为尖锐对立的关系，极力坚持劳方对资方的斗争，是不正确的，因为，斗争并不足以改变

资方和劳方之间关系的本质。只有消除这种斗争的态度，摆脱双方的对立局面，做到双方团结一致，建立起建设性的融合统一关系，才能实现劳方的永久繁荣。就企业内部来说，这要求工人在与管理层之间的任何会议中所提出的代表工人的观点，应是对作为整体的工厂来说最好的观点。

同时，这也要求资方或管理者确立客观地正视问题、处理问题的态度。无论劳方或工人在什么时候形成了不同立场，都要及时对它们进行考察，判定它们是斗争的立场，还是融合的立场，是针对剥削所作的反抗和自我保护，还是本身就是企业作为功能性统一体的构成部分。

另外，在管理层内部，在董事会成员之间、经理人员之间、工厂的任何委员会内部成员之间，也会由于各自所承担的职责的不同，看问题的角度和方式不同，而产生各种各样的分歧。及时正确解决管理层成员之间可能发生的分歧，对于形成管理层内部的思想一致、统一决策、有力地领导员工和整个企业，也是十分必要的。

因此，归根到底，正确处理企业中可能发生的各种冲突的基本原则，是从根本上有助于实现企业各个方面的融合统一、协调运转。关键是要找到处理劳资双方的矛盾以及管理者之间分歧的正确方式。在这一点上，福利特再次显示了她的辩证法视野。

首先，她提出了对待冲突的客观和建设性观点，认为人类世界中处处充满冲突或分歧，冲突是生活的本质，这是我们无法加以回避的，所以，我们真正要做的就是要正视冲突，解决冲突，使之为我们的生活所用。也就是说，当我们遇到冲突时，不要带着伦理的先入之见来看待它，而要以它既不好、也不坏这样的态度来看待它，特别是，不要把冲突看作是斗争或战争，而是看作分歧的表现形式——观念分歧、利益分歧的表现形式。冲突是分歧显现和集中的时刻，用现代心理学的话语说，是许多愿望之间相互作用的时刻。所以，我们必须建设性地看待冲突，建设性地处理冲突。

其次，她在吸收德国古典哲学和当时心理学研究的基础上，提出了建设性地处理企业人事冲突的方式，或处理企业人事冲突的建设性方式——融合的方式。

她认为，通常人们处理冲突的两种方式——支配的方式和妥协的方式，并不是建设性的处理方式。支配的方式，就是一方对另一方的胜利，这是解决冲突的最简单方式。从暂时的角度看，这种方法简单易行，但从长远的角度看，却并不总是成功，因为这种方法带有强势、强迫的性质。妥协的方式，则是双方各自做出一些让步，使被冲突打断的活动可以继续下去。这是人们在处理冲突时运用得最多的方法。这种方法也不是最成功、最有建设性的方法，因为没有任何一方会真正自愿地妥协退让，那毕竟是对某些东西的放弃。

企业人事冲突的真正建设性的方式，是融合的方式，这就是把冲突双方的要求融合起来，使双方的要求都得以实现，而没有任何一方被迫做出任何牺牲。这种解决方式融合了双方的目标，创造出了新东西，是处理冲突或分歧的最具建设性的途径。这种方法的要求是，尊重别人的观点就像尊重自己的观点一样。

找到融合的解决方式的关键步骤，首先是双方以开诚布公、坦诚相待、解决问题的态度敞开分歧，无门户之见地审视整个情况，把分歧摆在桌面上，弄清事实真相，然后，把双方的要求放到同一个视野下，认真考察和评价这些要求，共同观察、共同比较，互相调整，最后找到可行的方案。[①]

福利特清楚地看到，在现实生活中经常很难做到以融合的方式解决分歧。因为，阻碍找到融合的解决方式的因素很多：当事双方缺少公正无私的精神，特别是管理者经常偏袒不公；很多管理者习惯于享

---

① 〔美〕玛丽·福列特：《福列特论管理》，第4—5、20—22、25—27页。

受统治的快乐；缺少足够的智慧、敏锐的观察力、非凡的创造力；缺少融合方式的训练，等等。

另外，她也认识到，并不是任何冲突都能够用融合的方式加以解决，有些冲突属于非此即彼的冲突，是无法调和的，只有二选一的方式才能解决。这无疑表明了她思考问题的全面性。

从理论上看，福利特的思想无疑具有多方面的合理性。从理论创造的源泉角度看，福利特关于融合的观点，是对众多学科知识发展成就的本质内涵的敏锐把握和提升，具有人类知识发展的历史合理性。从理论内容的合理性角度看，融合的方式至少是解决冲突的一种重要方式，而在一定条件下的确是最有建设性的方式。因此，福利特所作的阐明值得充分肯定。

从当今企业管理的现实角度看，福利特的观点也无疑具有重要的指导价值。企业管理者在管理实践中，应该认真分析企业活动所产生的各种冲突的性质，确定哪些冲突属于非二选一的冲突，努力找到融合的方式加以解决。应该说，在一般情况下，企业所遇到的多数冲突是这一类冲突。融合的方式对于这类冲突的解决，具有根本、长远和充分有效的作用。正如牛津大学著名管理学教授约翰·柴尔德所说，融合的方式为企业问题的长期解决提供了更加美好的蓝图，它会得到有关各方的理解和支持，并且促进不断学习的经验。①

三、管理者与员工的权力共在：权力融合

福利特深刻认识到，社会关系的核心问题是权力问题，在雇主与雇员之间、管理者与员工之间，也经常围绕权力或为了权力而发生斗

① John Child, "Follett: Constructive Conflict", in Pauline Graham ed., *Mary Parker Follett—Prophet of Management: A Celebration of Writings from the 1920s*, p. 94.

争。问题的关键在于，权力通常意味着强制，意味着某些人或集团对另一些人或集团的强制。如果双方坚持斗争，结果必然是，无论哪一方在斗争中获得胜利，都意味着对另一方的权力强制。因此，要建立企业的融合统一，必须改变双方的斗争状况，找到权力实施的根本合理方式。

福利特认为，解决这一问题的最重要的途径是，要限制权力强制（power-over），发展权力共在（power-with）。权力共在是一种共同前进的权力，一种合作行动的权力，而不是强制的权力。①说到底，实现权力共在，就是实现管理者与员工在权力上的融合。

首先，就管理者与员工之间的权力分布情况来说，根据前者一般掌握着绝大多数权力而后者很少有权力的现状，实现权力共在的一般原则是限制前者的权力强制，在此前提下，也要注意限制工人对权力的可能的过分要求。关键是找到实现权力共在的解决办法，达到双方在权力愿望方面的融合，由此形成双方相互促进的过程——一体化行为或环形行为。

福利特分析了发布命令这种实施权力的方式。她指出，组织的存在的确离不开控制，但控制的方式是随着时代和形势的变化而变化的，必须找到真正合理的控制方式。过去那种通过独断的、专断的命令进行控制的方式正在变得过时，已不再普遍有效了，因为它存在着许多缺点：失去可能从被命令的人那里得到的贡献，忽视了人们独立主宰自己生活的愿望这一天性，忽视了员工对自己工作的自豪感这一巨大资产，削弱了员工的责任感。因此，要学会不发布命令而达到控制的目的。

对此，福利特提出了发布命令的四种方法或四种原则：使问题非

① Henry C. Metcalf, L. Urwick, eds., *Dynamic Administration: The Collected Papers of Mary Parker Follett*, p. 101.

人格化，使命令变得客观，即，找到并服从“形势的规律”（the law of situation）[①]；对员工进行工作和职业的教育培训，使工作成为员工的技艺和自觉行动；必要时说明发布命令的理由，代替专断的命令，使人们不是盲从而是更加理智、更加愉快地工作；让所有人了解组织的目的——所有指示背后的深层目的，使大家成为感受共同责任、承担共同事业的合作者。其中最重要的是第一种方法或原则。

具体说，第一种方法就是组织有关人员研究形势，看看这种形势究竟要求什么，即这种形势的规律是什么，然后大家共同服从。发布命令与执行命令的双方都接受了形势的需要，这意味着命令来自工作的形势，而不是工作来自命令。因此主要的问题不是让人们服从命令，而是如何设计出能够使人们最有效地发现命令应该是什么的方法，如果命令是形势所需，即形势规律的要求，那么可以把命令变成工作规则或标准操作，雇主和雇员可以相互做出指示，这样，命令就变得轻松而自然。对于服从来说，命令就不是消极的，而是工作过程的一个时刻。这样命令也就是有分量的、真正有效的。

福利特强调指出，上述发布命令的四条原则，在本质上可以归结到一点，这就是发布命令者要把接受命令者带入到组织的形势场景之中，使他们设身处地，意识到大家是在干同一事情，只不过一方的工作是解释和告知标准，另一方的工作是执行，双方的工作都不可缺少，同样重要，发布命令和执行命令只是分工的不同罢了。

这样，对领导或管理者的要求就是把形势理解为一个整体，看到它的所有组成部分之间的内在联系，带领大家发现和服从形势的规律。由此，控制就不是对别人的控制，而是对整个形势的控制，对企业内

---

① “the law of situation”，国内有的研究者根据心理学的术语，翻译为“情境的规律”，有的则翻译为“环境的规律”。“情境”概念，主要指较小范围的情景和境况。而“环境”概念，则主要指的是周围事情的状况。考虑福利特明确指出，企业管理所面临的形势，是由生产设备、技术水平、工人的态度、顾客的要求、信用条件等因素所构成的整体，企业管理者的命令应该根据这些方面的整体的情况和变化而做出，所以我们翻译为“形势的规律”。

外整体关系的控制，也就是说，这种控制的本质是协调，这样，权力也就成为共在的权力。从这一观点出发，福利特明确指出了对工人进行批评责备、强迫他们盲目服从的危害性，认为这样会破坏创新精神，打击自立意识，挫伤自尊心，因而后果是灾难性的。[①]

其次，从管理职能的角度看，需要在管理者与工人之间重新界定和分配管理职能，使工人尽可能自觉地行使他们能够完成的管理职能。

福利特指出，管理者与被管理者之间是相互贯穿的，二者之间的区别正在减弱。事实上，工作的计划与实施之间不可能绝对分离，并非所有的管理工作都是由管理者或资方来完成的，工人对于如何合理地实施工作计划，必须依靠自己的判断力。只要工人在接到任务之后，被赋予自行决定如何完成任务的主动权，工人就在参与管理。

从管理的能力来看，每个人都或多或少地具备一些管理能力，如主动性、想象力、组织能力、执行能力等，因此，每个人都应获得机会，在工作中实践自己的能力。这就要求对每个工人的工作进行分析，弄清楚哪一部分属于管理，让他们意识到自己也在做一些管理工作，同时，也要对管理者的工作进行分析，看看工人能否对之做出贡献。即使原来被认为是专属于管理者的职能的一些行为，如对销售部门与生产部门的协调，对原材料的购买和原材料在工厂中流转之间的协调等，工人也能够做出某种贡献。

福利特强调说，工人在管理方面的作用不应含混不清，模棱两可，而应清楚地划定。就是说，管理职能的重新分配，只有依靠公正而鲜明的划定，才能获得成功。

管理职能的重新划定和分配，具有许多重要意义。它不仅会极大地增加工人的自尊心和对工作的自豪感，而且会直接影响工作氛围的

① Mary Parker Follett, *Freedom and Co-ordination*, London: Management Publications Trust ,Ltd., 1949, pp.19-20, 22-24, 77-78.

改善，促进生产效率的提高，同时，也会间接地影响到行业组织或政府组织对企业政策的制定过程。①

可以看到，福利特关于管理者与员工权力共在的思想，从根本上仍然是围绕企业如何成为融合的统一体而展开的，它从一个重要角度揭示了权力的组织根源，洞见到了权力的共同任务本质，找到了一条解决管理者与员工之间权力矛盾的融合途径，不仅具有突出的理论探索意义，而且具有重要的现实应用价值。正如英国著名管理思想研究家格雷汉姆所说，权力共在较之那些单纯建立在控制基础之上的管理方法，更加能够促进企业生产的发展。②

同时，从时代发展的角度看，福利特关于从形势的规律出发而形成的权力共在的思想，无疑具有深刻的超前预见性。而从现代管理思想发展的角度看，她的思想也对后来管理理论发展产生了重要影响，预示了关于企业参与式管理、民主管理、有效团队等方面的理论创造的到来。正如柴尔德所说，福利特的思想预见到了后来由李科特和麦格雷戈所做的关于参与性领导方面的研究，以及后来由汤姆·彼得斯和其他人详细阐释的有效团队原则。③

回顾现代西方管理实践的历史可以看到，福利特的权力共在思想在当时的确具有远远指向未来的超前和理想特征，即使在今天，也在很大程度上是如此，但是，这并不意味着这种思想是不能实现的空想。相反，它是一种可以实现的理想。哈佛大学的尼亭·诺利亚教授认为，由于在现实中总是有人追求权力，同时由于绝大多数形势都存在不确定性而很难找到规律，因而福利特的权力共在的主张可能只是一种乌

---

① 〔美〕玛丽·福列特：《福列特论管理》，第11—15页。

② 〔英〕葆琳·格雷汉姆主编：《管理学的先知》，向桢译，北京：经济日报出版社1998年版，第16页。

③ John Child, “Follett: Constructive Conflict”, in Pauline Graham ed., *Mary Parker Follett—Prophet of Management: A Celebration of Writings from the 1920s*, p. 89.

托邦。[①] 我们认为，这是需要进一步讨论的。

首先，福利特在讨论中所明确针对的企业生活中的权力问题，是当时的组织特别是企业管理所存在的主要问题之一。解决这一问题，无疑是一个历史的过程，而福利特的理论的意义在于，它指明了解决这一问题的一个方向，一种有重要价值的方式。它的确具有相当的超前特征，但并非没有现实根据。例如，在当时的不少企业中，已经建立了工厂委员会、劳资委员会、职工代表会等制度。尽管如福利特所指出的那样，这些制度还存在许多问题，远远不够完善，但它们显然包含了管理者和工人之间在权力上的一定程度的结合。进一步说，对于人们改变现在和未来现实的活动来说，超前也恰恰是理论所必须具有的一个重要特征。

其次，从企业管理的一般可行性的角度看，实行管理者与员工权力共在，所面临的主要问题有两个。一是管理者与非管理者双方的知识素质、能力素质、道德素质，在多大程度上具备了实施权力共在的条件要求，也就是说，他们是否能够正确认识企业形势的规律，是否能够抛开个人利益，真诚地面对和解决权力问题。二是在高度竞争的市场环境下，存在着实施权力共在的成本特别是时间成本与收益的比较问题，即实施权力共在的收益是否远远更大。在当时，这两个方面的情况究竟如何，需要进行具体的定性或定量研究。总体上看，根据当时的社会和企业发展状况，可以大体判定，有一些企业和其他组织，在很大程度上满足了上述两个条件。

因此，福利特的理论绝不是一种空想。实际上，20 世纪 40 年代中期以后在美国和其他西方国家的企业中逐渐兴起的员工参与管理、民主管理，在实质上正是管理者与工人之间权力初步融合的重要形式。

---

① Nitin Nohria, “Mary Parker Follett’s View on Power, the Giving of Orders and Authority: An Alternative to Hierarchy or a Utopian Ideology? ”, in Pauline Graham ed., *Mary Parker Follett—Prophet of Management: A Celebration of Writings from the 1920s*, pp. 160-162.

四、理论内容和价值取向评价

通过上面的阐述可以看出，福利特自觉地从哲学和具体科学相结合的角度分析企业管理问题，是一种视野广阔、思路独特、突出强调统一性对企业发展的根本意义的企业管理哲学理论，充满了丰富深刻的辩证法思想。这里主要进一步分析她的企业融合管理思想的主要内容特征，并试图对其中所包含的价值取向作出简要评价。

从内容上看，福利特的思想具有以下四个主要特征。

其一，突出强调了企业作为一种社会组织，作为各种人员、各个部分、各种利益相关者之间相互作用的整体所具有的规律性，强调企业管理必须发现企业活动形势的各种规律并按照规律而进行管理。因此，管理者的决策和行为选择以及创造性的合理依据，均取决于企业活动形势的规律要求。企业管理的根本任务之所以是使企业成为融合统一的整体，是因为只有如此，才能发挥企业自身的应有作用，实现企业的持续发展。福利特在这里阐明了形势规律与主体选择的辩证法。可以看出，在强调人们的活动成功需要以规律为基础这一点上，福利特与黑格尔、马克思等思想家是一致的。

其二，明确指出了企业的各种职能和活动，既需要合理划分又需要相互结合，而不能处于混沌不分的状态。企业作为市场经济竞争条件下的组织，要成为一个有力的整体，必须实现部分活力与整体活力、职责分工与职责协调、分工秩序和合作秩序等方面的统一，这就需要合理地明确划定各个部门、各种职能的作用，同时，又要使各种职能、作用相互连接，相互贯通。应该说，在福利特之前，泰勒、法约尔、谢尔登都认识到了明确划分企业的各种职能和活动的重要性，但福利特的认识更加深入，论述更加全面，而且更加强调相互协调、相互贯通这一方面。这是对企业管理辩证法认识的重要推进。

其三，主张企业管理所要实现的企业统一，是企业根据形势的本质要求，找到建设性解决各种问题特别是解决权力矛盾的途径而实现的合理统一，因此，这种统一既不是强迫性的统一，也不是无原则的统一，不是仅仅为了统一而统一，仅仅为了和谐而和谐，而是以正确原则为指导而实现的统一。这种深度思考，达到了问题的本质层次。其中，关于管理者与工人权力共在的思想，更是如鲍耶和罗西勒所说，超越了权力和压迫的二元对立概念[①]，极富启发性。

其四，认为企业融合统一的实现，本身就是一个不断跃迁的过程，不存在一劳永逸的永恒不变的统一。"融合是一个过程"[②]，企业内部各种因素的不断相互作用，企业与环境的不断相互作用，从根本上规定了企业的存在必然是不断产生各种问题而又努力解决问题的过程，规定了企业融合统一的内容和方式必然不断变化，必然是从一种统一到新的统一，再到更新的统一这样一种永无止境的发展过程。

福利特的这些辩证法思想，涉及了企业活动的各个基本方面、各种内外关系，深入到了企业管理问题的本质层次，呈现出了企业管理的根本要求，具有令人耳目一新的启发意义。

从价值取向上看，福利特的这一理论的根本价值取向，是突出强调融合统一而非对立斗争对企业不断进步的作用。显然，这一价值取向是否合理或是否基本合理，需要作出正确判定。我认为，这需要从理论探讨的全面性要求、理论产生的时代要求、思想发展史的逻辑要求这三个方面的综合统一来思考这一问题，不能仅仅从一个方面、一个角度进行判定。

首先，从理论探讨的全面性要求的角度看，福利特的思考重心在于探讨企业如何在解决矛盾冲突基础上实现融合统一，从深层和总体

---

① David M. Boje & Grace Ann Rosile, "Where's the Power in Empowerment? Answers from Follett and Clegg", *Journal of Applied Behavioral Science*, March, 2001, Vol. 37(1), p. 97.

② Mary Parker Follett, *Creative Experience*, p. 88.

上来看，她的理论内在地隐含着融合统一比对立冲突对企业的发展更具建设性意义的看法，然而，这一点主要适用于一个社会的一定发展阶段，工商业发展的一定阶段，企业发展的一定阶段，并非在历时性或共时性上普遍或绝对适用。福利特没有指出这一点。这应是她的理论的主要问题所在。

其次，从福利特所处的时代状况来看，如前所说，在 20 世纪 60 年代以前的美国和西方国家，社会的各种矛盾比较尖锐，劳资关系一直处于对立状态，企业一直为内部矛盾所困扰而无法有效发展，因此，强调正视矛盾、正确解决上述矛盾而实现融合统一，是当时西方社会发展和企业发展的本质要求。福利特的理论，反映了这一时代要求或未来发展趋势，具有基本的现实合理性。

最后，从现代西方管理思想演化发展的历史来看，福利特的这一理论的提出，并非空穴来风，而是从 20 世纪开始的诸多管理思想家从不同角度对企业应该成为有效整体进行思考的必然结果。20 世纪头 10 年的泰勒，明确提出劳资双方、管理者与工人的利益从长远来看具有一致性，双方只有团结合作、和谐一致，才能最大限度地提高效率，实现双方的最大富裕。20 世纪 20 年代的英国管理哲学家谢尔登，不仅深刻认识到工人的精神和社会性质，而且深刻认识到工人的自我发展要求、对管理制度的正当性要求以及对工厂事务的公开性要求的合理性，认为资方或管理方必须对管理方式做出合乎上述要求的改变，使企业成为一个合乎人文伦理要求的整体。① 虽然，福利特对谢尔登关于科学主要适用于物质过程因而很难适用于人的活动、管理必须服从公共意志等观点提出了不同意见，但在使企业成为各种关系相互协调的统一体方面，她还是自觉不自觉地走在了谢尔登的思想方向上。

综合这三个方面，同时，与福利特之前的其他管理思想家的理论

---

① Oliver Sheldon, *The Philosophy of Management*, pp. 33-35, 71-74.

进行对比，可以判定，福利特的理论是一种极富创造性的成果。社会时代的要求，思想史的发展，她个人的丰富的社会实践经历等因素，使她突出关注企业的融合统一，关注劳资双方的合作一致，对企业管理作出了深刻的辩证分析，大大推进了管理哲学的发展，具有重要的理论创造意义和现实运用价值。

由此，福利特的思想必然对后世产生重要影响。例如，她把组织看作是由内外因素相互作用而不断变化的过程，应该直接启发了巴纳德关于组织的动态特征的分析[①]，而她关于冲突双方实现愿望相互融合的观点，应该直接影响了麦格雷戈的目标融合理论的提出。[②]再如，她关于解决冲突的融合方式的观点，深刻启示了明茨伯格对于1992年加拿大宪法公决事件的分析。[③]

对于福利特理论的深刻的辩证法，当代著名美国管理思想家坎特的评论也许再恰当不过了：今天的管理者们所关注的如此之多的问题，福利特早已进行了评论。贯穿她的所有著作的主题，就是联系在组织中的重要性；她的观点非常具有现实意义，并且富于洞察力。站在她的思想的肩膀之上，我们可以把管理者的任务看得更清楚，对完善组织的可能性有更加深远的认识；也许，每个时代的人都有必要重新认识福利特。[④]

---

① 〔美〕C. I. 巴纳德：《经理人员的职能》，第97页。

② 〔美〕道格拉斯·麦格雷戈：《企业的人性面》，韩卉译，北京：中国人民大学出版社2008年版，第48页。

③ Henry Mintzberg, "Some Fresh Air For Management?", in Pauline Graham ed., *Mary Parker Follett—Prophet of Management: A Celebration of Writings from the 1920s*, pp. 199-201.

④ 〔英〕葆琳·格雷汉姆主编：《管理学的先知》，前言，第4—5页。

第九章
麦金太尔对管理的有效性主张的批判

在研究美德理论的著作中对现代管理的重要问题进行系统批判，是人们通常所意料不到的。然而，这正是麦金太尔在其美德论的开山巨著《美德之后》（*After Virtue*）中所展开的一个重要内容。在这一巨著中，他对现代管理理论和管理者所提出和坚持的“管理的有效性”主张进行了深入批判。纵观他的思路和观点可以看出，他之所以进行这种批判，并非是由于他的一时冲动或偏好，而是他批判当代西方道德话语和道德文化，重述亚里士多德主义美德论传统这一整体思路的一个必然要求。[①] 考虑到管理的有效性问题是现代管理实践和管理学的一个核心问题，同时考虑到目前国内外对麦金太尔的这一批判所作的研究还只有极个别的直接成果，而且主要存在于企业伦理学的研究领域，总体上看还远不够充分和深入，我们这里将从理论致思和现实佐证的角度对他的批判进行分析，以求对管理的有效性问题作更进一步的讨论。

---

① 关于麦金太尔的美德论和他对情感主义的分析，国内外已有一些直接研究成果。可参见万俊人：《美德伦理的现代意义——以麦金太尔的美德理论为中心》，《社会科学战线》2008年第5期；万俊人：《美德伦理如何复兴？》，《求是学刊》2011年第1期；姚大志：《亚里士多德还是尼采？——麦金太尔对现代道德哲学的批判》，《学习与探索》2003年第3期；James E. Mahon，“MacIntyre and the Emotivists”, in Fran O’Rourke ed., *What Happened in and to Moral Philosophy in the Twentieth Century?* (under review, Notre Dame, Indiana: University of Notre Dame Press, 2013)；佟轶材、谢昌飞：《道德的个体性与道德的社会性——麦金太尔对情感主义的批判》，《道德与文明》2010年第6期。

一、管理的有效性主张的情感主义本质

麦金太尔对管理的有效性主张所进行的批判，是以他对当代西方道德话语和道德文化的诊断、分析和批判为文本语境的。他认为，当代西方道德话语中各种对立的道德观点之间无休止的争论和明显的不可公度性，是由于“启蒙文化”以拒斥亚里士多德主义美德论传统为前提而对道德所作的各种正当性论证之努力最后陷于失败的结果，而这一结果在先后经过19世纪后期西季威克对基本道德信念、20世纪初到30年代摩尔等人对什么是善等道德问题所作的直觉主义解释之后，最终导致了情感主义的产生及其在当代道德观中所具有的实质支配地位。

在麦金太尔的观念中，任何一种能够称得上理论的理论，都不会是无关乎现实的纯粹理论，理论和现实总是处于相互作用、相互表现的过程之中。“不应当存在两种历史，一种是政治行为和道德行为的历史，一种是政治理论和道德理论的历史。因为不存在两种过去，一种仅仅由过去的行为所构成，一种仅仅由过去的理论所堆满。每一种行为都是那些或多或少承担着理论内容的信念与概念的载体和表达；而每一种理论和每一种信念的表达，也都是一种政治行为与道德行为。”①

麦金太尔认为，情感主义也是如此。情感主义的核心观点是：所有的评价性判断，尤其是所有的道德判断，就其在性质上是道德的或评价性的判断而言，都无非是偏好的表达、态度或情感的表达；任何宣称存在着客观的、非个人的道德标准的主张都没有也不可能得到有效的合理的证明，根本不存在诸如此类的标准；无论是过去还是现在，

① Alasdair MacIntyre, *After Virtue: A Study in Moral Theory*, third edition, p.61. 参见〔美〕阿拉斯戴尔·麦金太尔：《追寻美德：道德理论研究》，宋继杰译，南京：译林出版社2003年版，第77—78页。

为一种客观道德提供合理证明的每一种企图事实上都已失败。麦金太尔指出，作为一种从当代西方社会中产生出来的学说，情感主义也必定有其特定的社会本质，这就是，它蕴含着对操纵性的社会关系与非操纵性的社会关系的真正区别的抹杀，也就是说，既然它把所有价值和价值判断都看作是情感的表达，那么，它或者完全忽视了、或者根本就没有意识到上述两种社会关系在价值目的上的根本区别；这也意味着，情感主义与当今其他道德理论一样，也不是一种纯粹观念性的理论建构，而是在现代西方人的社会现实和行为方式中有其客观源头，简言之，它是西方现代以来所产生的个人主义社会秩序在道德理论上的一种突出表现；而且，更加重要也更加值得注意的是，情感主义已经成为当代西方道德文化的支配性部分，或者说，当代西方道德文化在本质上已经是情感主义的。

正是在把西方道德话语和道德文化理解为情感主义和对情感主义的分析批判过程中，麦金太尔提出了他对管理的有效性主张的批判。①他认为，管理的有效性主张，正是在上述社会秩序中产生出来的，因而，这种主张在本质上也必定是情感主义的。

根据麦金太尔的相关论述，我们可以把他所说的现代管理理论和管理者所坚持的管理的有效性主张，概括为一种包含多层内容的系统性观点：管理就是有效地引导各种资源去实现或去服务于既定的组织

---

① 本文所说的“有效性”概念，是对麦金太尔所批判的管理理论和管理者所提出的“effectiveness”概念的翻译。在现代管理学中，“effectiveness”是在与“efficiency”的对照关联中加以说明的，指的是管理工作在方向上有助于实现组织目的，这通常被称为“做正确的事”。国内通常翻译为“有效性”或“有效果”或“效果”。而“efficiency”，指的则是“正确地做事”，即以尽可能少的投入获得尽可能多的产出，一般翻译为“效率”或“效能”。

就麦金太尔的文本来看，他并没有对“effectiveness”和“efficiency”进行上述意义上的区分，除了引文以外，他也很少使用“efficiency”，不过，当他说明“effectiveness”时，同时使用了“effectively”和“efficiently”，这表明，他所说的“effectiveness”，包括了efficiency的含义在内。为了不致引起读者或管理学研究者的误解，我们在本文中采取了国内对“effectiveness”的通常译法。考虑到上面所说的原因，国内宋继杰把“effectiveness”翻译为“效率”，也是可行的。

目的，而不管这种组织目的的价值关涉如何；管理者拥有专门的知识来实现这种有效性，他们必须以有效性作为自己工作的根本标准；这也决定了管理或管理者在价值上、道德上是中立的，决定了管理者对权威和权力的要求是正当的、合法的。

麦金太尔对管理的有效性主张的批判，是以西方当今普遍存在于企业、政府机构、工会机构、各种团体的层级制组织为现实对象，以管理理论中的层级制理论为理论靶的的。他指出，现代社会已经是以层级制为主导形式的组织化社会，层级制规定着当今社会大多数人的工作任务。同时，既然人们的社会行为总是在很大程度上是他们的观念或理论的具体实现，所以，层级制管理组织也必定有其相应的理论前提，这就是以韦伯为创始者的层级制理论。也就是说，麦金太尔是把层级制和层级制理论作为一而二、二而一的东西来看待、来批判的。他在这种批判中所提出的核心观点是，层级制理论在根本上是情感主义的，而现实的层级制也在管理者这种标杆角色身上体现了情感主义的本质特点。

首先，就韦伯的层级制理论来说，麦金太尔认为，在韦伯的思想中，层级制组织的目的问题、信念问题是价值问题，而价值问题是以良心、情感、感情为基础的，是非理性的，也就是说，人们的任何评价、任何信仰、任何价值立场都是非理性的，根本不存在合乎理性这样的问题，理性对于它们是无能为力的；因而，社会生活中人们的各种价值观之间的冲突，不可能合乎理性地得到解决。麦金太尔由此认为，韦伯对层级制的描绘也是一种情感主义的描绘，其结果是，这种描绘在本质上抹杀了操纵的社会关系与非操纵的社会关系之间的巨大区别；当韦伯呼吁只有层级制的权威、没有任何其他类型的权威能够诉诸理性的标准时，他所说的层级制的权威只不过是一种成功的权力而已，而这种成功的权力说到底是社会操纵、社会控制的一个构成部分。“因此，在我所理解的‘情感主义’这一术语的更广泛的意义上，韦伯也是一个情感主义者。”[①]

其次，就现实的层级制来说，麦金太尔认为，层级制作为层级制理论的现实存在，也同样只关心手段而不关心目的的价值关涉，同样不自觉地属于操纵性质的社会关系模式的一个组成部分，因而它在本质上与情感主义是完全一致的。他提出，尽一切努力去竞争匮乏有限的资源以**有效地**服务于既定的组织目的，而不问组织目的的价值关涉如何，是当今层级制组织的本质特征。无论是行政层级组织，还是企业层级组织，都是如此。“每一种层级制组织都体现了对成本和收益的某种或明或暗的界定，有效性标准（the criteria of effectiveness）就是从这种界定中引导出来的。层级制的合理性是经济地和有效率地使手段与目的相匹配的合理性。”[②]

这一点突出表现在层级制管理者——当今社会中最显著的一类“标杆角色”的观念和行为之中。[③]麦金太尔提出，层级制管理者不仅把目的和价值问题看作是属于非理性即情感话语领域的问题，而且把目的看作是外在于其任务职责范围、不是他们所决定的事情，因而，他们只关心作为事实领域的手段和技术的有效性问题。这就同情感主义一样，从根本上抹杀了操纵的社会模式与非操纵的社会模式对于人们生活的截然不同的意义。例如，层级制企业的管理者认为，他们的任务就是有效地把原材料变为最终产品、把不熟练工人变为熟练工人、把投资变为利润。因此，层级制管理者，和治疗医师这一类标杆角色一样，“不参与也不能参与道德争论，他们旨在把自己限定在能够达成理性一致的领域，当然是他们所认为的事实领域、手段的领域、可以

---

① Alasdair MacIntyre, *After Virtue: A Study in Moral Theory*, third edition, p.26.

② Alasdair MacIntyre, *After Virtue: A Study in Moral Theory*, third edition, p.25.

③ 麦金太尔所认定的三类标杆角色（characters），包括管理者、富有的唯美主义者、心理治疗医生。所谓“标杆角色”，是说这种角色是社会文化理想和道德理想的代表，社会的一般成员把这种角色看作是努力追求的目标。

量化的有效性的领域”[①]。

十分深刻的是，麦金太尔在对管理的有效性主张与情感主义之间关系的分析中，认识到了它们的共同的社会规定性，这就是现代经济秩序和政治秩序的个体绝对至上本质。他认为，现代经济秩序的个人主义、它的贪得无厌和它把市场价值抬高到社会的核心地位，以及现代政治秩序的个人自由主义，是情感主义因而也是管理的有效性主张得以产生的现实温床。“情感主义在一种颇具特色的社会秩序——即我们目前所生活于其中的所谓发达国家的社会秩序中如处家园，它是这种社会秩序的一个内在构成部分。它的规定性是存在于、表现在那些标杆角色中的规定性的对应物。”[②]

深入观察当今人类社会的管理现实，可以肯定地说，麦金太尔对管理理论和管理者关于有效性的主张的上述分析和批判，无疑从一个独特角度抓住了这种主张的一个本质特征。他所提出的现代管理者在职责上仅仅关注手段的有效性的观点，应是当代社会大多数管理者的实际状况。他以宽广的社会和道德文化视野，通过对管理的有效性主张在目的和手段问题上的观点的分析，把它判定为是情感主义的，的确是发前人之未发，其深刻性和穿透力在当代实不多见。就我们目前的了解来看，我们还很少见到如此具有“社会情境论”深度和启发意义的分析批判。

由此，可以认为，在这一点上，凯瑟琳·巴尔斯塔德·布鲁尔（Kathryn Balstad Brewer）所提出的观点，即麦金太尔对于管理者的有效性主张的分析主要是从现代经济秩序的角度进行的，并不十分准确，因为，统观麦金太尔的主要相关分析可以看出，除了社会的经济因素以外，他还强调了政治、文化因素对任何理论观念的基础制约作用。

---

① Alasdair MacIntyre, *After Virtue: A Study in Moral Theory*, third edition, p. 30.

② Alasdair MacIntyre, *After Virtue: A Study in Moral Theory*, third edition, p. 34. 参见〔美〕阿拉斯戴尔·麦金太尔：《追寻美德：道德理论研究》，第 43 页。

不过，布鲁尔根据现代管理研究的成果，强调应该充分认识整体社会系统对于管理者的职能关注的影响，应是合理的，也可以说是对麦金太尔观点的一种拓展论证。“管理的意图和行为是由社会原则所支配的。由社会互动的历史所产生的组织决策规则和标准操作程序，对于众多个体管理者的影响也许比经济目标更加不可抗拒。结构性的影响能够指引管理者趋向于已经被社会地制度化为正当的那些行为，而不顾这些行为对于经济效率的关系。”①

同时，我们认为，麦金太尔的分析和批判也存在着以下三个方面的问题或不够全面之处。

首先，把管理者、管理理论关于有效性主张的理论源头——韦伯的层级制理论判定为情感主义的，可能有失全面和公允，他对层级制现实的批判同样如此。对此，我们可以提出两个理由。

理由之一是，在韦伯的社会理论中，他根据行为取向的不同而把社会行为分为四种类型。从这一角度看，韦伯的层级制理论所描绘的管理行为，主要应属于目的合理性或工具合理性的制度化社会行为，而不是属于基于情感的社会行为。他的论述的确强调了管理者的主要任务是有效果、有效率地组织资源去实现组织的目的，强调了制度手段对于目的或结果的有效性，但显然，在这一点上他的思想不是感情主义的，而是科学理性主义或技术理性主义的，他所推崇的效率在实质上是与人文相对的科学维度的效率，②而追根溯源，这不过是近代以来的科学理性精神在现代组织管理研究中所产生的一个重要影响。因此，麦金太尔把韦伯的层级制理论归之为情感主义，在很大程度上犯了以偏概全的错误，缺少足够的说服力。

理由之二是，韦伯在探讨经验的社会科学研究时既提出了价值无

---

① Kathryn Balstad Brewer, “Management as a Practice: A Response to Alasdair MacIntyre”, *Journal of Business Ethics*, Vol. 16, No. 8, Jun., 1997, p. 827.

② 〔德〕马克斯·韦伯：《经济与社会》（上卷），第 245—249 页。

涉或价值中立观点，也指出了价值关涉的方面。他认为，社会科学研究课题的选择和研究结果的运用，必然受到人们的价值立场、价值兴趣的引导和制约，因而必定是价值关涉的，然而，一旦确定了研究课题，研究过程就要力求客观，以事实为依据，而不下价值判断，保持价值无涉或价值中立；而且，即使对于价值判断，也可以对其所指的含义进行经验式的理解和认知。尽管韦伯的确把社会科学研究的目的和运用问题看作是价值问题，把价值问题看作是情感问题，但他对层级制管理的有效性的研究，却主要属于对手段合理性或工具合理性的研究，这种研究也正是他所指出的“经验的”社会科学的任务，而不是哲学价值论研究的任务。[①] 由此来看，尽管麦金太尔仅仅从价值目的的角度把韦伯的层级制理论判定为情感主义，显然在论据上是不充分的，是一种过于简单和武断的结论。

其次，对管理的有效性主张的社会秩序根源的分析，虽然指出了经济政治秩序的根本作用，但还没有达到问题研究所要求的充分程度，特别是在经济秩序根源方面。管理的有效性这一主张的提出，显然主要是以市场体制为运动形式的资本驱动型经济的产生和发展在人们的观念和理论上的表现。因为资本驱动型经济在本质上要求实现价值增值或利润这种有效性目的，要求实现这种目的过程中的效率，因而这种经济必然对作为其构成要素的各个基本单元，即企业组织以及管理者和管理行为，提出上述有效性要求，而当这种经济成为一个社会的绝对主导的经济形态时，它的这种有效性要求——实现它的价值增值目的，对于任何已经成为独立市场主体的企业以及对于企业经理阶层来说，也就成为既定的、被给予的、他们无法决定的目的要求，因而

---

① 〔德〕马克斯·韦伯：《社会科学方法论》，韩水法、莫茜译，北京：中央编译出版社1999年版，第98—99、136、146—149、153—157页。国内对韦伯的价值无涉和价值关涉的详细讨论，可参见韩东屏：《科学价值中立之惑》，《湖南社会科学》2008年第3期，第36—41页。

成为一种负载着历史必然性的“习惯”或自然而然的东西了。实际上，这无论是对于实行科层制的企业经理阶层，还是对于实行其他制度形式的企业经理阶层，只要他们所属的企业是市场法人主体，就都必定如此。

同时，这种资本驱动型经济对实现自身目的的这种有效性要求，也必然反映到最具社会影响的行政管理者的管理实践中。一方面，一个社会的行政管理所指向的最终目的，来自这个社会的统治者，而统治者在实现统治目的方面也必定对行政管理者提出有效性问题；另一方面，资本驱动型经济对行政管理系统也必然提出实现资本增值的目的有效性要求，因此，行政管理者处于外部的两个方面的目的有效性要求之中。在现代行政管理的历史演进过程中，目的有效性问题也就逐渐成为外在于行政管理者的职责范围、他们无须过问的事情了。因此，麦金太尔所说的层级制管理者所坚持的管理的有效性主张，从根本上并不是层级制管理者本身的价值冷漠问题，而是近代以来社会历史条件所必然凸显出来的管理者的存在方式问题。显然，尽管麦金太尔多次强调观念与现实、理论与实践的不可分割性，但对于管理的有效性主张的社会历史规定性，他还是缺少足够深入的剖析。

最后，麦金太尔对于层级制管理者的非道德形象的刻画和分析，力图揭示这种非道德形象在现代社会的宏观秩序中的根源，具有社会历史分析的深刻性，但他却没有进一步深入分析组织内外其他主要因素对层级制管理者的道德状况的影响。国外有些研究者分别从不同角度指出了这一点。

例如，杰夫·穆尔（Geoff Moore）把麦金太尔从美德论出发所作的关于实践和制度的区分（the Practice-Institution Distinction）运用于对企业伦理的分析，认为企业实践和企业制度之间存在着一种张力性的相互作用，这种相互作用，连同企业实践的内在益处和外在益处之间的相互作用，包含着实现企业持存发展所要求的“优秀”的可能性，即能够实现企业实践的智慧、正义、诚信、合作等方面的美德；因此，企业自身可以成为道德主体，企业的管理者也可以成为道德的标杆角色；而且，这种使企业成为具有美德的优秀企业的集中努力，也会对当今资本主义的企业世界产生影响。穆尔认为，由此来看，麦金太尔在对企业组织的批判方面是过于悲观了。[①]

再如，詹姆士·海英（James A. H. S. Hine）在讨论麦金太尔关于管理者的非道德形象的观点的影响时，一方面对麦金太尔的分析予以高度评价，认为麦金太尔所提出的社会操纵性质的层级制组织把个体的良心从属于追求组织的目的因而是非道德的，这一看法是深刻的，对于商业伦理学依然具有重要影响；另一方面，海英依据对高层管理者的采访和案例反思，借助管理学、经济学、伦理学的研究成果，对于管理者的道德感受性提供了一种情境论的“辩护”或阐明，认为公司的高层管理者的道德感受性受到政治经济、组织状况、谋生方式等多种因素所构成的“公司生存条件”的限制，股东在规范和法律上对权力的要求，和伴随着管理工作的目的、精神特点、运营常规，这两个方面构成了高层管理者所不可抗拒的规则；换句话说，高层管理者的道德自律，是被他们的合理的自我利益、对于家庭的责任、强大的股东力量以及处于道德多元论环境中的层级制组织这些因素的结合所限制的。[②] 显然，海英的观点更具全面性，更加客观合理。

二、管理的“有效性”概念的道德虚构性质

麦金太尔在批判管理的有效性主张的过程中所提出的另一个重要

---

① Geoff Moore, “On the Implications of the Practice-Institution Distinction: MacIntyre and the Application of Modern Virtue Ethics to Business”, *Business Ethics Quarterly*, Vol. 12, No. 1, Jan., 2002, pp. 24, 27-30.

② James A. H. S. Hine, “The Shadow of MacIntyre’s Manager in the Kingdom of Conscience Constrained”, *Business Ethics*, Vol. 16, No. 4, Oct., 2007, pp. 367, 368.

观点，是认为管理的“有效性”概念是现代社会的一种道德虚构，而且是一种最有影响力的道德虚构。应该事先指出，尽管麦金太尔明确指出了各种道德虚构的一个核心特征——它们都旨在为人们的道德或社会生活提供一种客观的、非个人的标准，但都无一成功，但他并未对究竟什么是道德虚构作出明确的含义界定。从他所提出的现代社会先后形成的三种道德虚构及其相应论述来看[①]，他所说的道德虚构，并不仅仅是一种纯粹观念或纯粹理论上的错误的道德主张，而且是一种在现实生活中产生了实实在在影响的错误的道德主张。

他提出，20世纪管理理论和管理者所提出的“有效性”概念，包含着一种能够有效控制社会现实的宣称和“自信”。他认为，在现代社会，“有效性”显然已经成为决定和限定人们生活方式的最重要因素之一。从文化上看，“有效性”概念这种道德虚构，与自然权利概念、功利概念这两种道德虚构相比，是最强有力的一种道德虚构。因为，“有效性”概念不仅是管理理论和层级管理者的一种最强烈的道德主张，而且存在于层级制管理者的行动特别是他们所构造的权威权力模式之中。

这就是说，层级制管理者——现代社会中最为耀眼、最具“支配性”的标杆角色，正在自觉不自觉地、也无可避免地经营着“有效性”这种虚构。这些管理者认为，他们有能力实现管理的有效性，因为他们拥有关于管理的专门知识，即拥有管理所涉及的那些领域的类似于普遍规律般的概括性的知识，这也是他们要求必须拥有权力和权威的根本原因所在。麦金太尔试图以事实为依据对此进行断然反驳。他认为，事实证明，并不存在所谓有效地实现组织目的、有效率地引导资源和手段等方面的管理的专门知识；管理者所说的那些管理的专门知

---

① 麦金太尔所认定的三种道德虚构是：权利或人权概念、功利概念、管理的有效性概念，限于篇幅，本文不讨论麦金太尔对权利概念、功利概念的分析和批判。

识，在被运用的过程中从未系统地产生效果，而更经常地只是巧合地与管理者所自吹的效果相关；由此，管理者和管理理论对于“有效性”概念的使用和运用，实际上预设了种种不可能被实现的知识论主张。“‘管理的有效性’的功能，与卡尔纳普、艾耶尔所指出的‘上帝’的功能大致相似。这是一个虚构的名称，却被信以为实。”① 简言之，麦金太尔的核心论点是，对管理的有效性的种种解释，都以同样的方式缺乏合乎理性的正当性论证。

对于并不存在管理的专门知识这一判定，麦金太尔是从对人类事务或社会生活的可预测与否，以及由此所规定的社会科学的最可能有效的概括性知识的特点，来进行证明的。他提出，从系统性的角度看，人类社会生活既有可以预测的方面，也有不可预测的方面。他认为，社会生活中仅仅存在着时间协调、统计意义和事实因果等方面的规律，人们也的确可以对它们形成相应的知识，但他认为，这些知识的预测力量和预测范围都是有限的，同时，人类社会生活所具有的博弈特征，根本概念或概念系统的创新特征，个体未来行为的未决性、纯粹的偶然性等根源性特征，决定了社会生活的不可预测性。正是社会生活的这种双重特征，决定了对社会生活不可能形成“普遍概括性”的知识。首先，那样的普遍概括性知识，需要以大量的研究为基础，但它们以归纳为根据的特性又使它们无法达到类似规律的程度。其次，即使是那些所谓最完善的普遍概括性知识，无论它们被构造得如何完善，也总是与相反的事例共存，因为，不断创造相反的事例，是人类生活的一个重要特征。因此，第三，人们永远不能够精确地表明，最完善的普遍概括性知识的范围究竟何在。

以上述分析为基础，麦金太尔提出，管理研究者以及管理专家以并不可靠的观念对管理措施的未来结果的预言也必定是软弱无力的，

---

① Alasdair MacIntyre, *After Virtue: A Study in Moral Theory*, third edition, p. 76.

这也决定了他们对地位、权威和报酬的要求也必须大打折扣。他认为，管理者和管理研究者关于存在着管理的事实领域和可以形成规律般的专门知识这两种主张，实际上反映了自然科学研究方法的深刻影响。然而，自然科学可以有“真正意义上”的专家和专门知识，社会科学则不可能做到这一点，对于管理的研究来说尤其如此。正因为这一原因，麦金太尔嘲讽地说，“管理科学”这样的表达，不过是一种杜撰而已。

麦金太尔由此明确判定说，管理的有效性概念所依据的所谓管理的专门知识，是现代社会的另一种道德虚构或道德错觉。“对管理的专门知识的信奉，与卡尔纳普和艾耶尔所指出的人们对上帝的信奉非常相像。这是另一个错觉，一个独特的现代错觉。”① 麦金太尔认为，这种错觉充分体现在层级制管理者对管理技能的崇拜之中，已经成为如同商品拜物教那样重要的一种拜物教。“商品拜物教被另一种同样重要的拜物教即层级制技能拜物教所补充。”②

不仅如此。他还进一步提出，管理研究者和管理者对于管理的有效性主张和管理的专门知识的信奉，归根到底是他们对于管理的一种情感、偏好、态度的表达而已。“管理的专门知识领域是这样一种领域，在其中，各种自称是客观建立起来的主张，实际上是作为独断而又伪装了的意志与偏好的表达而发挥作用。”③ 这样来看，这种主张，在本质上与情感主义是一脉相通的，对于它的信奉，就如同卡尔纳普和艾耶尔所分析的人们对并不存在的超验的上帝的信奉一样，不过是表达了那些信奉者的情感信仰、态度偏好而已。

对于自觉坚持“哲学—社会学”分析的麦金太尔论来说，也许更

---

① Alasdair MacIntyre, *After Virtue: A Study in Moral Theory*, third edition, p. 107.

② Alasdair MacIntyre, *After Virtue: A Study in Moral Theory*, third edition, p. 107.

③ Alasdair MacIntyre, *After Virtue: A Study in Moral Theory*, third edition, p. 107. 参见〔美〕阿拉斯戴尔·麦金太尔：《追寻美德：道德理论研究》，第 135 页。

加重要的是，他必须努力揭示关于管理的有效性主张的社会本质。如前所说，他提出，这种主张所坚持的对于专门知识等手段的强调和运用，在本质上与社会的操纵模式密不可分，这种操纵模式千方百计使人们进入到依从性的行为方式之中。不过，既然在管理方面也不可能形成具有充分可预测性的专门知识，因此尽管自称管理专家的那些人的活动的确对社会和人们的生活造成了影响，甚至造成了非常严重的危害，以所谓管理的专门知识所进行的社会控制，不可能取得基本的或大量的成功。因为，他认为，从根本上来看，任何人都不可能控制一个社会的基本秩序。“在真正的本来的意义上，我们的社会秩序并不处于我们的控制之中，并且的确并不处于任何人的控制之中。没有人主导社会秩序，也没有人能够主导社会秩序。”①

从上面的阐释可以看出，麦金太尔对管理的有效性主张的批判，具有许多的合理和创新的方面。首先，他的批判在很大程度上表明了这一主张的某个方面的社会内涵——自觉不自觉地从属于社会控制，或自觉不自觉地为社会控制所用。这一点在当今社会的各种类型的大量组织中都能够找到有力的经验证据。其次，他为了驳斥这一主张而对社会科学知识的非普遍性特点的分析，在理论上也具有很大的启发性。与自然科学相比，社会科学知识的正确性程度一般情况下总是更加有限，总是需要不断得到验证。最后，他力求社会历史地分析管理的有效性这一主张，把它主要看作是西方社会20世纪所形成的主张，也是合乎管理实践和管理思想发展的实际的。

同时，我们认为，他的这种批判也存在着一些需要进一步讨论的问题。这里我们暂时指出最关键的一点，这就是，他把管理的有效性主张看作是一种道德虚构，一种发生了重大影响的道德虚构，无疑来自他的美德论分析视野，具有努力发现问题和探讨问题的重要意义，

① Alasdair MacIntyre, *After Virtue: A Study in Moral Theory*, third edition, p. 107.

但由于这种观点从根本上否认了管理本身存在着普遍规律的方面，否认了管理理论能够形成普遍规律性的知识，因而从根本上否认了管理学作为一门社会科学的合法性。

这当然与他对社会科学的特点的看法直接相关。如前所说，他认为，在社会生活中主要存在的是时间协调、统计意义、事实因果方面的规律。实际上，这种说法是成问题的。因为社会生活中必定存在着其他类型的规律，特别是社会整体运动的统一本质和必然趋势规律，社会主体之间特别是个体与社会之间相互作用的规律，经济、政治、文化等因素的共存互动的规律，社会成员的理性存在与感性存在相互制约的规律，社会生活的冲突与整合一体共存的规律等。因此，从实证的角度，我们显然无法否认，只要有各种规律存在，我们就能够获得对于它们的相对正确的认识，形成各门社会科学的一般知识。对于管理学来说，也是如此。实际上，即使在社会生活领域中仅仅存在着麦金太尔所说的因果规律和统计意义上的规律，也至少可以在这两种规律方面形成与管理相关的专门知识。这一点早在麦金太尔出版《美德之后》（*After Virtue*）仅三年之后，国外就有研究者指出来了。例如，保罗·桑蒂利（Paul Santilli）就尖锐地提出，既然麦金太尔自己也承认对人类生活可以有一种合理的可预测性，以及关于统计意义上的规律性的知识在人类生活中具有重要作用，那么，“管理者为了改善计划活动、程序安排活动、协调活动以及其他活动，为何不能够以一种有见识的、合理的方式去系统地使用聚合起来的统计学？了解、策划、使用这些预测性资源的能力，为何不能够是一种专门的知识、并且使拥有这些知识的人们的权威成为合法的？”[①] 由此，我们可以断定，管理学作为一门社会科学是完全可以成立的。

① Paul Santilli, “Moral Fictions and Scientific Management”, *Journal of Business Ethics*, Vol. 3, No. 4, Nov., 1984, p. 283.

无疑，如果坚持把社会生活领域划分为事实领域和价值领域，或者说，如果这样的划分能够成立，那么，对管理的研究或管理学研究，与对社会生活其他方面的社会科学研究一样，的确总是脱离不开对价值问题的关注，总是反映着管理研究者的价值立场和价值态度，简言之，管理学研究在这些方面总是价值关涉的。但是，这并不意味着管理学的研究成果仅仅包含价值维度的认知内容，它也必然包含关于事实维度的认知内容，包含对管理的客观规律的认识内容。通常情况下，后者的确难以从前者剥离出来，但人类认知的历史过程的复杂性特点，特别是人类所具有的理性认知能力，也总会不断使后者沉淀为一种相对独立的知识体系。麦金太尔否认存在着亘古不变、放之四海而皆准的理性概念[①]，这无疑是对理性概念的历史主义看法，但这并不能否认人类具有把握事实规律的理性认知能力。这一点是可以从人类行为的事实中反复得到证明的。

从1911年管理学诞生以来的发展史来看，的确，先后相继出现的各种管理理论，几乎没有一种理论能够真正做到在价值上中立。从泰勒的科学管理理论到韦伯的层级制管理理论，从梅奥的“社会人”假设理论到沙因的“文化人”假设理论，从谢尔登的共同体视野下的管理哲学到福利特的融合式的管理辩证法思想，从巴纳德的社会系统视域下的组织理论到德鲁克的实证经验主义的管理学说，实际上都自觉不自觉地预设了某种价值目的（如效率），反映了社会的某种价值要求（如社会合作要求），指向了某种价值实现的愿景（如组织基业长青的景象、社会富裕繁荣的景观）。与此同时，管理学发展的历史，显然也包含了对于管理之客观规律的方面或广义的技术方面的认知过程，包括了对不同条件下组织结构的合理安排的探讨，对管理究竟包

① 〔美〕A. 麦金太尔：《三种对立的道德探究观》，万俊人等译，北京：中国社会科学出版社1999年版，中文版导论，第1页。

括哪些职能和要素的探讨，对领导和管理艺术的探讨，对领导者在不同情况下的素质要求的探讨，对组织生活所关涉的价值观问题的调节或解决之道的探讨，等等。现在来看，这些探讨已经逐渐凝结和升华为大体内在一致、前后连贯的知识体系。这也就是今天已基本成熟的管理学。这也表明了管理学能够成为一门社会科学的合法性所在。由此来看，麦金太尔对“管理科学”概念的嘲讽态度，是缺乏充分的客观根据的，难以成立的。

三、管理的有效性在道德或价值上并非中立

按照麦金太尔的认定，管理的有效性主张的一个重要观点，是认为管理者的管理是否能够实现组织的既定目的，即对资源或手段的组织、选择、调动、使用是否“有效果”（包括是否有效率）这一问题，是属于事实领域的问题，它与管理所服务的目的是否道德的问题、是否服务某种价值目的的问题，是两个十分不同的问题，所以，有效性在道德上、在价值上是中立的，或者说有效性是一种道德上中立的价值。

对于这种观点，麦金太尔认为他有强有力的理由加以拒斥。这就是本文前面所提到的他的根本看法：整个有效性概念，作为一种手段的设计而主要与那种操纵人们进入依从性质的存在模式不可分割，是对社会操纵这一事实的一种本质性的掩饰，或者说是对社会操纵所进行的各种掩饰的一个本质部分。麦金太尔的意思是说，有效性这种虚构性质的主张及其指导下的管理活动，本身不可能与组织或社会的任何价值目的无关，它已经成了服务于社会操纵这一不正当价值目的的一种主要手段或工具；当今各种类型层级制组织的管理现实，充分证明了这一点，这就是，在当今社会的政府、公司、工会、各种团体中，都存在着把有效性作为向下控制的重要手段的现象。

麦金太尔指出，管理者也正是从手段必须有效、管理的专门知识属于对管理的事实领域的规律的概括这一主张出发，把拥有权威和权力看作是正当的，看作是管理的过程、管理的知识和技艺所必然要求的。然而，实际上，管理者所说的有效性在管理活动中很少成为现实或并未成为现实，管理者可以选择的实际行为是有限制的，他们并没有充分可靠的能力来达到组织的确定目的，这无论是从长远目标还是从短期目标的角度来看都是如此。由此，管理者对权威和权力的要求也不可能被证明为正当的。

在麦金太尔看来，把管理的有效性主张以及由此所进行的所谓有效性管理，看作在道德上或价值上是中立的，归根到底存在着两个错误的割裂。

其一，割裂了手段与目的的关系。虽然麦金太尔并没有专门论述手段与目的的一般关系，但从他对管理领域的手段与目的的价值关系的分析来看，他显然认为手段不可能脱离目的而独立存在。就他对管理的有效性主张的批判来说，从他的基本观点和论述显然可以推出他未加言明的结论：管理者、管理研究者把有效性看作是手段领域的根本要求，而不问目的的价值所属或利益所属，即不问目的在价值上是否合法、是好是坏，在道德上是否正当、是善是恶，这在实质上已经把有效性从属和服务于既定的价值主体的价值要求了；既然目的的价值性质是社会操纵或社会控制，那么，管理手段的有效性要求就不可能脱离这种目的而在道德或价值上是中立的。“管理者对在道德上中立的要求，本身就是管理者表现自身并在社会世界和道德世界中发挥作用的那种方式的一个重要部分。”①

其二，割裂了事实与价值的关系。我们知道，自从 18 世纪休谟区分事实与价值以来，如何看待事实与价值的关系，甚至如何看待休谟

① Alasdair MacIntyre, *After Virtue: A Study in Moral Theory*, third edition, p. 77.

的这种区分本身是否成立，是哲学家们一直争论不断的问题。麦金太尔提出，17 和 18 世纪英国和法国的哲学家们之所以把人类行为划分为事实领域和价值领域，是他们抛弃亚里士多德对人类行为的功能性和目的论看法，把当时物理学对自然的机械论解释转移到对人类行为的解释之中的必然结果。因为这样的解释旨在揭示人类行为的普遍性的事实规律，而力图消除诸如信念、愉快、害怕、目的、理由等意向性或价值因素，使对人类行为的研究"真正"成为一门描述事实的科学。这最终导致了在研究上把事实与价值割裂开来。"'事实'变成是价值无涉的，'是'变得与'应当'形同陌路。"[①]

由此，麦金太尔认为，20 世纪管理者和管理理论关于管理之有效性的主张之所以把价值与事实割裂开来，并非是他们一时的主观愿望，而是源于 17 和 18 世纪的哲学家们对事实领域和价值领域的划分，或者说，是这一划分在 20 世纪社会生活的关键领域——管理领域中的具体实现。

尽管如此，对于坚持从亚里士多德主义的立场来分析问题的麦金太尔来说，现代哲学家、管理研究者和管理者对人类行为的事实与价值的划分本身就是存在问题的。他提出，按照亚里士多德，人类具有追求善的生活的本性，人类的行为是目的论性质的，人类行为的特征能够也必须根据为人类行为提供各种目的的善的层级体系来理解，关于人类行为的各种事实，本身就包含着关于什么是对人类有价值的各种事实；从研究的角度说，从人类行为的事实特征可以推出价值评价。如从一个勤劳耕作、精心种植、注重经验积累、几乎每年都能够获得好收成的农夫这一事实，可以推出他是一个"好农夫"的评价性结论，也就是说，这种价值评价本身就是事实评价。"因此，从事实前提不能

① Alasdair MacIntyre, *After Virtue: A Study in Moral Theory*, third edition, p. 84.

得出道德的或其他评价性的结论，并非是永恒的真理。”[①]

无疑，麦金太尔对管理的有效性在价值上、道德上是中立的观点的上述批判，他所提出的一系列的观点，有着十分重要的理论探索价值和深刻的现实分析意义。

我们认为，他的最大贡献是在发现问题、提出问题上的贡献，这就是他发现了管理的有效性主张的社会规定问题，发现了这种主张所要求的价值中立具有掩饰社会操纵或不自觉地服务于社会操纵的一面，提出了极具挑战意义的观点——管理的有效性主张不仅不能够价值中立，而且根本无法实现。显然，对于研究和关注管理的有效性问题的人们来说，无论是否同意麦金太尔的结论，都不得不进一步思考他所发现和提出的问题。这些问题，对于研究管理所关涉的价值问题的人们来说，尤其值得高度重视。

而且，即使仅仅就他从管理研究和管理者的管理活动中抓住了管理的有效性主张这一点来说，尽管他的具体论述与管理学关于效果和效率的理论并不十分一致，但他的确抓住了事情的要害所在，十分富有启发意义。也就是说，对于现代的各种组织乃至任何一个社会的管理来说，效果问题——做正确的事，以及效率问题——正确地做事，都是关系到组织和社会生存发展的最为关键的问题。纵观当今人类社会中那些没有取得成功或走向失败的各种类型的组织，可以说都直接或间接地与没有解决好上述基本问题有关。也正是由于这一根本原因，效果问题和效率问题成为管理学在其发展历史中赖以展开、赖以旋转的核心问题。翻翻从管理学诞生以来那些最重要的研究者的著作，可以清楚有力地表明这一点。

就麦金太尔关于管理的有效性主张在价值上、道德上不可能中立

---

① Alasdair MacIntyre, *After Virtue: A Study in Moral Theory*, third edition, p. 77. 也参见该书第 84 页。

的具体分析来说，他对手段与目的、事实与价值不可分割的强调，是正确合理的，而且，他在坚持和阐释亚里士多德在这一问题上的基本观点的过程中，提出了许多值得人们深入思考的理论和思想史问题，如价值事实问题或事实蕴含价值的问题，手段的正当性和目的的正当性问题，道德观念和道德现实的历史关系问题等。这些问题，不仅对于当今管理的价值问题的研究，而且对于一般道德哲学的研究，显然都是极其重要的理论和现实问题。

在充分肯定麦金太尔的重要理论贡献的前提下，我们认为，他对所谓管理的有效性在价值上中立的主张所进行的分析和批判，也存在着两个方面的值得商榷之处。

其一，当今各种类型的层级组织，的确存在着把有效性作为组织控制或社会控制的手段这种现象，但正如我们在本章第二部分中所指出的，这并不说明管理活动不存在有效与无效、有效程度如何的问题，也就是说，管理者对各种手段的选择、组织、调动、创造，的确存在着对于实现组织目的是否有效以及有效的程度如何这一根本问题，存在着是否有效率以及效率的高低如何这种成本手段是否节约的问题。这是管理活动中存在的不以任何人的意志为转移的客观现实。不管麦金太尔所使用的“有效性”概念的确如我们所说包括有效和效率两个方面，还是仅仅包含这两个方面中的某一个方面，管理者在管理活动中对它或它们的强调和努力实施，就必定承载着非操纵、非控制维度上的重要的正面意义，如在实现组织的生存发展、实现组织资源的节约、促进整个社会进步等方面的意义。因此，不能够以存在着使有效性服从于操纵和控制的大量事实，否认有效性所带来的积极方面。如果从合理性的角度来分析“有效性”，那么，“有效性”在主张和行为上显然具有历史的合理性，即，它是现代社会历史条件下的一种合理性，因而是一种特定的合理性。而强调合理性的历史性，恰恰是麦金太尔在《谁之正义？何种合理性？》中所坚持的一个核心观点。[①]

其二，他把管理的有效性主张对价值与事实的割裂，看作是源于17和18世纪哲学家们对事实领域和价值领域的划分，无疑具有强调理论与实践不可分割这一方面的正确性，但我们认为，这还不够全面。具体来说，还缺少对这一问题的足够深入的社会情境分析。而这样的分析恰恰是麦金太尔在自己的主要著作中所一贯强调的。我们认为，管理者、管理学家以及哲学家对价值与事实的划分和割裂，在西方现代社会历史的变迁中有其客观根源。当资本驱动型经济把一切手段都从属于它的价值增值这一目的时，价值增值就成了支配事实领域、支配手段领域的绝对力量，因而对事实、手段的引导和利用的有效性，就成了压倒一切而又“自然而然”的事情，事实和手段领域就逐渐变得不再关心目的的道德价值性质，因而表现为与目的上的道德价值领域相分离。无疑，麦金太尔深刻认识到了资本在现代人类社会生活中的支配地位，他认为，现代历史得以开始的一个关键时刻，就是生产劳动从家庭中分离出来而完全服从于非人格的资本，从而丧失了真正维持家庭以及更大形式共同体的功能，这使得生产劳动趋向于仅仅服务于人们的生物性的生存、劳动力的再生产以及制度化了的贪欲，因而也使贪欲成为现代生产劳动的驱动力量。显然，他的这一观点对于我们理解从古代的共同体向现代的资本体系的历史演变，是极富启发性的。然而，对于管理的有效性主张所包含的对价值与事实的割裂问题，他并没有从上述观点出发，进行更加具体深入的分析。

① 〔美〕阿拉斯戴尔·麦金太尔：《谁之正义？何种合理性？》，万俊人等译，北京：当代中国出版社1996年版，第12页。

第十章
科克比对企业管理的规范论分析

当今世界全球化日益发展，管理和领导问题受到了越来越多的关注，每年有无数的研究著作和大量文章问世。同时，自 20 世纪 90 年代以来，管理咨询行业迅速发展，管理咨询公司如雨后春笋般涌现，管理咨询已发展成为一个拥有数百亿美元的产业。不管从哪个角度来说，对管理的研究都成为当今的显学。

但在这种持续的升温中，真正从哲学视野出发对管理问题进行深入审视的人并不多见，这其中，丹麦哥本哈根商学院管理、政治与哲学系教授欧勒·福格·科克比（Ole Fogh Kirkeby, 1947—）是相当重要的一位。1998 年，他出版了《管理哲学——从彻底的规范视角》（*Management Philosophy: A Radical-Normative Perspective*）一书，不久后出版英文版，引起西方管理学领域的高度关注。科克比的理论是国外管理哲学研究的前沿成果，富有比较突出的创造性。由于他在思维方式和研究方法上借鉴了现象学交互主体性观念和后现代主义的隐喻模式，因而内容表达十分抽象。也许正是由于这一原因，在我们国内，迄今为止不仅还没有关于科克比管理哲学的研究成果，而且也还没有把他的《管理哲学》翻译成中文。考虑到这种状况，我们这里试图阐明他的管理哲学的基本内容，并尽可能作出评论，指明其对于管理研究和管理实践的重要意义。

一、彻底的规范视角

科克比认为，管理学研究，特别是企业经济学的研究，在讨论管理和领导时，缺乏彻底的规范视野，因而远不够深入。当然，这不是说在这些管理研究中，规范问题被回避掉了，相反，它们探讨了“基于价值的管理”（value-based management）、“企业伦理战略”（strategies of business ethics）、“伦理会计学”（ethical accounting）、作为企业行为规则的“责任”与“信任”等。这些研究无疑意识到了管理的规范问题，但它们所立足的经济学、操作或战略等角度，造成了把规范仅仅看作是能够被运用的价值，把价值看作是可以测量的实体，因而看作是决策系统的一种可能参项，以便服从于企业所追求的三种价值：“生存”、“利润”、“发展”。

针对管理研究的这些缺失，在批判以及借鉴后现代哲学思想的基础上，科克比建立了自己的管理哲学：我们不应该仅仅赞同或批评管理行为，或者在一个很不彻底的基础上为管理实践作出规约，我们要从彻底的规范视角、从一种本体论视角研究一个管理者怎样才能做得更好。

科克比的整个理论的核心观念，是价值观只能作为德行而被探讨，这意味着价值观只能以例证加以说明，而绝不能被分析性地界定。就对管理的理解来说，这意味着仅仅从科学角度或技术角度理解管理是不够的。例如，现在对管理有多种研究方法，包括统计方法、案例研究方法等，但总体上这些方法都是科学研究方法。而把管理作为科学研究的领域，必定是最不确定的，因为：

第一，仅仅通过观察、因而仅仅通过假设—演绎方法，不能够对管理现象作出真正深入的分析。因为，管理现象与管理者自己对他的实践的理解密切相关，因此，科学行为的典范标准所要求的研究者与研究领域之间的距离在这里似乎难以实现。

第二，管理行为是一种一般的人类行为，管理研究的内容是人，任何技术的原因都不能使人的行为免于一般规范的制约，因而，从研究的角度说，任何技术的解释都不能把握管理行为的本质。

第三，管理行为似乎具有由心理学、社会学、历史学、实践哲学所描述的社会行为的一般特性，然而却不存在包含这些学科的统一理论。

第四，由于在管理的研究方面，许多新产生的学科形成了对经典学科的补充，因而对管理的研究除了社会学、政治科学、社会心理学、心理分析学等经典学科以外，还有企业经济学领域中更加狭窄的诸多学科，如战略管理学、符号管理学、组织理论、后勤学等，这些分散的学科在范式基础、理论与方法的惯例方面常常发生重叠，因而几乎总是产生相当任意的分析。①

简言之，在科克比看来，只有通过彻底规范的视角，才能对管理进行彻底而完整的分析。这是科克比《管理哲学》一书的根本研究立场。“本书采取一种明确立场：任何关于管理现象的反思，任何关于管理主题的元讨论，都必须是彻底规范性的。”②

这一立场的前提是，每一种合法的社会实践，如果人们使之存在的话，都会延续一种关于现实的观念，并使之永久存在，由此而创造未来的基础。实践产生一切，实践束缚一切，通过实践，旧的事物被转变为新的事物。

就规范性的视野来说，它首先由两个方面构成：

其一，只存在管理的规范标准，不存在其他标准。在管理的世界中，所谓客观的东西，不过是人们在某种特定规范支配或影响下的建

① Ole Fogh Kirkeby, *Management Philosophy: A Radical-Normative Perspective*, Berlin: Springger-Verlag, 2000, p. 6,

② Ole Fogh Kirkeby, *Management Philosophy: A Radical-Normative Perspective*, p. 7.

构，因而是可以改变的。任何经济的、技术的或社会的视角，都能够被还原为价值观。在管理者的行为中，存在着一种隐含的规范，包括善与恶在内——不管管理者自己是否意识到这一点。

其二，一个管理者或领导者作为一个人、一个个体，归根到底是由许多人构成的共同体中的一员，这个共同体影响着他的所有决定和所有职业行为。在共同体所具有的特定性质的交往关系中，管理者或领导者的任何特定行为，都将创造被管理者与管理者自身，并且这种创造将会产生持久的影响。[①]

在科克比那里，彻底的规范性是比人们日常生活所遵循的价值观和伦理等一般的规范性更加根本，是终极的最高尺度的规范性，他把它称作“绝对”（the absolute）或第四者，认为它是人们生活交往因而是管理活动的“绝对”尺度。对于绝对或第四者究竟是什么，科克比不仅没有进行明确的界定，而且论述得十分抽象。这里，我们根据他的论述作一点阐发。

科克比认为，社会生活是人们之间交往的过程，而人们的交往可以被理解为两个人之间按照日常规范进行对话的关系，从这样的理解出发，科克比对彻底的规范性作了如下说明：

有两个人正在进行交流对话，旁边有一个无声的边裁或旁证——第三者，他象征着前两个人所共有的意识，即共同的价值观念和规范观念，也就是社会规范。社会规范作为裁判，试图为前两者的思想、行动和共识提供尺度，然而，社会规范总是存在着不完善之处，总是处于动态的变化的过程之中，因而存在着自身的有限性。这就需要更高的即终极的尺度。科克比称之为“第四者”。

第四者处于对话、规范、价值、知识、权力和欲望之外，甚至处于赞同之外、确定性之外，因此也处于思想之外，与我们的社会规范

① Ole Fogh Kirkeby, *Management Philosophy: A Radical-Normative Perspective*, p. 7.

即使是普遍遵守的价值观和规范并不相同，然而，它却是人们的所有知识、情感和行动的地平线。

第四者是沉默无声的、不可见的，是任何概念、形象、名称所无法表达的，但又召唤着人们；人们不能清楚地说出它到底是什么，但它隐匿地属于所有人，人们在一定条件下可以感受到它。因此，人们对第四者的感受的获得，具有不确定性。第四者决不会被思想所超越，而是呈现自身为“绝对”——当我们联系到生活的价值观和规范观念这些维度时，我们默默地求助于这个绝对。这个绝对是德行所追求的，作为知识、情感和行动的边界，它被科克比称作彻底的规范性。

科克比指出，人们可能很容易把第四者与上帝联系起来，因为上帝是超验主义最明确的形象，但是，把领导活动和宗教信仰混为一谈是不恰当的。

可以看出，科克比所说的第四者或绝对，带有一定的神秘性。我们认为，所谓第四者，应是人之为人、人类之为人类的本真要求或良心要求，也就是海德格尔所说的良心呼唤或人的本真存在。或者说，它的本质意思相当于康德的绝对命令，不过，在科克比那里，它不是理性能够发现的，而是通过感受而相对地获得的。

应该肯定，科克比所提出的彻底规范的观点和视角，对于我们思考社会规范的合理性或合法性，探讨组织管理的规范的来源，确定组织管理的终极规范尺度，具有明显的启发意义。一定时期的社会规范，组织管理所接受的社会规范，总是产生于特定的社会历史条件，因而总是存在着特定的局限，存在着不完善甚至不合理之处，不可能达到彻底完满或终极的层次。而彻底的规范视角，指向的是终极层次的规范，是组织的领导者需要获得和坚持的管理的最高规范标准。由此来看，科克比的观点具有历史主义的视野。

当然，说彻底的规范不能够被理性所认识、不能够用语言来表达，就难以成立。因为，理性的认知能力的确存在着有限性，需要直觉、感受加以补充，然而，即使是直觉过程本身以及直觉的对象内容，在一定程度上也是可以被理性所认识的。在这一点上，康德所提出的理性能够发现绝对命令的观点，是正确的。同样，在许多情况下，语言的确难以准确表达思想的过程和全部内容，但是，语言能够在一定程度上表达思想的部分内容。这无疑需要具体的语言科学的证明。不过，人类思想史和语言史的发展对此提供了佐证。例如，宗教史上的经典如《圣经》，作为神圣的启示，实际上所表明的，正是当时先知们的理性能力对于“绝对”的认识，因而包含了真理的内容。

而且，更加重要的是，人的认知活动本身就是一个理性、感性、直觉、体验等能力共同发生作用的过程，只是在多数情况下是以理性能力为主导，某些条件下以感性或其他能力为主导。由此来看，不能把人的理性认知能力与其他认知能力乃至非认知的情感和意志分离开来。也就是说，人的认知活动、精神活动是一个整体，这一点决定了人能够形成对终极的、最高的行为尺度的把握。

二、彻底规范视角下的企业和领导者

企业应该根据什么样的本质要求而实现生存发展，领导者在企业的存在过程中应该起什么样的作用，这是科克比的管理哲学所集中讨论的一个重要问题。科克比通过对企业经济学普遍使用的“利益相关者模型”的分析，提出彻底的规范性是企业存在的根本要求，以彻底的规范性尺度领导企业，处理企业与利益相关者的关系，是企业领导者的根本作用所在。

“利益相关者模型”中的利益相关者，指的是企业内外的所有相关者，包括企业的管理层和雇员、企业商品和服务的购买者、公司的所有者或股东、企业联盟、立法机构和服务于公共部门的人们，以及无声的、囊括有机和无机资源的自然世界。在全球化和网络化迅速发展的今天，利益相关者的空间范围在不断扩大。

由于经济生活领域是通过商品交换而构成的，因此，从本质上来看，企业的存在过程，归根到底是企业与利益相关者之间的商品交换过程。这样，以企业为一方，以利益相关者或任何一类利益相关者为另一方，总是构成经济生活中的两极主体，即不可分割、相互关联的两者，或可以互换位置的第一者和第二者。它们共同存在于同一场境之中，相互交换产品和服务，相互制约、相互作用。[①] 因而，企业与利益相关者的关系，是关系到企业生存发展的根本关系，因而是企业领导必须正确处理的根本关系。

同时，双方相互关联活动的进行，总是存在于一个特定社会共同体之中，因而必然自觉或不自觉地受到一个不同于它们两者的社会规范即价值观和伦理标准的规约或评价。比如，一个基督教文化占主导地位的社会所倡导的博爱、利他主义、人道等美德要求，世界上大多数社会所倡导的相互尊重、平等交换、诚实诚信、欠债还钱、忠于国家、尊重每一个生命、坚守承诺等，都是社会规范，它们在一般情况下对人们的行为都起着规约或评价作用。[②] 科克比提出，社会规范是不同于企业和利益相关者的第三者。

在企业世界中，社会规范对企业行为发生规约的一个突出表现，是一些企业管理者力图成为“社会企业家”的实践。这种实践力图把资本主义和利他主义、利润和伦理、私人创造与社会良心结合起来。实际上，这正是国家整体高于企业这一社会规范对企业管理者所造成的有形或无形的影响。

科克比认为，作为社会规范或作为价值观和道德标准的第三者，对于正确引导企业与利益相关者之间的互换共存活动，无疑具有重要

① Ole Fogh Kirkeby, *Management Philosophy: A Radical-Normative Perspective*, pp. 59-66.

② Ole Fogh Kirkeby, *Management Philosophy: A Radical-Normative Perspective*, pp. 66, 151.

作用，它与后两者形成了共生共在的关系，但是，作为第三者，它总是存在着不完善之处，总是处于动态的变化的过程之中，随着时间的推移，它与其他两者之间的共生共在关系也会被摧毁；而且，在不同的生活世界、不同的文化条件下，第三者的性质是不同的甚至是对立的。这些都表明，第三者自身不能创造自己的合法性基础。因此，必须找到更加彻底的尺度，这就是第四者或绝对。只有第四者的视角或“绝对”的视角，才是彻底规范的视角。

对社会内部的各种组织来说，第四者是一种最高要求。它不仅高于第一者和第二者，而且高于第三者，是衡量企业与利益相关者关系行为的绝对尺度。

这样，企业领导者的作用就是自觉地力求与第四者发生联系，感受第四者，遵循第四者，或者说扮演第四者所要求的角色。这对企业领导者提出了非常突出的要求，特别要求他的人格的正直以及对德行的理解。也就是说，企业领导者首先和最重要的，是要成为一个真正的、本真的人。这既需要放弃狭隘的自我观念和自我追求，也需要超越功能主义，超越各种理想形式的成功的诱惑，甚至超越道德承诺，由此走向真正的诚实，获得真正的自由。[①]

由此，企业领导者领导活动的关键，既不在于关注股东的资金，关注企业的利润，也不在于保证员工的安全，而是在于实现自己的本真存在，创造企业的真正未来。[②] 只有这样，他才能真正领导好一个企业。

科克比的上述思想，旨在说明企业的领导行为应该追求和遵守的终极的价值观标准，不仅具有理论的深刻性，而且具有鲜明的现实针对性。观察和分析当今国内外企业的行为实践可以看出，企业领导或

① Ole Fogh Kirkeby, *Management Philosophy: A Radical-Normative Perspective*, p. 70.

② Ole Fogh Kirkeby, *Management Philosophy: A Radical-Normative Perspective*, p. 70.

管理在价值观方面存在的主要问题可分为两个层次，一个层次是停留于追求企业利润最大化这样的最低层次，另一个层次是追求企业利润和社会责任的统一这种较高层次，这一层次大体上也就是依照一般的社会规范的要求来领导企业。这的确不是企业领导、企业经营的最高境界，因为，企业利润和社会责任的统一，也只是对于企业存在的一般要求。社会进步、人类进步的根本要求，如从本质上有助于社会大众的福祉、有助于人们的物质自由和精神自由境界的实现等，才是企业所应遵循的最高价值观要求。企业领导者应该自觉地认识和按照这种价值观要求来领导企业。

另外，科克比所提出的企业领导者成为一个正直、诚实、本真的人是获得和遵循彻底规范的最重要的一步或必由之路的观点，很值得我们思考。科克比对于为什么是如此，并没有给予回答。我们认为，这是因为正直、本真和彻底的规范是相通的，或者说，在本质上是相近的。因为，对一个个体来说，成为一个正直、诚实、本真的人，就是在自己的生活实践中，特别是在关键时刻，听从自己内心中融理性与直觉为一体的良知的呼唤，听从自己的精神活动整体所感受到的本源意义的价值要求，这种呼唤或价值要求，尽管在一般情况下没有达到充分自觉和清楚明了的理论形态，但总是在很大程度上反映了社会整体、人类整体进步的必然要求，因而，它或者是终极规范的一部分，或者在本质上接近终极规范。退一步说，即使这种呼唤或价值要求可能是虚幻的，但坚持人格的正直和诚实，坚持追求本真的行为实践，也是走向彻底规范的必经步骤。

三、领导人员需要具备的美德

科克比之所以提出第四者，是要表明领导人员在企业中应该起到决定性作用。而领导人员要起到这样的作用，就必须首先具备对领导人员来说最为重要的美德。因此，科克比在继承亚里士多德以及柏拉图的美德思想的基础上，建立了关于领导人员的美德理论。

他首先探究了美德到底是什么。这说到底需要探讨美德究竟是如何形成的。他认为，亚里士多德在伦理学中对 Praxis 和 Hexis 的分析，表明了这一点。Praxis 指人的行动或实践，Hexis 指人的品德或习惯。品德是人在生活实践中经过学习和反思而形成的，优良的品德即美德也是如此，因而美德是人的行动的一种特别情况。[①] 科克比赞同亚里士多德关于一个人做出行动选择的动因解释，指出一个人的行动选择，不外乎是思想与愿望的两种结合方式之一：或者是思想支配愿望，或者是愿望支配思想。同时，激情处于思想与愿望之间，它既可能受思想的支配，也可能受愿望的引导，只有一个人把激情从属于思想，按照思想的引导去实现自己的愿望时，他的行动选择才变成美德。

科克比认为，确定究竟哪些美德是普遍性的美德是非常难以做到的，但是，像柏拉图基于古希腊社会中个体对城邦共同体的忠诚、责任等义务所提出的节制、勇敢、智慧、正义这四种美德，对于今天的管理者和领导者，仍然是适用的，因为它们是人之为人的一般要求，对于管理者和领导者来说具有根本的重要性。

就管理和领导活动本身来看，它既必须在一定程度上关注技术，也必须找到彻底规范的视角，只有把管理的技术要求与彻底规范要求结合起来，才能真正引导组织实现具有根本意义的发展。这就需要大致确定相应的美德。对此，科克比以开放的态度提出了领导人员应该具有的六种具体美德。

第一种具体美德是慎思明辨。

柏拉图首先提出了这一概念，指的是在处理私人生活和公共生活

---

① Ole Fogh Kirkeby, *Management Philosophy: A Radical-Normative Perspective*, p. 163.

的实际事务时深思熟虑的能力，也表示参与社会现实的能力。慎思明辨是社会美德的精华所在，它在认知能力中处于顶端层级。

柏拉图在《理想国》中强调，慎思明辨是他的理想国中的哲学精英应当具有的美德，他们的职责就是为国家事务作宏观判断，而不是单单为国家的政治、法律事务提供建议。柏拉图认为，慎思明辨作为认识，一定非常接近于关于永恒理念的知识形式即智慧，非常接近于实践的智慧即智谋。

慎思明辨作为一种美德，既在于对事物整体进行反复思考的能力，也在于对作为一种过程的认识进行再思考的能力，另外，还包括在新背景下看问题的能力，在旧事物中寻源头的能力。由此，它激发了视界、限度、区别、界定等概念，强调认识的非完成性质和对权威知识的证实，强调在不受权威真理左右的情况下对任何意图和观点作出判断的勇气和义务。因此，对领导活动来说，慎思明辨既是明智地延迟作出最终决策的美德，同时也是一种就采取正确和恰当的行动进行对话的公开安排，因而，是对那些贡献于组织、贡献于社会的声音表达的最周到安排。

慎思明辨并不是直觉，它虽然需要大量经验，但与专业技术无关。它是一种远远更加复杂的涉及贡献的态度，强调贡献于共同体，为了共同体而团结一致。把公共利益置于个人利益之上。这种承诺可以称为“世俗的虔诚”，一种超越个人得失、对共同利益的虔诚。[①]

一个真正的领导者不会让自己受到股东或者董事会评判的左右，而应当实践慎思明辨这一美德，关注公众、关注员工、关注消费者、关注企业的未来。一个真正的领导者不应当让自己屈从于数据评估所指向的对象（成本、收益、利润等），而应当首先认识到公司是一个共同空间，是人们共同拥有的事业。换句话说，领导者应当敢于随时

① Ole Fogh Kirkeby, *Management Philosophy: A Radical-Normative Perspective*, pp. 185-186.

冒着自身的管理地位的风险来从事献身于组织的活动。

第二种具体美德是热情和愉悦。

热情这一美德，指的是奉献的热情，是对最高境界事业的投入。这种美德明确地降低了自我和个性特点的重要性，是一种类似疯狂而又理智的心灵状态。这样的领导者愿意让自己处于这样的状态，例如纳尔逊·曼德拉、马丁·路德·金，都是由于充满这种热情而成为了一项事业的象征。愉悦一词的原意是“以平静的心情对待不悦之事”，这使得聚焦人的心灵的力量去改变现实成为可能，使得重新创造现实的意志成为可能。

热情和愉悦是相邻的两个美德。愉悦是热情的一种功能，热情应当能够带来愉悦，而不是相反。从管理哲学的角度看，热情这种美德是一种超验的精神状态，它总是关系到比群体、公司、商业甚至民族和人民还要重大的事务，是一种与人类相关的普遍意义上的美德，它与暂时的需求无关，而是关系到过去和未来。

真正的企业领导者必须对企业的各种重要事情保持热情。他必须认真关心产品的质量，即对产品的近期和未来后果负责：这种产品作为一种终端产品或者中间产品将如何影响市场发展；它将会对自然界以及人们爱护自然的习惯产生何种影响；这种产品的生产将如何影响工作条件以及原材料的生产。领导者还要考虑到热情的限制：他必须认识到产品对构建社会现实的影响方式。领导者还必须是开拓者，但同时必须对潮流的表面逻辑抱有彻底的怀疑态度。领导者不能仅仅关注员工的技能、团队的教育、组织学习和企业知识，还必须考虑其产品的消费者将会是何种群体。[①]

第三种具体美德是耐力。

耐力指的是领导者保持耐心的能力，是一种积极主动的耐心，一

---

① Ole Fogh Kirkeby, *Management Philosophy: A Radical-Normative Perspective*, pp. 187-190.

种勇气和耐性。耐力也包括影响他人保持耐性的能力。耐力是机会主义的对立面。它就是坚定，包含了一种精神超脱、一种精神自由、一种心灵自我包容的态度。耐力也意味着一种平衡，为透视世间事物及其间关系的微妙变化做好思想准备。耐力是一种等待作出正确决策和正确选择的美德。

耐力是“自我管理”的核心，意味着通过节制来实现自我引导，使自己走向正确的目的。这种美德意味着领导才能不只是管理人和事，还包括探寻真正的原因。①

第四种具体美德是预见力。

预见力作为一种美德，指的是一个人通过个人经验来丰富一般知识的能力，通过把握个别性与一般性之间的动态关系而获得新的重要的知识的能力。预见力是一种使事物形象化的能力，它能够打破常规观念和个人思维习惯之间的隔阂，能够增强对个人经验的信心。同时，它作为一种美德也表示，不管它能够揭示多少新的可能性，产生了多少新的观点，我们都要维护正确传统、坚持正确的价值观念和忠于社会责任。②

第五种具体美德是直觉。

直觉是一种不循规蹈矩、不受理智逻辑控制的认知形式，它经常表现为一种内在的官能，并与不确定性相关。它不能通过教导而获得，而是与“干中学”紧密相关。然而，直觉并非一定是无理性的、反理性的。在直觉中，有另一种因果关系、另一种逻辑在起作用。作为管理者和领导者应该具有的一种具体美德，直觉与在高度复杂形势下创造性地提出解决问题的方式有关。管理者的直觉应当建立在共同管理、相互信任的基础之上。直觉必须具有令人信服的力量，必须与确定性一起呈现。

---

① Ole Fogh Kirkeby, *Management Philosophy: A Radical-Normative Perspective*, p. 191.

② Ole Fogh Kirkeby, *Management Philosophy: A Radical-Normative Perspective*, pp. 192-193.

真正的领导者必须能够感知“即将发生的事件”，但他不能成为机会主义直觉的牺牲品，而应当时常问自己，他是否真正希望他感到即将发生的事情真正发生。[①]

领导人员应该具有的第六种具体美德是助力。

苏格拉底认为这种美德是激发他人探求真理的能力，鼓励他人发掘自己的道德品性和寻找自我的能力。一个懂得提供助力的领导者会激励合作者发现自己在何种职位上通过何种任务使自己的才能得到最大限度的发挥。

助力是一个真正领导者的领导方式或领导能力：让合作者依靠个人能力在自己的思想中为他们往常所做的和即将要做的事情找到动力，让他们按照个人意愿就领导决策作出赞同或者反对的回应。领导者的助力可以使合作者获得对自己心灵的认真审视。合作者不仅获得了形式上的参与权，还拥有了共同创造企业现实的责任。[②]

领导者管理员工的首要能力是：使基于各项个人责任的观点形成和谐统一，为员工创造一系列个人机会和主观上可接受的选择，通过这种方式，使员工从履行义务转向承诺奉献。由此，领导者提供的助力可以被看作是员工“认同”的结果。

科克比指出，不要从表面上看待上述六种美德。它们的实际存在是人们的精神状态、情感态度。每一种美德都只能通过个体而发生。

他认为，美德必定是实践性的，而不是分析性的。所有这些美德都统一在斯多葛派的基本美德——智慧之人的终极的善的行动方式这一美德之中。说到底，培养和实践这些美德，是一种和“第四者”处于紧密关系之中的生活，也就是根据自己的适当本性而生活。这些美德将现代工业社会的管理技术和规范要求很好地结合在一起。[③] 不仅领

① Ole Fogh Kirkeby, *Management Philosophy: A Radical-Normative Perspective*, p. 196.

② Ole Fogh Kirkeby, *Management Philosophy: A Radical-Normative Perspective*, p. 197.

③ Ole Fogh Kirkeby, *Management Philosophy: A Radical-Normative Perspective*, p. 198.

导者应该践履这些美德，雇员们也应该践履这些美德，甚至所有的利益相关者都应践履这些美德。当然最重要的还是领导者要率先垂范。

值得肯定的是，科克比并不认为他所提出的这些美德就是绝对的完全的标准美德，而是把这些美德看作是主要的假设，看作是人们如何阅读自己经历的提示。也就是说，这些美德并不是领导者所需要的最低限度或最高限度的美德，可能有其他的美德将代替它们，也可能有更多的美德被人们选择。

不过，科克比所提出的六种美德思想，的确是其管理哲学思想的一个重要内容，而且立足于对现代伦理思想的批判继承之上。我们知道，在现代道德哲学发展中，在规范伦理学的内部存在着功利主义和义务论的争论。功利主义认为道德只是达到终极善的手段，我们评判行为是否道德，要看它是否达到了一定的效果。继承了康德伦理学的现代义务论者，关注的则是义务责任，号召要从先天原则来制定道德法则。在现代社会，由于日常的道德规范之间存在各种冲突，统一的规范理论很难建立起来。正是由于上述原因，20世纪下半叶兴起了美德伦理学思潮，认为现代伦理学的根本缺失在于对美德传统的遗忘，我们需要回到古希腊的美德传统，因为，没有内在高尚的美德，人们就不过是被动地遵守道德，只是生活在一片僵硬的道德法则的囚笼中。相反，就是因为有了自从古希腊社会以来就一直强调的以“智慧、勇敢、节制、公正”四主德为代表的各种主要美德，人们才能发自心底地而不是机械地遵守规范行事。

科克比列出的这些美德，在本质上指向的是管理者所面临的根本问题：“我应该成为什么样的人？”这就把对管理者的评价建立在管理者的美德之上。正是在这个意义上，我们说科克比扩展了管理哲学的研究视野，对于推进管理哲学的发展具有重要意义。

第 三 编

一般管理的哲学问题

第十一章
管理的多维辩证关系

管理作为一种特殊的社会活动，无论是对组织内部成员的指挥协调，还是对组织与环境关系的调节处理，无论是有效地维持组织的现状，还是合理地创造组织的未来，都包含着深刻的辩证规律。然而，从理论研究的角度看，国内外对管理活动的辩证规律的研究还非常有限。这一方面是由于对管理活动的**科学自觉**只是从 20 世纪初叶才真正开始，管理学不过才一个世纪的历史，而对管理活动的**哲学自觉**，也只是从 1923 年英国人谢尔登的《管理哲学》一书的问世才第一次提上议事日程；另一方面是由于人类社会发展的现实困惑和哲学发展的内在逻辑，导致了 20 世纪中叶后现代主义的产生，它力图颠覆以往的哲学传统，因而导致了种种关于哲学终结的惊人论断，引发了人们关于什么是哲学、哲学存在的合法性、哲学还剩下什么等问题的尖锐疑问和迷惑，而在对辩证法的理解方面所最终产生的一个严重偏颇，就是把辩证法仅仅理解为一种思维方法。实际上，管理活动的辩证规律是不以人们的意志为转移的，正确认识和遵守它们，是管理活动取得成功的根本条件。考虑到目前国内外的上述研究现状，考虑到当前国内外管理实践对管理哲学思想的迫切需要，深入探讨管理活动的辩证规律，将具有重要的理论创新意义和可以预期的现实指导意义。这里主要从组织整体的管理的角度进行思考，力求提出一些基本的看法，引起人们的进一步探讨。

一、对组织成员个体的管理：整合、凝聚个体的力量为组织整体的力量

任何一种类型的组织的管理，在指向组织成员个体的维度上，都是通过计划、指挥、协调、控制等手段把作为部分的成员个体整合、凝聚为整体，把存在差别的成员个体的力量整合、凝聚为统一的组织力量，实现组织的生存和发展。因此，管理的一个本质规定就是整合、凝聚。用柏拉图关于城邦治理的正义原则的话说就是“化多为一”，实现差别存在的统一和谐，[①]用巴纳德关于组织有效存在的话说，就是把个体活动凝聚为组织活动，把个体人格凝聚为组织人格。[②]

整合和凝聚之所以是必要的、必然发生的，首先是因为所有分立存在的个体的力量并不等于组织整体的力量。组织不是所有个体的机械堆积，而是他们之间的有机联系，一盘散沙的个体即使再多也不构成组织。同时，由于构成组织的所有成员个体，在可以调动起来而对组织做出贡献的各种特质方面，存在着形形色色的差别，只有把这些差别凝聚为统一，才能形成组织的整体存在。

把作为部分的个体整合为组织整体，与把个体的差别凝聚为组织的统一，二者是不可分割的同一过程，或者说是二而一、一而二的过程。因为，作为部分的个体是存在差别的个体，而通过整合所形成的组织整体本身就是一种统一；反过来说也是一样。

我们这里侧重于从组织成员个体差别的角度来思考整合、凝聚问题。从可改变的程度大小出发，可以把组织成员个体的各种差别分为四种：第一种是个性的差别，这一般是难以改变的；第二种是能力方

① 〔古希腊〕柏拉图：《理想国》，第133—134、138、279页。

② 〔美〕切斯特·I.巴纳德：《经理人员的职能》，第71页。

面的差别，这在很大程度上比较容易改变的；第三种是对组织所需进行的各种活动的认识的差别，可改变的程度大体与第二种相同；第四种是组织成员个体的价值追求之间及它们与组织的价值追求之间的差别，这种差别也可以改变，但与第二、三种差别相比要更加困难。对应于组织成员个体的这四种差别，管理的整合与凝聚同样可以分为四个方面。

第一个方面是对组织成员个体的不同个性的整合与凝聚。一个人的个性，是他或她由于较长时间地从事某种特定的社会实践、处于特定的社会关系之中以及接受特定的教育所形成的相对稳定的思维和行为方式特点。一方面，组织成员的个性特点总是存在差别，试图消除个性的差别是不可能的，而且这样做一般也是有害的，会导致组织成员个性的同质化，削弱组织成员的个性创造活力；另一方面，各个成员的个性的自在状态即相对分立的存在，又不能有效形成统一整体的力量，所以，需要对它们进行整合与凝聚。整合与凝聚的方式有多种，最佳的是使他们从事适合自己个性特点而又指向组织目标的工作。

第二个方面是对组织成员个体的不同能力的整合与凝聚。组织成员个体的能力主要是认识能力和实践能力，它们既是以往历史形成的，也是可以改变和提高的；他们的能力差别也是可以通过一些途径加以缩小的。把组织成员个体的能力的差别看作是固定不变的，是错误的、形而上学的。同时，尽管可以改变、提高，可以缩小能力的差别，但并不能够完全把能力的差别抹平，因而仍然存在着有差别的能力与组织发展的要求是否一致的问题。一般情况下，二者之间的完全一致是不可能的。因此，需要进一步做的是把这些仍然有差别的能力整合为统一的能力，把有限的能力凝聚提升为无限的能力。无疑，最好的整合与凝聚方式，是做到“人尽其能”或“人尽其才”。

第三个方面是对组织成员在组织行为方面的不同认识进行整合与凝聚。组织的存在即是组织的行为过程，包括确立组织目标、制定发展战略、确定利益分配原则、采取一定的管理方式进行管理等。组织成员对于组织的上述行为过程，总是存在着认识的角度、出发点、途径、结论的不同。不仅组织成员中的管理者是如此，非管理者也是如此。从决策过程的角度看，一个组织的所有管理者对一个重要事项的决策，总会存在不同意见，而从对已作决策的反应的角度看，非管理者之间、非管理者与管理者之间，所形成的看法也会多种多样。无疑，这并不必然对组织发展、组织目标的实现产生负面影响，然而，尽可能缩小这些认识的差别，尽可能使组织成员充分理解组织决策和组织行为的合理性，使之尽可能地达成共识，对于充分调动组织成员执行决策的自觉性、积极性、创造性，却是极其必要的。这就需要对这些认识进行求大同存小异的整合与凝聚，也就是尽可能最大限度地统一认识。整合、凝聚得越有效，即人们的认识越统一，组织整体的力量就越强大。

第四个方面是对组织所有成员个体的不同价值追求、个体与组织的不同价值追求的整合与凝聚。在组织的成员之间，总是动态地存在着价值追求取向的差别，包括主要追求物质价值和主要追求精神价值的差别，主要追求自然性质的价值和主要追求社会性质的价值的差别，主要追求利益价值与主要追求非利益价值的差别等。由于这些价值追求的差别在组织中共存，因而包含了成员个体之间由此发生摩擦和冲突的可能性，在一定情况下，这方面的摩擦和冲突会不可避免地发生。

与此同时，对于组织生存和发展来说，更有影响的价值追求差别是个体的价值目标、价值愿景与组织的价值目标、价值愿景的差别。由于个体的生活经历特别是家庭背景、教育背景、社会交往等方面的不同，在现代社会的绝大多数组织中，个体的主要价值目标、价值愿景一般是“个别化”的，多数个体是以自己的发展为中心的；相反，组织的价值目标、价值愿景则是“一体化”的，是以组织的发展为中心的。即使双方所追求的是同一种性质的价值，例如都追求物质价值，双方在如何追求、如何分配物质价值成果方面，也会产生不同的看法。

所以，如何有效地把差别多样的个体价值目标和愿景，整合、凝聚为一个摩擦最小、关联最紧密的组织整体的价值目标和愿景，就成为组织能否实现生存和发展的关键，成为管理在这一维度上的关键任务。究竟采取什么样的整合与凝聚方式才能做到这一点，并不存在一成不变的教条，而是存在着诸多重要的辩证规律。说到底，这取决于组织发展的本质要求和组织所处的内外条件。如果个体的价值追求与组织的价值追求的差别是已经存在的，那么，在下列三种不同的情况下，可以相应地采取三种不同的整合与凝聚方式。

其一，在组织建立之初或面临生存危机的极端情况下，对组织的发展来说，最有效的管理方式当然是暂时撇开个体的价值目标差别，或从根本上改变个体的价值目标，使它们最大限度地从属于组织的价值目标，最大限度地实现组织的生存。从整合与凝聚价值追求的强弱程度的角度来看，这种方式当然是最强的方式。

其二，在个体的价值追求比较强烈并且合理、同时组织生存形势相对安全的情况下，所需要的有效管理方式则是不去从根本上改变成员个体价值追求的差别，而是在充分实现组织的价值目标的同时，也能够充分实现个体的价值目标，因为只有这样才能整合凝结所有个体的力量，激发他们的创造精神。从长远来看，这种方式是最理想的方式。现代美国著名管理思想家麦格雷戈在其 Y 理论中所提出的融合原则（Principle of Integration），强调兼顾组织需要与个体需要、组织目标与个体目标，[①] 所适用的实际上就是这种情况。应该说，麦格雷戈的

① Douglas McGregor, *The Human Side of Enterprise*, Middlesex: Penguin Books Ltd., 1987, pp. 49-53.

观点具有特定的辩证法内涵，给我们的研究提供了深刻启示，同时，他所说的只是我们这里所讨论的一种，而不是全部，因此，我们需要进一步从特殊上升到一般，或者从“一般”上升到“一般的一般”。

其三，在一个组织的文化具有强调个体价值至上的强大传统、组织本身是一种相对松散的结合的情况下，对组织的有效管理方式则一般是通过最大限度地实现个体的价值目标而实现组织的价值目标。

必须指出的是，这不是说，整合、凝聚的程度越高，对组织的生存发展的意义就越大、有效性就越强，或者反过来，也不是说，整合、凝聚的程度越低，意义就越小、有效性就越差。因为，这归根到底取决于组织整体和成员个体双方的价值追求差别的性质、特点、发展趋势等因素。

与对组织成员的不同个性、能力、认识的整合与凝聚相比，把不同个体的价值追求整合与凝聚为组织的价值追求，显得更加复杂，一般也更加困难。正是由于这一原因，当代著名加拿大管理哲学家霍金森提出，组织管理的一个核心任务是处理组织的价值目标与个人（包括管理者个人）的价值目标之间的关系[①]。在我们看来，这不仅是因为人们的价值观一般是在较长时期内形成的，而且是因为人们的价值观之间的差别在本质上就是人们的生存动力、精神寄托、精神家园的差别，因而一旦形成就具有相对的稳固性，一般难以改变。

针对个性、能力特点、组织行为的认识、价值追求所分别实行的整合凝聚方式，既存在着共同的一般的辩证本质，又各自具有自身的特点。同时，每一种整合凝聚方式都可能有多种更加具体的方式。因此，根据不同的情况，自觉选择正确的整合与凝聚方式，本身就是对管理者的辩证要求。

---

① Christopher Hodgkingson, *Administrative Philosophy: Values and Motivations in Administrative Life*, Oxford: Elsevier Science Ltd., 1996, pp. 152, 147.

二、对组织的人际对象的管理：管理他人与管理自己的统一

通常，我们把管理看作是管理者对非管理者的管理，这实际上只是看到了问题的一个方面。在现实过程中，管理一般既包含了对非管理者的管理，也包含了对管理者自己的管理，[①]是管理他人与管理自己的统一。而且，管理者只有做到既正确地管理他人，也正确地管理自己，才能够有效地实现组织的健康发展。无论管理者以及非管理者是否自觉地意识到这一点，也无论管理者如何顽固地认为自己只是管理他人，事实都是如此。

因为组织本身是整体性的，管理在本质上是组织整体性的，管理者与非管理者处于一体的关系之中，这一点内在地决定了管理不可能仅仅指向和涉及非管理者而不指向和涉及管理者自身。当然，并非管理的所有方面都直接指向管理者自身，但有相当多的方面必然如此。这可以从不同的角度进行说明。

从组织管理的构成要素的角度看，至少管理的计划和协调两个要素都包含了管理他人与管理自己的统一。组织计划是对组织整体的计划，自然需要对管理者与非管理者双方能力状况进行综合考量，而组织协调不仅包括对非管理者人员的协调，而且包括对上下级管理者之间、对管理者与非管理者之间的协调。

从决策过程和决策实施的角度看，决策过程本身就涉及管理者对自己的管理水平是否有能力做出一项决策，所要做出的决策是否

---

① 本文所提出的“管理者管理自己”，与德鲁克提出的“管理管理者”的命题不同。德鲁克的命题说的是一个组织的最高管理者必须管理其他管理者，而没有指出所有层次的管理者对自己的管理。参见〔美〕彼得·德鲁克：《管理的实践》，第10—11、118—120页。

能够通过管理者与非管理者的配合一致来完成，以及管理者在将要进行的决策实施过程中，需要具体承担什么样的作用或职责等的反思，而决策的实施过程，也绝不只是非管理者一方的事情，甚至也绝不只是管理者对非管理者发布命令而非管理者仅仅执行命令，而是管理者在一定程度上融入决策实施的过程之中，包括反思自己在决策实施的过程之中是否发挥了最好作用，是否尽到了自己的责任，反思自己发布命令的时机、解决问题的具体方法、监督的具体行为方式是否合理等。

从对组织行为的科学管理角度看，针对组织整体行为的一般的科学管理规则，不管是管理者自己独立制定的，还是非管理者共同参与制定的，都是既适用于非管理者，也适用于管理者自身，这些科学规则指向的是包括管理者和非管理者在内的所有组织成员。当然，只有那些对组织成员行为整体进行管理所需的一般科学规则，才普遍地适用于管理者与非管理者，而管理者对非管理者的管理和对自身的管理，则需要不同的科学规则，因为双方的任务和职责存在不同。

从组织行为的道德管理角度说，真正具有善的意义或能够产生善的结果的管理，真正有效的道德管理，也是管理者管理自己和管理非管理者的统一。无论是在自觉层次上还是在不自觉层次上，管理者对自己和非管理者的管理，都有一个按照什么样的道德伦理规范进行管理的问题。在自觉层次上，同时在组织整体的维度上，管理者制定的组织生活的一般道德准则，如个人利益服从集体利益、团结一致、众志成城、相互诚信、相互帮助、人格平等、公平正义等，都是要求组织的所有成员必须遵守的，而且，只有管理者自己率先垂范、严格遵守，才能带动非管理者自觉执行。相反，如果管理者在实际工作中仅仅以那些道德准则严格要求非管理者，而并不以之严格要求自己，或者对自己的要求低于对非管理者的要求，那么，非管理者就必然产生不满，因而很难主动按照那些道德准则去行动。在不自觉的层次上，事情也是如此。如果管理者不自觉地以某些他自己没有意识到的道德标准要求他人，那么，同样，只有他自己首先不自觉地做到了，他人才有可能不自觉地做到。当然，道德维度的真正有效管理，特别是在现代社会中各种组织应该提倡的道德维度的有效管理，是自觉层次上的管理。

从所有这些角度来看，管理者对非管理者的管理与对自身的管理不仅不可分割，而且相互作用。管理者对任何一方的管理的优劣、好坏与否，都直接影响着对另一方的管理的优劣、好坏与否。由于管理者在组织之中处于主导地位，他们的管理行为必然具有引导或标杆作用，具有突出的示范效应和扩散效应。

在不同的条件下，在组织的不同发展阶段和不同的外部环境下，管理者对自身进行管理的方式、程度是不同的，然而有一点是可以肯定的，这就是，在其他条件既定的前提下，管理者越是能够按照组织整体存在的本质要求管理好自己，越是能够有效和优良地管理自己，越是能够协调好自己与非管理者之间的关系，就越能够有效和优良地管理非管理者。

回顾人类历史上的管理，不可否认，在人类以往历史的多数社会形态中，在这些社会形态中的绝大多数类型的组织中，存在的是管理者主要把非管理者作为管理对象的情况。管理者自觉不自觉地认为自己的任务就是管理非管理者，而没有意识到他们的管理实际上包含了对自己的某些方面的管理，即使是非常有限的管理。

在成员个体已经具有较高自我意识的现代社会，各种类型组织的管理都需要管理者自觉地认识到管理是管理他人与管理自己的有机统一，自觉对双方的共同行为使用同一规则或同一标准进行管理，否则，任何组织都难以实现持久健康的发展。因此，管理者只有自觉认识上述辩证关系，自觉运用所获得的正确认识，才能够实现组织存在的成功。

三、对组织与环境关系的处理：对环境的适应、借助和改变

任何一个层次的组织，都有其特定的环境，都处于与其环境的动态相互作用之中。就人类来说，即使人类在未来将形成一个统一的整体，即我们可以预期的最高层次的人类大同社会，它也仍然有自身的环境，这就是自然界。在组织与环境的不可分离的关系中，环境的性质、特点、变化等，直接影响着组织的生存发展。因此，处理组织与环境的关系，是管理必然承担的一项重要任务，[①] 关键是要确定组织与环境之间应该建立什么样的关系，如何才能正确处理二者之间的关系。

国内外对这一问题的研究，主要探讨了组织对环境的适应和改变这两个方面，并且突出强调了组织不能被动地适应环境，而要主动地影响甚至改变环境。例如，当代著名管理学家德鲁克就明确提出了这样的观点。[②] 一般来说，特别是对于现代社会的各种组织来说，这种观点具有重要的参考意义，但是显然，这种看法还没有全面揭示出这一问题的辩证内涵，需要我们进一步加以研究。

首先，对组织与环境关系的处理这种管理活动，可以有多种方式，除了可以有适应环境和改变环境这两种方式外，还可以有"借助环境"这种方式。这里所说的适应环境、借助环境、改变环境，指的都是管理者有意识或自觉采取的管理方式。适应环境，指的不是盲目被动地服从环境，而是自觉地认识环境的性质、特点以及组织与环境关系的运动规律，并按照所获得的正确认识，制定相应的措施以求和环境的本质要求相一致。改变环境，指的是除了同样需要获得正确认识以外，

---

① Christopher Hodgkingson, *Administrative Philosophy: Values and Motivations in Administrative Life*, p. 152.

② 〔美〕彼得·德鲁克：《管理的实践》，第28—29页。

最重要的是要找到改变环境的途径和手段，实际地改变环境。

如果说，适应环境和改变环境是两个端点意义上的对待环境的方式，那么，借助环境则是处于中间的方式，它既不是简单地适应环境，也不是能动地改变环境，而是通过某种或多种手段，借助环境的力量而服务于组织的生存发展。从人类各种组织管理的发展史来看，借助环境这种方式具有普遍意义，对实现组织的目标具有重要作用，是管理者自觉地大量采取的方式。

由于在很多情况下，借助环境既能够实现组织的生存发展，又不会从根本上改变环境，特别是不会损害环境，因而，借助环境被一些哲学家看作是处理组织与环境之间关系，特别是社会与自然之间关系的最好方式。例如，德国存在主义思想家海德格尔就持这种观点。[①] 显然，这种观点并不全面，只能适用于组织与环境之间关系的特定状况。在环境已经极其不利于组织，甚至有极其害于组织的情况下，在组织不改变环境就面临生存危机的情况下，只要组织能够做到，它所采取的也就只有改变环境这种方式。

应该指出，借助环境与我们通常所说的利用环境在意义上存在一定重合，但也存在不同。在管理的实际中以及在概念的日常表达上，利用环境既可以是借助环境，也可以是通过改变环境而使之服务于组织的目的，而借助环境则没有改变环境的含义。

就这三种方式而言，无论管理者采取哪一种方式，都不意味着一定就能够达到自由的境界，因为如上所说，这涉及对环境变化的规律、组织内部运动的规律、组织与环境之间相互作用规律的正确认识以及由此采取的正确行动。

从管理的水平或层次的角度看，一般来说，适应环境是最低层次，

① 孙周兴选编：《海德格尔选集》（下卷），上海：上海三联书店 1996 年版，第 1202—1203 页。

借助环境是中间层次，改变环境是最高层次。在每一层次上都可以获得自由。一般来说，从改变环境所获得的自由属于最高层次的自由。当然，这不是说在任何条件下，管理所采取的层次都是越高就越好。

其次，组织与环境关系的处理究竟选择哪种方式，是选择适应环境，还是选择借助环境，还是选择改变环境，抑或是同时选择这三种方式或其中任何两种方式，并不存在一成不变的固定答案，而是取决于组织的内部状况、环境的性质特点，特别是二者相互作用的特点和过程。任何一种方式的选择，离开了特定的整体条件，都没有抽象的好或坏的问题。在组织从根本上受制于环境的情况下，管理能够选择的主要方式是适应环境。当组织的力量与环境的力量大致相当时，管理能够选择的主要方式可以是借助环境。在组织的力量大于环境的力量时，管理能够选择的主要方式可以是改变环境，当然也可以是借助环境。

另外，在组织发展的一定阶段或一定情况下，也能够针对环境的不同方面而同时相应地选择上述三种方式，即相对于环境的一些方面而选择第一种处理方式，相对于环境的另一些方面而选择第二种理方式，相对于环境的所有其他方面而选择第三种处理方式。

无疑，从动态发展的角度看，如果管理者在不得已的情况下只能采取适应环境的话，那么，随着组织的发展和环境的变化，在条件具备时，管理者需要尽可能自觉地实现从采取适应环境到采取借助环境甚至改变环境的转变。这是任何一个组织实现长久有效生存发展的根本保证之一，否则，组织就有可能走向衰败或消亡。这就是说，借助环境、改变环境，对于组织的生存发展具有更加重要的意义。应该注意的是，改变环境也包括两种方式，一种是直接改变环境的性质特点，使之发生根本变化，另一种是不从根本上改变环境，只是改变环境特别是其规律对组织发生作用的表现形式。回顾人类历史上各种类型和各种层次的组织的管理，对它们的环境的改变所采取的主要是后一种方式，而现代社会的企业组织、事业组织、文化组织、行政组织的管理，对环境的改变也大多仍然采取后一种方式。归根到底，这是由于组织的力量还没有发展到可以从根本上改变环境的水平。

最后，在对组织与环境之间关系的处理上，无论管理者采取的是适应环境，还是借助环境，抑或是改变环境的方式，都有一个组织与环境之间关系是否处于合理状态的问题，这就是平衡状态与非平衡状态的问题。这里的平衡状态，指的是组织与环境之间在本质上形成了相互一致、和谐共生的关系，环境状况对组织的生存发展没有实质的阻碍，组织的生存发展对环境状况没有造成违反规律意义上的破坏。

如果把组织的持久健康存在作为组织存在的终极目的，那么，组织与环境处于平衡关系状态，一般是最有利的关系状态。但这也同样不是绝对的。在一定条件下，非平衡状态将会激发组织的活力、创造力、凝聚力，因而有利于组织的长远健康发展，如在组织处于相对自足、静止不前的情况下就是如此。同时，组织与环境之间的关系，总是一种由于各种因素的变化而不断发生变化的过程，已经实现的平衡状态不可能永远持续，而是必然在组织存在的一定阶段上被打破，进入不平衡状态时期。这是管理者所无法完全控制的。然后，当这种不平衡状态发展到一定程度，加上管理者的自觉努力，组织与环境的关系又会进入新的平衡状态。另外，组织与环境之间所能达到的平衡也只能是基本的平衡，绝对彻底的平衡是不存在的。

适应环境、借助环境、改变环境这三种方式，在一定条件下都可以实现组织与环境之间关系的平衡，只是所实现的平衡状态的程度和特点不同。适应环境所能达到的最好状态，是实现组织对环境规律的自觉服从或一致，因而这也是一种平衡关系。这当然是最弱意义或最有限意义的平衡。借助环境虽然不能够完全自由地驾驭规律，但总是能够在一定程度上利用规律，如果管理者能够做到在组织与环境关系的各个基本维度上借助环境，那么，所实现的平衡就是组织或管理者与环境关系的更具能动性的平衡。而按照环境的规律而改变环境，则是从根本上自由驾驭环境的规律，因此所实现的组织与环境的平衡是最富主体能动性的平衡，一般也是最高境界的平衡。无论哪一个层次的平衡，的确都意味着组织与环境之间的一致关系的建立，意味着组织在一定时期内能够平稳地存在或发展。

第十二章
管理所关涉的人的问题

管理是人们在社会基本的经济政治文化关系及制度的基础上，力求合理地确定共同体目标、有效调动与创造具有社会历史性质的人与物的力量而实现共同体目标的过程。从根本上说，管理是对作为社会成员的人的管理：无论是确定共同体目标，还是确定管理方式；无论是对共同体内部人与物的关系的安排，还是对共同体与外部环境的协调处理，管理最终都是通过对人的安排而实现的。因此，管理所关涉的人的问题，是管理的核心问题；对这一问题进行终极分析，是管理哲学的重要任务。

反思20世纪以来国内外管理哲学思想对这一问题的研究，可以提炼出三个亟待深入研究的问题：人性的管理问题，利益关系的管理问题，价值观的管理问题。当然，这三个问题在逻辑上并不处于同一层次。本章的主要目的是提出问题，并分别阐明每一种管理的合理性原则。

一、人性管理问题

20世纪以来的现代西方管理思想，突出探讨的一个重要问题是人性问题。这一问题是以管理的人性假设的形式被提出来的。可以看出，这一问题的最终落脚点是如何管理人性的问题。无论是泰勒的科学管理思想所隐含的人是物质利益人、经济利益人的假设，还是梅奥所提出的人是追求社会合作、互助共存的社会人假设，抑或是麦格雷戈所提出的人是愿意工作和愿意承担责任的“积极人”假设，都是力图把对人性的看法用于对人的管理。因此，这里把这一问题概括为人性管理问题。

反思这一问题的研究进程和现代管理实践的发展历史可以看出，管理的人性假设问题之所以成为一个重要的理论问题，归根到底是由现代管理实践的本质特点规定的。现代管理，无论是经济管理、企业管理还是行政管理或其他社会管理，一个最突出的问题是利益竞争、利益创造、利益实现问题，管理的一个重要任务是实现相应共同体的利益目标。由于这个目标归根到底要通过对人的组织、调动、指挥等管理活动来实现，因此，如何看待人性、管理人性，就直接关系到共同体内部成员的主动性的发挥，关系到共同体利益的创造和实现。

如何看待人性，是如何管理人性的观念前提。从哲学的角度看，如何看待人性，什么是人性，是一个永远需要探讨、永远存在争论的问题。人们对此可能永远不会获得最后的正确答案，因为人性本身总是存在于人们的社会生活之中，确切地说，存在于人们不断创造不断改变社会生活的历史实践之中。因此，问题的关键是如何探讨人性才能获得相对正确的答案。

我认为，通过考察人类如何存在，特别是追求什么样的存在状态，可以获得对人性的相对接近真理的理解。

反思人类存在的历史可以看出，人类的存在是精神与实践相互作用的历史过程。人类所追求的存在状态，虽然随着精神与实践相互作用的变化而变化，然而其中所包含的根本指向却一直处于支配地位，这就是合理的存在状态。也就是说，对合理的存在状态的追求，即对合理性的追求，是人类存在的一个根本追求。

这里所说的合理或合理性，是在广义、相对、动态的意义上使用的，在根本上是指合乎广义上的规律：既包括合乎人类生存发展的本质要求，也包括合乎人类为了实现这些要求而进行的各种活动所关涉的制约条件；归根到底，人类只有实现这二者的统一，才能获得生存发展的成功。所以，合理、合理性、合乎规律就是实现这两者的统一。人类处理所有事务的活动，包括处理他们之间的社会结合关系、他们对外部世界的改变乃至他们之间的精神关系，都是如此。由于人类是以不同层次的共同体的方式存在的，由于社会的各种因素及其变化的影响，特别是已有的社会关系状况及其变化以及人们在社会关系中的地位及其变化，规定了不同社会群体对合理性的理解很难达成统一，因此，人们对合理性的追求一般很难绝对实现；在不同时代、不同社会条件下，人们所追求的合理，即使当时看上去完全合理，实际上也只是基本或大致的合理，所以只能是相对的、动态的。

这也同样表现在管理活动中。就管理所涉及的管理者与非管理者而言，如果他们不是处于特殊的生存状态，如果他们的精神不是被利益所扭曲的话，他们的精神也总是要求他们的实践活动、他们之间的关系处于合理状态。然而，问题的复杂性在于，管理归根到底是对包括管理者在内的所有相关的人的管理。人的活动规律，由于包含了精神与社会的维度而比物的存在规律更加复杂、更加难以把握。就管理所涉及的合理性追求来说，包括共同体目标的确定、各种资源的安排，特别是权力的安排和利益的分配等方面究竟怎样才是合理的，在这方面管理者的理解与非管理者的理解之间经常存在明显差别，甚至尖锐对立。尽管如此，对合理性的追求总是人们社会生活的一个共同追求，因而可以理解为人性的最一般追求。

合理性追求作为人性的最根本、最一般追求，在人们的生存发展活动中具有丰富的内涵，在多维层面上都有其强烈表现。在人们生存发展的历时性维度上，表现为要求生存发展的有效实现和成功，要求物质价值与精神价值实现的均衡，要求认识和驾驭生存发展的各种必然性，并获得生存发展的基本自由；在人们生存发展的共时性维度上，要求相互合作的信任、非强迫，利益互换和分配方面的公平，非利益行为关系方面的平等等。因此，人们对合理性的追求，是涉及多方面的历时性与共时性关系的统一。从理论研究的角度看，这绝不是一个简单的问题，而是带有相当的复杂性。然而，人们对合理性的理解的差别和对立，并不影响我们把对人性的管理落脚到对人们生存发展的合理性追求的管理上。这至少是我们确立人性管理的一个基本立足点。简单说，我们只要把握了人们生存发展所涉及的多维基本合理追求的整体关联，深入分析这种整体关联的历史发展阶段特点，判定多维基本合理追求中的主导方面，也就可以确定以实现这种主导追求为首要管理任务、同时尽可能兼顾其他追求的合理管理原则。

合理性追求作为人性的一种根本要求，存在于人们社会生活的所有方面，存在于人们各种层次共同体的管理之中。从理论研究对象的角度看，这一问题是一个具有普遍意义的问题。也就是说，在实质上，这一问题是管理哲学所要探讨的一个根本问题。本章第二部分探讨利益关系的管理，第三部分探讨价值观的管理，就是试图确立这两种管理的合理原则或合理方式。

二、利益关系管理问题

作为具有社会性质和理性判断能力的存在，人类生存发展的一个重要方面是利益问题。在市场经济成为经济生活的主要形式、行政权力安排的作用极其突出的现代社会，利益关系成为人们生活中的最深刻关系，利益冲突成为人们生活中的最尖锐冲突。可以说，这是现代社会的一种普遍现象。因此，在现代管理活动中，利益关系的管理成为最重要最复杂的内容之一。这也是利益管理问题为什么成为 20 世纪以来西方管理学和管理哲学自觉关注的重大理论问题的根本原因所在。

值得注意的是，在不同的思想家那里，对这一问题思考的侧重点有所不同，而且经常与人性假设问题联系在一起。例如，在泰勒的科学管理原理中，把人看作是追求物质利益的人，把达到最大生产效率放在首要位置，所以，突出强调完成最大工作量的工人与一般工人在物质报酬上的显著差别。[①] 在法约尔关于管理的一般原则的阐述中，则把个人利益服从整体利益作为管理的一条重要原则，并且认为人们的无知、贪婪、自私、懒惰、懦弱等总是使人们为了个人利益而忘掉整体利益，因此必须对此进行持久的斗争。[②] 在20世纪90年代的霍金森的管理哲学中，则把利益问题看作是管理生活中的最重要问题之一，认为调和个人利益与组织利益、组织利益与外部利益是管理的两个重要任务。[③]

深入思考这些思想家的观点，联系现代社会的利益关系管理实践，可以看到，这种管理的核心问题是利益分配问题。这一问题是利益关系管理中经常碰到且最难以解决的问题。人们在谁应该得到什么利益、得到多少利益、应该以什么样的原则和方式分配利益，特别是在管理者与非管理者之间如何分配利益等问题上，总是存在不同意见，经常会不可避免地发生碰撞和对立。由于利益关系特别是利益分配的管理直接关系到人们的工作状态，关系到人们的生存发展水平，所以，成功的利益关系管理主要依赖于对利益关系的一般安排，而不是依赖于暂时的个别解决。

从管理哲学的角度看，利益关系一般安排的最根本问题，是确定利益关系安排的合理原则问题。在这里，只有坚持整体论和历史主义的研究方式，才能获得可靠的结论。共同体的利益关系一般安排的合理原则，包括两个层次：针对共同体的整体利益关系安排的合理原则，以及针对每一构成维度的利益关系安排的合理原则。

① 〔美〕F. W. 泰罗：《科学管理原理》，第157—159、239—241页。

② 〔法〕H. 法约尔：《工业管理与一般管理》，第30—31页。

③ Christopher Hodgkingson, *Administrative Philosophy: Values and Motivations in Administrative Life*, p.152.

首先，在确定共同体的整体利益关系安排的合理原则方面，最重要的是正确考量两个方面的问题：共同体的整体利益关系安排的根本前提——利益创造的实现以及利益关系安排的动态变化。在利益创造的实现方面，需要考虑的最重要问题是利益创造所必需的合理激励机制。任何一种利益分配关系的建立和调整，都以一定的利益创造为前提，因此，必须建立利益创造的合理激励机制，以保证一定的利益创造的实现。而究竟什么样的激励机制是合理的，归根到底取决于共同体生存发展所要求的利益创造水平。

在利益关系安排的动态变化方面，需要考虑多方面的因素，包括共同体的利益创造能力的变化、共同体人员规模的变化、共同体发展所需的成本的变化、共同体与环境的关系的变化等。这些因素是调整利益关系、改变利益分配总体状况的重要依据。共同体的利益创造不可能离开环境而独立存在：从表面上看来，环境似乎是共同体利益创造的外部因素，但实际上它是共同体利益创造的重要“内在”制约变量；环境的性质特点、变化状况必然对共同体的利益创造和分配产生重要影响。因此，共同体的利益关系的安排必须充分考虑环境的因素。

其次，在确定每一构成维度的利益关系安排的合理原则方面，需要研究每一种利益关系所处的历史阶段状况，分别确定适合每一利益关系安排的合理原则。这主要涉及以下三种利益关系的安排。

一是共同体整体利益与成员个体利益之间关系安排的合理原则的确定。本文认为，说到底，这需要确定双方利益关系的历史发展状况，即：是处于共同体整体利益高于成员个体利益的历史阶段，还是处于成员个体利益高于共同体整体利益的历史阶段，或者是处于双方的利益大致平衡的历史阶段，抑或是处于双方的利益融为一体的历史阶段，由此确定相应的利益关系安排原则。我们通常所说的共同体整体利益的实现高于成员个体利益的实现，实际上是对历史上某些阶段绝大多数情况的概括，并非普遍适用于历史上所有的情况特别是未来的情况。

例如，当一种共同体的存在已经失去其历史必然性时，原有共同体的利益就不仅不再高于那些先进成员个体所追求的利益，而且还会成为后者利益实现的历史性障碍。而在可以预见的个体全面自由发展的未来历史阶段，社会整体的利益与成员个体的利益将融为一体，成为一而二、二而一的关系，一方支配另一方的情况将成为历史。在这里，可以再次看到社会整体利益与成员个体利益之间关系的历史运动辩证法。

二是共同体内部成员个体利益之间关系安排的合理原则的确定。这主要是如何处理共同体成员个体之间的利益分配问题。由于利益分配状况直接关系到成员个体的生存质量，关系到成员个体的精神与社会追求的达成，因而，共同体内部成员个体之间的利益分配关系是否公平，直接影响到成员个体的主体性的发挥，影响到共同体的效率和健康发展。

要确定共同体内部成员个体之间利益分配的公平尺度，最根本的是对许多影响因素的关联整体的正确把握。最直接的影响因素有：是否有利于共同体内部成员的合作共存，是否有利于共同体整体的长期健康发展，共同体内部成员个体所做贡献的大小，共同体发展的程度或阶段状况，共同体与环境的相互作用等。通常，人们把权利与义务的对等看作是利益分配的公平尺度，这可能并不全面。权利与义务的对等只是共同体利益分配所需要的整体公平尺度的组成部分，仅仅做到这一点并不等于实现了利益分配关系的公平。一个特别重要的原因是，共同体的存在本身不仅依赖于每一成员个体的单独贡献，而且更加依赖于所有成员个体的一体合作、共同努力：离开了这一点，共同体不仅不可能获得进步，而且最终必然走向瓦解。因此，共同体内部的所有成员个体的共同合作努力、共同体的长远健康进步，是确定共同体内部成员个体之间利益分配公平尺度的基本依据。

三是共同体与外部之间利益关系安排的合理原则的确定。这主要涉及确定共同体利益的实现对环境的合理关系问题，特别是对环境的合理责任问题。任何共同体都存在于特定的环境之中。一个社会内部有各种具体共同体，每一共同体对于其他共同体都是微观的社会环境；同时，社会整体的存在状态构成社会内部所有具体共同体的宏观社会环境。即使人类成为一个统一的共同体整体，它也以周围自然界作为自身生存发展的环境。因此，共同体利益的实现，必然发生对环境的关联责任问题。在明确了这一前提后，最重要的两个问题是：共同体利益的实现对环境应该承担什么样的责任？以及责任的界限在哪里？

就第一个问题来说，从正的角度看，共同体利益的实现必须最终为环境特别是社会环境的改善做出贡献，必须从根本上合乎环境的规律要求；从负的角度看，共同体利益的实现必须以对环境不造成实质损害为原则，即使是无意地对环境造成了实质损害，也必须承担相应的责任。

就第二个问题来说，共同体利益的实现对环境应该承担的责任并不是无限的，它必须以共同体对环境的利用程度为尺度，同时以不影响共同体的健康存在为界限。20 世纪以来西方一些管理思想家所谈的企业或企业管理的社会责任问题，强调了企业这种共同体是社会的组成部分这种社会性质，但却或多或少地忽视了这种共同体与环境的利益关联这一具有本质意义的问题。

三、价值观管理问题

现代管理实践所凸显的关于人的问题的另一个重要维度，是管理所关涉的人的价值观问题。在现代管理思想史上，有不少思想家对这一问题进行了不同角度和富有启发性的思考。这里仅仅简单地指出梅奥、巴纳德、西蒙、霍金森等人的贡献。梅奥从探讨人们的工作效率出发，自觉不自觉地捕捉到了人们对物质利益以外的精神价值与社会合作价值的追求，认为近代经济学的斯密和李嘉图的经济利益人假设从根本上是错误的。[①] 巴纳德从组织行为所依存的因素的角度，深刻认识到了信念、理想、态度、行为准则等道德和价值观因素对组织中人的行为的重要影响，并且明确指出人们的组织协作行为在本质上包含着各种价值信念的矛盾，如自由与不自由、选择与被选择、独立与从属等。[②] 西蒙从管理决策的角度，指出了决策行为中不仅涉及事实因素，而且涉及价值因素；合理的管理决策需要对这两种因素进行适当的区分。[③] 霍金森则自觉地从哲学的高度，提出管理内在地渗透着价值观、价值观问题是管理过程的基本问题的看法，认为只有对管理中的价值观进行层级分析（偏爱型、舆论型、结果型、原则型），才能做出合理的决策，获得管理的成功。[④]

我认为，现代管理思想史所探讨的管理中的价值观问题，在问题所指上可以明确概括为价值观的管理问题。也就是说，从实际管理活动的角度看，管理作为对包括管理者自己在内的人们的管理，一个极其重要的方面是对人们的价值观的管理。因为，无论是管理者还是非管理者，都是不断生成和改变着自己的价值观的人，即追求一定价值目标的人。在共同体生活中，无论他们是追求个体的独立创造，还是追求群体的合作创造；无论是追求利益价值，还是追求非利益价值；无论是把共同体的价值追求放在首要位置，还是把自己的价值追求放在首要位置，都是价值观的表现。因此，对共同体内部成员的价值观进行合理管理，是管理不可缺少的组成部分。

价值观管理的根本目的，如同人性管理、利益管理一样，是明确

---

① 〔美〕梅欧：《工业文明的社会问题》，第 50 页。

② 〔美〕C. I. 巴纳德：《经理人员的职能》，第 202—203、229—231 页。

③ 〔美〕赫伯特 · A. 西蒙：《管理行为》，詹正茂译，北京：机械工业出版社 2006 年版，第 3—4、50—55 页。

④ 〔加〕克里斯托弗 · 霍金森：《领导哲学》，刘林平等译，王守昌校，昆明：云南人民出版社 1987 年版，第 27、34—39、46、50 页。

的，这就是充分调动共同体内部成员的积极性，把共同体内部成员凝结为一个同心协力、团结合作的有力整体，实现共同体及其内部成员的健康发展。因此，问题的关键是如何进行价值观管理，即如何确定价值观管理的合理原则。这首先需要弄清价值观管理所要解决的主要问题是什么。

反思现代管理实践和现代管理思想对价值观问题的探讨，可以发现，现代价值观管理的主要问题是解决共同体内部成员的价值观冲突，形成合理的、共同体内部成员共同追求的价值观。在现代共同体的生活中，人们总是会动态地形成各种各样的价值观，经常发生不同价值观之间的冲突。其中有两种类型的价值观冲突最尖锐、最深刻。

一种是利益价值观的冲突。如本章第二部分所说，这主要表现在如何分配利益的问题上，人们经常会产生对立的看法。从冲突主体的角度看，在管理者与非管理者之间，在不同层次的管理者之间，在非管理者之间，都会产生这种冲突，但最激烈的冲突一般发生在管理者与非管理者之间。从冲突产生的原因角度看，除了外部环境的变化、共同体的利益创造能力的变化等因素以外，最重要的原因经常是管理者所确定的利益分配方式不合理。

另一种是非利益价值观与利益价值观的冲突，这主要发生在管理者与非管理者之间、不同层级的管理者之间，尤其是管理者与非管理者之间。所谓非利益价值观，主要包括人们在相互共存中所形成的对人格尊严平等、意志选择自由、无私的相互协助、社会合作诚信等的看法。这些看法属于非利益、非功利的价值观，在本质上与利益、功利的价值观完全相反，同时又与人们的利益价值观共存，因此二者经常会发生冲突。常见的三种情况是：利益价值要求的实现以非利益价值要求的抑制、损害为代价；非利益价值要求的实现成为压倒性的任务，因而阻碍了利益价值要求的实现；二者处于尖锐的僵持对峙之中。

在现代社会的利益型主导的共同体中，共同体内部的成员，无论是非管理者还是管理者，他们在衡量自己的利益价值要求的实现状况时，一般总是会考虑到自己的非利益价值要求的实现问题。例如，他们会从非利益价值要求的角度，判断他们的利益价值要求的实现是有利于还是不利于他们的非利益价值要求的实现，是维护还是损害非利益价值要求，甚至判断他们的利益价值要求的实现是否值得、在多大程度上值得等。因此，在非利益价值要求与利益价值要求之间，经常会发生碰撞、摩擦、对立等意义上的冲突。

非利益价值观与利益价值观之间最复杂最尖锐的一种冲突，通常发生在管理者与非管理者之间。一般情况下，在利益型共同体中，管理者坚持利益价值要求的绝对支配地位，而非管理者虽然也把自身及共同体整体的利益价值要求放在重要位置，但同时坚持非利益价值要求的实现或不受损害，如坚持人格尊严的平等、意志自决的自由、无私的相互协助等，因此，在管理者无视或轻视非管理者的非利益价值要求时，他们之间的冲突就经常不可避免。

确定价值观管理的合理原则，特别是解决价值观冲突的合理原则，最根本的是弄清人们的价值观的性质，特别是它们合理与否；也就是说，要找到判定人们的价值观合理与否的根据。价值观作为人们的精神观念，最突出的性质是它的主观性。这意味着人们的价值观经常带有一定的片面性或不合理性，因此，必须探讨人们的价值观是否合理及合理的程度如何。

本章认为，判定人们的价值观合理与否的根据，依然在于探讨共同体的发展状况（包括历史渊源、当前阶段的性质和特点、未来发展前景等）、共同体与环境的关系等。也就是说，无论是人们的利益价值要求，还是人们的非利益价值要求，其合理与否、合理的程度，都要看上述因素的整体状况。大体上，当共同体处于开创基业的困难时期时，只有为了基本生存的利益价值要求和最低程度的非利益价值要求才是大致合理的，而突出的利益价值要求和非利益价值要求则一般是不合理的；当共同体处于事业已经壮大的时期时，突出的利益价值要求和非利益价值要求就在很大程度上是合理的。由此，也就可以确定解决价值观冲突的合理原则，确定相应的解决价值观冲突的方式。

第十三章
共同体生活中价值冲突的正确管理

在上一章的最后，谈到了价值观冲突的管理问题。价值观是对价值的看法，与价值既相互联系又相互区别。本章则主要讨论价值冲突的正确管理。

从价值的角度看，共同体生活在根本上是价值性质的，共同体生活的管理是一种价值实践过程，是制定价值目标、确定价值手段去实现价值目标的过程。由于无论在社会这一目前为止最高层次的共同体中，还是在社会内部各种性质、各种类型的次级共同体中，都会产生不同性质、不同特点甚至完全相反的价值追求，它们之间发生相互冲突即相互阻碍、相互抑制、相互损害或一方对一方的阻碍、抑制、损害的状态在所难免。因此，处理共同体生活的价值冲突，是管理的一个重要任务。能否正确地做到这一点，不仅关系到一个共同体的各种价值主体的发展前景，而且关系到整个共同体的健康持续发展。本章将对共同体生活的价值冲突的正确管理作出探讨，主要是分析价值冲突产生的必然性，指出价值冲突的性质类型，确定对各种价值冲突进行正确管理的普遍原则和具体原则。

一、共同体生活中价值冲突产生的必然性

任何层次的共同体生活，都不可避免地会产生各种冲突。正如西方管理思想史上极其深刻的管理哲学家福利特所指出的那样，冲突是社会生活的本质，不管人们在主观上愿意与否，冲突总会发生；因此，

关键是客观地不带先入之见地正视和重视冲突，建设性地解决冲突。[①]我们认为，价值冲突是社会生活、共同体生活的最重要、最本质的冲突。所谓价值冲突，指的是两种价值或两类价值之间的相互阻碍、相互抑制、相互损害，或一种价值对另一种价值、一类价值对另一类价值的阻碍、抑制、损害。价值冲突既可以发生在不同的价值主体之间，也可以发生在同一价值主体的不同成长阶段；既可以发生在共同体中的不同层级、承担不同职能的人们之间，也可以发生在同一层级、承担相同职能的人们之间。

任何真正意义上的价值冲突，都是共同体生活的价值冲突。不存在离开共同体生活的价值冲突，正如不存在绝对孤立的个人一样。所以，要正确地分析价值冲突，必须以对共同体的深入分析——共同体的性质特征、目标任务、成长模式、成长阶段的分析为前提。同时，要做到正确地管理价值冲突，必须以对共同体生活中价值冲突产生的必然性、机理和动态过程的分析为前提。其中，最重要的是对必然性根源的深入分析。我们这里主要对这一点进行讨论。按照黑格尔关于必然性是各种因素之间、各种过程之间相互作用的统一的观点，可以从以下几个方面对价值冲突产生的必然性进行阐明。

首先，在共同体的价值主体构成维度上，由于任何一种共同体中都存在着管理者主体与非管理者主体、共同体整体主体与成员个体主体，它们都是某种或多种价值的承担者，是某种或多种价值的集结点，或者说，它们是不同类型的价值主体，是追求某种或某些价值的主体，因而它们之间总是存在着特定的价值关联。同时，由于每一种价值主体总是带有自己的特质，它们各自不仅在共同体中所承担的实际作用、“实质地位”不同，而且背景来源不同、成长道路不同，不仅以有形或

---

① 〔美〕玛丽·福列特：《福列特论管理》，第 20 页。在这一点上，福利特继承和发挥了黑格尔的矛盾的现实性观点，思想十分深刻。

无形方式所承载的社会关系不同，而且自觉不自觉地所形成的价值观不同，不仅存在着不同的价值追求目标，而且存在着不同的价值目标实现方式；这些复杂因素，内含了它们的价值承担或价值追求之间发生冲突的可能性，内含了它们的价值目标、价值实现过程在一定条件下必然会发生冲突的现实性。也就是说，它们各自的价值之间发生相互抑制、相互阻碍甚至相互损害，在总体上和过程中是不可避免的。

其次，在共同体整体所要实现的价值维度上，无论这种价值追求是由管理者所确定，还是由管理者与非管理者共同确定，由于前面所谈到的共同体内部的构成主体是多个而非一个，同时，由于任何层次的共同体（从社会到家庭）总是处于特定的环境之中，因而，即使是共同体整体所确定的价值追求，在绝大多数情况下也不是单一的，而是多种类的、多维的、多层次的，特别是，它们不仅性质不同，特点不同，而且地位不同，对共同体发展的作用不同，同时，它们又总是处于相互关联相互作用的状态之中，这就决定了它们在一定条件下必定会形成发生冲突的机制。无论是在主要的价值和非主要的价值之间，还是在各种主要的价值之间，抑或是在各种非主要的价值之间，都是如此。例如，在市场经济条件下，在企业这种共同体中，作为共同体整体的代表者即管理者，必然尽最大可能追求利润的不断提高这种攸关自身生存发展的价值，甚至把这种价值的实现放在头等重要的位置，但与此同时，它也追求企业的和谐稳定这种价值，由于这两种价值本身具有异质性，因而二者的实现和发展过程在一定阶段上会发生碰撞。

最后，在共同体生活的各种价值的新旧变换过程维度上，由于各种价值主体的价值设定、价值实现之间总是相互影响、相互制约，因而它们的内容和实现方式也必定是生成、流变和新生的过程。这也是一种普遍规律。对于所有价值主体——无论是对于共同体整体价值主体，还是对于个人价值主体，抑或是对于管理者价值主体和非管理者价值主体，都处于这样的动态变化过程中。也就是说，在本质上代表过去的原有价值系列必定会变得逐渐失去活力，而在本质上代表未来的新的价值系列必定逐渐成长壮大，它们在本质上的两极不同，本身就意味着在一般条件下发生冲突的必然性。由于旧的价值实践过程和实现方式不仅已经成为某些价值主体的“价值习惯”，而且成为它们的“价值利益”或价值利害所在，因此，即使原有的价值已经不再合理，即使新产生的价值的未来主导是一种根本趋势，新价值对原有价值的改变或替代仍会触动某些主体的实质反抗。

而且，在旧的价值和新的价值的博弈过程中，也经常会产生中间形态的价值，它们在本质上或者既不属于旧的价值，也不属于新的价值，或者部分地属于旧的价值，部分地属于新的价值，说到底，它们是共时性和历时性双重维度上的中间价值或过渡价值。正因为如此，旧的价值与中间价值之间，新的价值与中间价值之间，或者新旧价值与中间价值之间，也会在这一过程中发生冲突。在通常情况下，旧的价值和新的价值，一般都会反对中间价值的“中间”性质，而中间价值则反对旧价值和新价值之间的两极对立。

可以看出，在上面所说的共同体生活所涉及的每一个维度上，都包含着产生价值冲突的可能性和现实性，因为每一维度都必然存在或生成多种价值而非一种价值，同时，各个维度之间是相互作用的过程，共同体所追求的各种价值与其他主体所追求的其他价值之间也是相互作用的过程。因此，价值冲突的必然性根源，正如任何其他冲突产生的必然性根源一样，不在于任何一个单一的因素、任何一个单一的过程，而是在于上述多种因素、多种过程的相互关联、相互影响、相互制约的整体运动。

二、共同体生活中价值冲突正确管理的普遍原则

在管理原则是否合乎事情本身这一问题上，我们通常会说正确原

则与错误原则，这在价值冲突的管理方面也是如此。因为，对于所有人来说，价值冲突也是一种不依人们的意志为转移的客观事实。如果我们坚信人类的理性能力能够获得对事物的本质和规律的正确认识，那么，管理价值冲突也必定能够找到一些正确的原则。

就本文所讨论的主题而言，一个极其重要的问题是：对于所有主体、所有维度、所有性质的价值冲突的管理，是否存在着一些普遍适用的正确原则？在我们看来，答案无疑是肯定的，相反的观点是不能成立的。因为，一则所有的价值冲突都是共同体整体运动的构成部分，它们都存在着对共同体整体发展的一般关系；二则所有的价值冲突都是有规律性的动态变化过程，它们必定共同预示着价值的根本发展趋势；三则所有的价值冲突都是由价值主体所承担的，而任何价值主体之为价值主体，都有共同的本质要求，如真善美的要求。因此，依据上述这些维度，在理论上必定能够提升出管理所有价值冲突的普遍正确原则。这对于共同体生活的管理来说，也是十分必要的。

按照这样的分析，在价值冲突的正确管理方面，我们可以提出三个普遍原则或三个基本原则。

第一个普遍原则是，所有价值冲突的调节和解决，都必须以共同体整体的健康持续存在要求为根本目标和根本尺度。实际上，共同体整体的健康持续存在，本身就是一种价值目标。人们经常说，共同体是由个体组成的，离开个体，就没有共同体的存在，这看上去似乎不可辩驳，但实际上是不全面的，因为，反过来说也同样可以成立。而问题更在于，正如许多现代管理思想家所指出的，人类在地球上是以共同体的方式而诞生的，或者说，人类“天生”就是共同体性质的，[1]而不是先产生了纯粹孤立的个体，然后再形成共同体。因此，个体的

① Christopher Hodgkinson, *Administrative Philosophy: Values and Motivations in Administrative Life*, p. 3.

成长总是内在于共同体的成长之中，共同体整体的健康持续存在对于个体具有决定性意义。所以，在正确管理价值冲突的原则方面，共同体整体的健康持续存在是最根本的标尺。

第二个普遍原则是，所有价值冲突的调节和解决，都必须合乎共同体生活的价值发展的必然趋势。共同体生活是包含必然的过程，是指向确定未来的过程。这是人们安身立命的根基所在，如果不存在必然，人们就根本无法实现有确定性的生存。共同体生活的价值维度、价值冲突也同样如此。既然它们的产生具有必然性，那么，它们的运动也孕育着价值生活的必然未来，因此，正确管理价值冲突，在历史或时间维度上，必须以合乎价值发展的必然趋势为原则。

第三个普遍原则是，所有价值冲突的调节和解决，都必须合乎所有价值主体所共有的本质的精神要求，特别是真善美要求。历史上的思想家们已经确信，理性的价值目标是求真求实，意志的价值目标是求善求自由，情感的价值目标是求和求美。这是人之为人、人类之为人类的精神规定，是人类精神的规律要求或绝对命令。在这一方面，我们可以把康德主要在个体之间行为层次上所提出的理性的绝对命令[①]，明确上升或扩展到共同体生活的价值层次，用于管理各种价值冲突。因此，要正确地管理价值冲突，必须做到符合人类精神的绝对命令，这是管理获得真正成功的第三个基本原则或条件。

正确管理价值冲突的这三个普遍原则，可以分为客观维度的原则和主观维度的原则，但实际上，无论划分为哪些维度，上述原则都是广义上的规律的要求。同时，如果离开共同体生活的实际阶段和具体形势，在它们之间也不能够区分出哪个原则最重要。正是由于它们都是普遍原则或基本原则，都是绝对命令，所以，它们是调节和解决价值冲突时需要同时一并使用的原则。

---

① 〔德〕康德：《实践理性批判》，韩水法译，北京：商务印书馆 1999 年版，第 17 页。

当然，正确地管理价值冲突，还离不开对各种价值冲突的具体把握，特别是对它们的性质类型的把握。这就是说，除了普遍原则以外，还需要找到相应的具体原则。这是下面所要讨论的问题。

三、不同性质价值冲突正确管理的具体原则

如前所说，正确管理价值冲突，对于共同体和个人的健康成长具有实质意义。要做到这一点，一个重要的前提是对价值冲突的性质作出正确分析和判断。只有根据价值冲突的性质，才能确定管理它们的具体正确原则；也就是说，价值冲突的性质不同，相应的原则也就不同。当然，需要牢记的是，所有性质的价值冲突都是价值主体之间的价值冲突，因而都以价值主体对价值的自觉不自觉的理解、感受、评价、态度为精神方向引导[①]，都以它们对某种或某些价值的实践追求为现实动因。

对于价值冲突性质的分析，我们从性质是否根本对立、是否相同的角度进行分析。由此，可以把各种各样的价值冲突概括为三种性质类型。

第一种是在性质上根本对立的两种或两类价值之间所发生的冲突。在这样的价值冲突中，两种价值或两类价值之间，在价值的指向、价值的本质、价值的实现过程，都是完全相反、针锋相对的，一方的实现在实质上就是对另一方的抑制、损害或毁坏，双方在根本性质上没有调和的余地。只是在一些非根本的方面，双方才存在着某种可以调和的情况，存在着对双方都有益的某些调节。纵观历史，这种性质的价值冲突，在奴隶社会、封建社会这类高度专制的共同体中比较普遍（如个体自由与封建礼教的冲突），而在现代社会的微观共同体如企

① 〔加〕克里斯托弗·霍金森：《领导哲学》，第50—51页。

业、学校、社团等共同体中，虽然没有普遍存在，但在特定情况下也会形成。

第二种是在性质上不同但并非根本对立的两种价值之间所发生的冲突。也就是说，这样的两种价值是相互关联的，在它们的实现过程中或者形成了一定程度的相互抑制，甚至一定程度的相互损坏，或者形成了一方对另一方的抑制、一方对另一方的一定程度的损害。与此同时，它们双方之间也存在着相应的相互促进、共同成长的机制。例如，一个经济共同体，或一个社会在经济生活方面，一般都既追求效率，也追求公平，二者都是共同体整体发展的需要，在性质上并非水火不容、根本对立，然而，二者的确存在不同，效率侧重增长与活力，而公平则侧重和谐与稳定，共同体必须根据自己的发展阶段对这两种价值作出重点与非重点的区别。因此，一个共同体如果没有把握二者的内在关系和关联运动规律，在实践上不适当地强调一方的实现而忽略了另一方，或者在观念上正确地把握了它们的规律，而在实践上没有做到按照规律去实现它们，它们二者就会发生冲突。更可能的是，共同体的不同价值主体，由于各自所处的地位不同、各自所具有的优势能力不同，分别代表和强调其中的一种价值，由此，两种价值主体、两种价值也会经常陷于冲突的境地。

第三种是在性质上相同或一致的两种价值之间所发生的冲突。这样的两种价值之间之所以会发生冲突，首先是因为，它们所代表的益处存在着层次或程度的差别，因而对于不同的价值主体的存在来说，实际地代表着不同层次或程度的条件，其次是因为，不同的价值主体或同一价值主体对于这些价值具有不同的理解、感受、评价、态度，对这些价值的实现次序、何者应该优先的认知不同。例如，在市场经济条件下，公平与平等是性质相同或序列相同的价值，因为它们都根源于人们的共同的精神尊严要求和共同的社会成员资格要求，二者只是在层次或程度上存在差别，公平是这一维度上的相对低一层次的价值，具有相对温和的特点，而平等则是这一维度上更高层次的价值，具有相对彻底的特点；与此同时，在它们对主体的意义问题上，不同的价值主体也会形成不同的看法。这样，必然造成不同的价值主体的不同要求，有的价值主体坚持公平优先于平等，有的价值主体坚持平等优先于公平，在这个过程中，双方时常会陷入冲突的局面。

显然，价值冲突的性质类型不同，所需要的管理的具体原则也不同。

对于第一种性质的价值冲突，可以看到，在一般情况下，不可能在保持双方原有根本关系框架的情况下彻底解决它，即使是实现了某种调和，也是非根本的、暂时的，除非改变双方的性质格局，使它们进入全新的价值关系，因而，管理这一性质类型的价值冲突的正确原则，在一定时期内，只能是最大限度地缓和冲突的激烈程度、最大限度地降低它对共同体和个人的发展的不利影响这样的原则。

对于第二种性质类型的价值冲突，由于两种或两类价值的性质不同但并不根本对立，所以，一方面，需要弄清冲突双方的各自的性质特点，它们对共同体和个人成长的不同作用；另一方面，需要弄清共同体所处的发展阶段对它们的要求是否存在轻重缓急之别，是需要区分优先重点，还是需要平衡发展，因此，管理这种性质类型的价值冲突的正确原则，是依据它们对共同体和个人发展的作用而安排它们的位置的原则。

对于第三种性质类型的价值冲突，既然两种或两类价值是相同或一致的而只是所代表的意义的程度不同，那么，在一般情况下，这种性质类型的价值冲突是会随时发生变化的，对于这种价值冲突的正确管理，需要根据共同体生活的本质要求和价值冲突的具体特点，来确定相应的管理原则。

第 四 编

当代中国经济治理实践的价值选择

第十四章
我国经济制度安排的价值目的

中国自从20世纪80年代开启的社会主义现代化建设和改革进程，是当代中国历史上的一次深刻的社会转型。就改革来说，目前已经取得了极其巨大的成就，同时，尚待完成的任务依然十分艰巨。在经济制度方面，一个重要任务就是要加快完善社会主义市场经济体制，完善公有制为主体、多种所有制经济共同发展的基本经济制度，完善按劳分配为主体、多种分配方式并存的分配制度，更大程度更广泛地发挥市场在资源配置中的基础作用，完善宏观调控体系。

完善包括基本经济制度和经济体制在内的我国经济制度体系，从价值本质的角度看，主要就是完善这种制度体系的公平正义内涵。因此，中国共产党十八大报告明确指出，公平正义是中国特色社会主义的内在要求，要加快建设对保障社会公平正义具有重大作用的制度。本章将从公平正义的价值视阈出发，把经济制度理解为一种价值存在，在分析我国现今经济制度的构成要素的各自价值目的及其现存关系的基础上，阐明我国经济制度的整体价值目的，它的公平正义性质，以及进一步完善的具体方向。

一、经济制度何以具有价值目的

一个社会的经济制度，既是这个社会的经济生活的统一规则、人们经济行为的统一规范，也是这种统一规则或统一规范下的实践过程。作为规则规范和实践过程，经济制度从根本上是一种价值存在，也就是说，它是对于特定社会主体的价值存在，是服务于特定社会主体生存发展要求的价值存在。

经济制度作为一种具有主体属性的价值存在，必定具有自身的价值本质，蕴含或承载着特定的价值目的。所谓经济制度的价值本质，指的是经济制度在价值维度上的根本性质，其核心是其价值目的。经济制度的价值目的一般包括两个方面的内容，一是这种经济制度主要从属或服务的价值主体究竟是哪些社会成员，如从全体和部分的角度说，是全体社会成员，还是部分社会成员，抑或是大多数社会成员；二是这种经济制度所指向、所实现的主要价值究竟是些什么性质的价值，例如，主要是社会的经济增长、经济实力的提高，还是社会成员的收入与财富的平等分配、他们的全面发展和幸福等。

一般情况下，一种经济制度总是承担着多层次的价值目的，而不是仅仅承担着单一层次的价值目的。在当今社会条件下，一般来说，包括合理的经济增长在内的经济发展，是经济制度的直接层次的价值目的；全体或某些社会成员的物质福祉——物质生活水平的提高和富裕、社会物质条件的改善等，是经济制度的中间层次的价值目的；促进全体或某些社会成员的自信、自尊、自立、自强等精神福祉与全体或某些社会成员之间的诚信交往、关心互助、团结合作、共存共荣等社会福祉的实现，是经济制度的最高层次的价值目的。无疑，经济发展是实现社会成员的物质福祉、精神福祉和社会福祉的前提，但物质福祉、精神福祉和社会福祉，是经济发展的价值目的所在，它们的实现状况如何，不仅直接标示着经济制度的公平正义程度，而且标示着包括生产、交换、分配、消费等环节在内的经济生活过程的正义程度。

也就是说，经济制度的价值目的，不仅蕴含着经济的维度，而且蕴含着伦理的维度，其中，物质福祉、精神福祉和社会福祉是伦理维度的主要构成方面，而贯穿这些方面的最核心的问题是公平正义问题。因为，致力于达成这些方面的方式，特别是最后所获得的结果是否公平正义，既关系到经济生活本身的和谐发展，也关系到整个社会的和谐统一。这对于任何一种经济制度来说都是如此。我国政府之所以突出强调促进和实现我国经济生活的公平正义，其根本原因也在这里。

上述三种福祉作为经济制度的价值目的的头等重要性，已经为现代自由主义理论、经济正义理论、市场社会主义理论的许多代表人物认识到。平等的自由主义理论代表罗尔斯，尽管很少使用福祉概念，但他明确把权利、自由和机会、物质的收入与财富、精神自尊的各种社会基础作为主要的基本的社会善或社会价值，认为经济制度是社会主要制度的一个重要方面，对物质的收入与财富以及其他基本的社会善的实现和调节具有深刻影响。[①] 显然，罗尔斯所说的上述各种基本的社会善，在实质上与我们所说的社会福祉、物质福祉、精神福祉是一致的。当代经济正义理论的重要研究者内森桑则明确把社会成员的福祉作为最重要的价值，把它作为评价经济制度的首要价值标准。[②] 无疑，内森桑的这一看法深刻认识到了社会成员的福祉是经济制度的根本引导价值。市场社会主义理论的两个重要代表人物约翰·罗默和威廉·施韦卡特更是指出了精神福祉、物质福祉、人类幸福对于经济制度的本质意义。约翰·罗默强调自我实现和物质福利这两个方面的机会平等，认为自我实现是对个人能力的有意义的发展和运用，因而极其重要，物质福利的机会平等则可以避免人们争夺各种稀缺的资源和物品，因而可以避免这些资源和产品的浪费。[③] 威廉·施韦卡特则把物质福利看作是一种善，把人类幸福看作是一个社会的终极价值，认为物质福利与人类幸福是两种相互关联的重要价值。[④] 罗默和施韦卡特的

---

① John Rawls, *A Theory of Justice*, Revised Edition, p. 18, 79.

② Stephen Nathanson, *Economic Justice*, Prentice Hall, Inc., Upper Saddle River, 1998, p. 6.

③〔美〕约翰·罗默：《社会主义的未来》，余文烈等译，重庆：重庆出版社 1997 年版，第 10 页。

④〔美〕威廉·施韦卡特：《反对资本主义》，李智、陈志刚等译，北京：中国人民大学出版社 2003 年版，第 76—75 页。

这些观点，显然在现代人类的经济和生存现实中有其客观依据。

经济制度的价值目的的形成，既有社会成员主体的主观维度的根源，更有经济制度和整个社会的客观维度的根源。

一方面，任何经济制度都是一定的社会主体自觉不自觉地以一定的价值观念为引导而建立起来的，因而这些社会主体总是预先为其所建立经济制度“预设”了特定的价值目的。也就是说，他们预先确定了他们所要建立的经济制度究竟是为了什么。无疑，这种预设的价值目的，在多数情况下可能合乎经济制度与社会生活的本质要求，但在某些情况下也并非完全如此，不全面甚至错误的价值目的预设的情形也时常出现。无论如何，这种价值目的的主观设定，总是在本质上包含了一定社会主体对许多不同价值的衡量、选择、排序、整合的主观选择过程，总是反映了他们所特有的价值观念，包括价值立场、价值态度、价值偏好、价值评价等主观因素。这表明，经济制度的价值目的，总是首先在主体维度上以观念的形式而建立起来。

另一方面，一种经济制度一旦被建立，就会形成不依那些社会主体的意志为转移的自身运转的客观过程，因而会在其系统内外的各种因素的作用下，实际地生成自身运转的客观的“价值趋势”，并且以强有力的自发力量要求实现这种价值趋势。这种客观维度的价值趋势，既可能与特定社会主体所预先设定的价值目的是相同的，也可能并不完全相同甚至根本不同。即使是对于处于初创阶段、还存在着许多不完善之处的经济制度来说，也是如此。之所以会出现这种情况，原因是多方面的。其一，在整体运转层次上，一种经济制度的实践过程，总是包含着特定的演变规律，包含着特定的价值趋势的生成和实现要求，这种过程是客观必然的。其二，人们所设定的经济制度，是由多个方面、多个环节构成的，即是由诸多要素构成的，这些要素也必然会在客观维度上分别具有各自的价值本质，而这些价值本质之间也存在着客观的相互作用过程，存在着多种客观规律，这些规律也不是人们随便可以改变的。其三，经济制度是整个社会制度的一个方面，它是在整个社会生活中存在和运转的，因而必然受到整个社会状况的制约，因而，经济制度的客观维度的价值趋势的生成和实现要求，与社会整体的本质要求之间的关系运动，也是存在着客观规律的过程。

因此，一种经济制度的统一的**真正的**价值目的的形成，虽然总是离不开或表现为一定社会主体的主观认识和主观判断，但最终却是这种经济制度内外各种主客观因素综合作用的结果，其中，这种经济制度以及整个社会的客观要求，具有根本的决定意义。因而，一定的社会主体只有努力去认识这些客观要求，适时调整和完善对经济制度的价值目的的原有主观认识，并以所获得的正确认识来引导自己对经济制度的建构、调节、改变等实践活动，才能实现经济制度的充分公平正义，实现经济生活的持续健康发展。

二、我国经济制度构成要素各自的价值目的

经济制度的构成要素，作为特定社会主体的建构，也必然存在着各自的价值目的。为了表达的简明，为了直接明确地进行讨论，特别是为了与经济制度的整体价值目的相对应，我们把经济制度构成要素各自的价值目的，也称作要素价值目的。各个要素价值目的，在公平正义维度上存在着不同特点和程度差别，而且处于特定的相互关系之中。

自从 20 世纪 80 年代进行经济体制改革以来，我国已经基本确立了自己特色的经济制度。从这一制度的构成要素来说，可以大体上分为以公有制为主体、多种所有制经济共同发展的所有制制度，以市场机制作为资源配置和经济运转的微观基础的体制形式，以按劳分配为主体、多种分配方式并存的分配制度，个体自主选择和社会规范相结合的消费制度四大要素。这些要素的每一个要素，都由于自身的价值

本质而蕴含着各自的价值目的，它们的承担主体也存在侧重点的不同，它们的公平正义特征和相互关系具有不同于西方国家的状况。

首先，作为我国经济制度基础的所有制，是一种复合型的所有制，其中，公有制作为主导的方面，从根本上规定了这种复合所有制的价值本质，即大多数生产资料特别是自然资源，是属于全体社会成员的共同价值对象，因而，这也从根本上规定了这种复合所有制所应具有的价值目的，这就是促进全体人民群众的统一平等的、包括物质福祉、精神福祉和社会福祉在内的共同福祉的实现。因为，从价值的角度看，公有制在本质上是一种价值，而全体人民群众作为一个整体是它的价值主体，或者从价值关系的角度说，公有制归根到底是全体人民群众共同平等拥有的价值体系。因此，坚持公有制为主导，就是坚持全体人民群众的统一平等的共同福祉这一价值目的为主导。这正是我国经济制度在价值目的上的公平正义所在。实际上，任何一种类型的公有制，无论中国社会条件下的公有制，还是其他社会条件下的公有制，都必定蕴含或承载着全体社会成员的共同福祉这一主导性的价值目的。当代美国著名的社会主义理论研究者哈里顿在对美国经济政策和经济制度所存在问题的分析中，从特定角度对此作出了富有启发的说明。①

坚持把全体人民群众的统一平等的共同福祉这一价值目的放在主导位置，在实质上要求作为整体的全体人民群众对公有自然资源的开发利用具有最终的价值支配和共享权，特别是对公有自然资源的所有权、经营权、收益权之间的关系，对国有企业的投资方向，对宏观的经济发展方式，对公有经济的收益分配等基本方面的问题具有发言权与决定权，并要求通过更加具体的制度实现这种价值支配和共享权，保障这种发言权与决定权。其中，实现对公有经济收益结果的统一平

① Warren R. Copeland, *Economic Justice: The Social Ethics of U.S. Economic Policy*, Nashville: Abingdon Press, 1988, pp. 66-70, 74.

等共享，是最为关键的一环。

其次，市场机制作为我国经济制度的体制部分，作为配置资源和实现经济日常运转的微观制度，作为各种类型的资本实现自身增值的舞台，已经成为各种经济主体实现自身生存发展的基本形式，而它作为一个整体的主要价值目的或价值本性，是追求经济行为的最大效率。一方面，由于我国市场经济体制是建立在社会主义基本经济政治制度基础之上的，所以，它对作为一个整体的我国全体社会成员具有正面的经济价值，这就是它能够有效激发经济行为个体和经济组织的竞争精神，有效激发多种资本投资主体的自由平等竞争活力，促进经济整体快速增长，这是它的主导的价值目的和作用。这也是我国市场经济体制的基本的正义所在。同时另一方面，由于它主要以从事经济行为的个体和组织为直接价值主体，它突出激励的是这些主体在经济行为方面的自由选择、自由创造、自由获得经济收入等本质环节，因而它首先实现的是这些主体特别是个体主体的经济价值要求。因此，市场经济体制在价值维度上的最大问题，是它对各种经济行为主体的价值实现具有极大的盲目性，因而极易造成收入悬殊或效率与公平的矛盾，它容易导致各种类型的资本由于其本性而无视其行为的正当界限，它对个体自由价值的激励容易陷入极端，它对于人力物力资源的投入方向的利益最大化引导，会导致间歇式浪费等。从现实来看，我国的市场经济体制也很难避免公平正义维度上的这些问题。

再次，以按劳分配为主体、多种分配方式并存的分配制度，作为当前我国经济收益分配的基本制度，是按劳动贡献和其他要素相结合的复合型分配制度。我们知道，分配制度从根本上是由所有制决定的，同时，市场机制和政府调节等因素也起到重要作用。如果对不同劳动的具体衡量尺度是正确的话，以按劳分配为主体，体现了对所有劳动者的劳动价值的公平回报，是一种相对平等的价值分配尺度，而结合生产的其他要素进行分配，则体现了对人们所拥有的其他生产要素的价值作用的合理承认，这无疑会在社会成员的收入结果上产生一定差别。因而，如果真正彻底地实施以按劳分配为主体、其他要素处于从属地位的分配制度，那么可以得出，这种分配制度的价值目的，应是实现相对平等而又有激励式差别的收入分配。由于我国需要长期大力发展经济建设，保持经济活力，因此，这种分配制度在本质上是正义的。而我国当前在分配领域产生的收入差距过大、贫富悬殊等突出现象，一个重要原因是劳动要素之外的其他要素在分配中所占的份额过大。正因为如此，中国共产党十八大报告再次强调坚持走共同富裕的道路，强调提高劳动报酬在初次分配中的比重，强调初次分配和再分配都要兼顾效率和公平，再分配则更加着重公平，使发展成果更多更公平惠及全体人民。

最后，在消费制度方面，我们目前实行的主要是以个体自主选择和对某些性质和方式的消费作出统一规范相结合的消费制度。在经济制度的安排方面，我们过去很少提到消费制度。然而实际上，消费制度是经济制度的重要组成部分。我国在消费制度方面，对于公共消费和个人消费，既有统一的规定，也有允许自主选择的方面。例如在消费的性质方面，相关的法律规定所有社会成员都必须进行健康的消费，禁止不健康的消费、颓废的消费；在消费方式和数量上，主要对公共消费作了规定，明令禁止铺张浪费、豪华式炫耀式的消费。这都是值得充分肯定的。然而也应该看到，我们目前的消费制度还存在许多亟待解决的问题。一是不同阶层的消费权利出现了明显的不公平，这是最突出最迫切的问题。二是对什么样性质的消费、什么样方式的消费是正当合理的，还缺少更加深入的理性思考和全面的法律规定。如对以稀有资源或贵重资源为基础的产品的消费，诸如住房消费、金银制品消费等，究竟应该建立什么样的制度，还没有从我国人口众多、土地等资源不足、经济生活需要长期健康发展等方面的要求出发，形成合理的制度框架。三是还没有对提高消费水平与提倡消费节约作出明确具体的合理区别，因而还缺少对消费节约的严格制度规定。

这样来看，我国需要对目前的消费制度进行深入调整和改变，建立起更加公平正义的消费制度。从价值目的的角度看，由于影响和决定消费制度的因素主要是所有制、分配制度、投资制度、市场机制以及文化传统，而所有制和分配制度是最具决定意义的两个要素，因此，如果我们坚持把公有制为主导和按劳分配为主体的相应价值目的放在首位，那么，我国所要建构的正确的消费制度的价值目的，应是实现全体社会成员的公平正义消费，即平等消费、健康消费、节约消费的统一。

由以上分析可以看出，由于我国经济制度的各个组成要素在性质上存在不同，它们在我国经济生活中所起的功能作用不同，因而它们的价值目的存在不同，它们的主体指向存在不同。

三、我国经济制度的整体价值目的

一个经济制度的整体价值目的确定，既取决于这种经济制度构成要素的各种价值目的的相互作用关系，也取决于这种经济制度所处于其中的整个社会的状况。我们这里暂时撇开后一个方面，主要通过对前一个方面的讨论而分析我国经济制度所应承担的整体价值目的。这里所说“所应”，不是我们通常所说的应然意义上的应该，而是指我国经济制度作为一个整体所必然要求实现的整体价值目的。

无疑，我们必须充分认识到，我国目前经济制度的各个构成要素之间、它们所具有的各种价值目的之间，特别是某些要素、某些价值目的之间，处于基本的相互一致、相互促进的状态。例如，我国公有制为主体、多种所有制经济共同发展的所有制与市场经济体制之间，具有突出的相互促动的方面，即前者为后者提供了多种类型的法人主体，后者为前者提供了竞争发展的统一平台和机制动力。再如，公有制为主体的所有制所具有的价值目的与上述复合型分配制度所具有的价值目的之间，由于前者指向的是全体社会成员整体的共同福祉，后者指向的是相对平等而又有激励式差别的收入分配，因而双方具有基本的一致性。可以肯定地说，自从我国改革开放以来，正是这些价值目的之间的相互一致和相互促进，为我国经济发展提供了极其强大的动力，使我国在短短30年的时间内一跃成为当今世界中的一个经济大国。

同时，也应看到，我国目前经济制度的某些构成要素所具有的各种价值目的之间也存在着某些不一致甚至相互冲突的方面。例如，市场经济体制所具有的追求经济利益最大化这一价值目的，对于我国复合型分配制度所要求的相对平等的收入分配这一价值目的，在缺少对市场经济体制的分配过程进行有力调节的制度的情况下，必然会发生方向上的背离或冲突。而市场经济体制下各种资本的价值增殖最大化这一价值本性，由于市场机制本身所具有的盲目性，必然造成马克思所指出的生产行为的盲目状态，因而，在缺少对资本投资的方向、范围、过程、收益结果进行合理的制度限定的情况下，也必然与公有制主体所承担的全体社会成员的统一平等的共同福祉这一价值目的相背离。当代的多数市场社会主义者，都不同程度地对此作出了分析。如"经济民主的市场社会主义"倡导者施韦卡特，就强调市场体制下所进行的新的投资，必须由社会进行调控，以避免资本主义社会中由市场引导投资所造成的盲目性。①

尽管如此，既然我们在相当长的历史时期内坚持我国的经济制度由这些因素构成，那么，从这些要素、这些要素的价值目的之间所应建立起的合理关系中，能够首先确定我国经济制度的根本价值目的和非根本价值目的，进而确定我国经济制度的整体价值目的究

① 〔美〕威廉·施韦卡特：《反对资本主义》，第62、64—65页。

竟应是什么。

我们知道，就任何事物的内部构成要素之间的关系来说，在一般情况下，总是存在着支配性的因素和非支配性的要素。这既是西方哲学从古希腊的柏拉图、亚里士多德到近代的康德和黑格尔等众多哲学家所提出的宇宙论和社会论的一个主要观点，也是中国古代的周易、儒家孟子、朱熹等人所提出的宇宙观、社会观的一个重要内容。这一观点，无论是从自然科学和社会科学的实证研究的角度看，还是从哲学的普遍辩证法的角度看，都应是对事物构成要素之间关系的一种正确把握。

同样，就我国经济制度的构成要素所具有的各种价值目的来说，它们之间也必然存在着支配性的价值目的和非支配性的价值目的。由于所有制是经济制度的基础要素，由于公有制是我国经济制度的主体与核心，因而我国生产资料的复合所有制特别是其中的公有制所具有、所指向的价值目的——实现全体人民群众的统一平等的共同福祉，应是我国经济制度的支配性的价值目的，也就是根本价值目的，而其他要素各自的价值目的，则是非支配性的价值目的，也就是非根本的价值目的，因此，明确建立根本价值目的对非根本价值目的的主导制度，使后者从属于前者，围绕前者而运转，才是这两种价值目的之间的真正合理关系。

如果我国经济制度的根本价值目的是实现全体人民群众的统一平等的共同经济福祉，那么，我国经济制度的整体价值目的呢？它是否就是我国经济制度的根本价值目的？答案正是如此。

一种经济制度的整体价值目的，从根本上来自于经济制度要素的价值目的之间的相互作用的统一。所谓各个要素的价值目的的相互作用的统一，不仅包含了它们之间的相互影响、相互制约、相互促动、相互冲突，而且包含了引导它们之间实现正确相互作用的那种灵魂，即包含了引导它们之间实现正确相互作用的根本方向。这个灵魂或根本方向，正是一种经济制度中主导要素所承载的根本价值目的。因而，这种根本价值目的，也就是一种经济制度作为一个整体所要求或所具有的整体价值目的。

因此，我国经济制度的整体价值目的，就是我国经济制度的根本价值目的——实现全体人民群众的统一平等的共同福祉。所谓统一，强调的是这种价值目的所要求的主体，是全体人民群众的整体，而不是所有个体主体的简单相加。所谓平等，强调的是这种价值目的对于每一成员主体不存在实质差别。所谓共同，强调的是这种价值目的对于全体人民群众的共同性。显然，这一整体价值目的，充分表明了我国经济制度的公平正义性质，充分表明了我国全体人民群众在经济制度上的主体地位。因此，它具有无比巨大的制度力量和优势。实际上，也只有这样的整体价值目的，才能够调动起全体人民群众的主动性、创造性，凝聚起全体人民群众的意志，实现我国经济生活的长期健康发展，引导全体人民群众建立起真正和谐繁荣的社会。

既然经济制度的整体价值目的来自于要素价值目的之间相互作用的统一关系，因此，对这些要素价值目的之间关系的安排是否合理、是否完善，就直接关系到经济制度的整体价值目的是否能够得到实现，是否能够得到充分有效地实现。就我国目前经济制度要素的价值目的之间关系的现状来看，无疑还存在着某些与整体价值目的不一致、不协调的现象，因此，需要对这种关系进一步加以完善，建立起以整体价值目的的充分有效实现为宗旨的要素价值目的之间的合理关系系统。这应是我国经济体制改革所需完成的更加迫切、更具深远意义的任务。无疑，完成这一重要任务，对于充分实现我国经济制度的整体价值目的，充分实现我国经济制度的公平正义，无疑具有根本和基础的重大意义。

第十五章
市场经济自由的限度及制度调节

市场经济方式是现代人类社会的一种主要经济方式，市场经济方式所表征的自由是现代社会的一种主要自由。20世纪30年代以来，经济学、经济哲学、政治哲学等领域的一个重要理论事件，就是关于是否应实行放任的市场经济自由的激烈争论。理论争论的复杂演变和经济实践的历史运动已经表明，并不存在静态的、无界限的市场经济自由，存在的是动态的、有界限的市场经济自由。正是由于这样的原因，仅仅静止地执着于市场经济自由而忽视更高历史形态的经济自由，仅仅执着于市场经济自由的优势而忽视其特定的历史限度，对于任何一个实行市场经济的民族来说，都是极其有害的。由于我国正在完善社会主义市场经济体制，由于我国的根本经济制度、人口状况、历史传统与西方社会十分不同，所以，深入探讨市场经济自由的本质内涵、动态限度及对它的合理制度调节，对于我国经济的健康发展和社会的全面进步，具有重要的实践意义。本章力图从经济哲学的角度，对这一问题作出初步分析，以引起学界的更加深入的思考。

一、市场经济自由的本质内涵与历史形态

市场经济方式的自由，简言之，市场经济的自由，作为对封建专制经济方式的革命，是人类经济发展的一个巨大历史进步。它的本质内涵主要集中在两个方面。

一是在经济主体的地位方面，各种经济主体特别是资本所有主体

或财产所有主体获得了独立自由地位。这对于社会的经济发展来说，具有极其重要的推动意义。这首先意味着任何成熟的社会成员都有根据自己的意志进入经济生活领域的权利，自由地成为经济领域的实际主体。经济主体的资格条件不再取决于是否掌握政治权力和社会地位的高低，而是取决于最低限度的劳动能力或资金条件。这还意味着经济主体可以自由地决定自己的经济行为方向，自主地选择投资经营方式，在经济生活中充分运用他们的知识和能力，实现他们的经济和其他社会价值追求。从经济哲学的角度看，这标志着独立的经济人格的形成，标志着社会的经济生活与政治生活、经济权利与政治权利之间的明确划界。

二是在经济主体的行为方面，各种经济主体在统一平等的规则约束下进行自由竞争。这也是市场经济自由的一个本质规定。也就是说，市场经济方式的自由，是在公平合理规则基础上有序竞争的自由；公平合理的规则是市场经济方式得以健康运转的舞台，自由竞争是市场经济方式的动态性质。这种自由竞争的本质内涵，在于各种经济主体自由行为的相互关联和相互限定。一方面，统一的规则把所有市场经济主体的自由经济行为联系为一个相互竞争的整体，形成各种市场经济主体之间极其有力的相互推动；另一方面，相互竞争本身又意味着各种经济主体的自由行为之间的相互限定和相互碰撞，因而，使得对这种经济自由进行制度调节成为必然。

从 18 世纪末以来西方社会的历史来看，市场经济自由作为西方现代经济实践的本质，在表现形态上是一种历史变化过程，并没有一成不变的形态。在现实的运动机制上，这种历史变化过程集中表现为市场和政府的相互作用的运动。经济思想史的研究者们通常把这种相互作用的历史分为三个阶段或三种形态。我们认为，由于政府是社会整体的代表，因此，市场与政府的相互作用，实际上通常是市场经济的自由要求与社会整体的发展要求之间的相互作用。由此，市场和政府的相互作用的三个历史阶段或三种形态，在本质上可以理解为市场经济自由历史运动的三个历史阶段或三种历史形态。我们看到，市场经济自由的每一历史阶段或历史形态都具有自身的不同特点，同时也伴随着不同的理论经济学家的支持或反对。

第一个历史阶段是政府基本上对市场主体采取放任自流态度的市场经济自由阶段，即政府只提供市场自由竞争的平等规则、社会公共物品以及安全保障，对市场的自发运行不作干预的历史阶段。大体上，从 18 世纪末到 20 世纪 20 年代之前，这种形态的市场经济自由先后在英国、美国等一些西方国家中获得了支配地位。① 历史地看，由于这种形态的经济自由产生于对封建等级经济以及封建专制统治的变革，因而它特别突出地表现为反对政府对经济的干预或控制。在理论上，18 世纪 70 年代的斯密第一次从经济效率的角度对此作了明确论证，为这一历史阶段的经济自由实践提供了理论准备。

第二个历史阶段是政府强有力干预下的市场经济自由阶段。其主要特点是，一方面，政府在根本上仍然坚持个体和企业经济主体的选择自由；但另一方面，政府力图通过制定各种财政货币政策，对经济自由的范围、所产生的问题进行合理调节或限制。从历史时段上看，这一形态的市场经济自由，萌芽于第一次世界大战之后，并在第二次世界大战以后的美、英、法、德等主要欧美国家中取得了主导地位。值得注意的是，政府对市场经济自由的有力干预，遭到了这一时期自由经济学家如哈耶克、弗里德曼、布坎南等人的坚决反对。他们从理

① 这是现代西方经济学对放任的经济自由的历史时期和扩展范围的一般观点。参见〔美〕保罗·萨缪尔森、威廉·诺德豪斯：《微观经济学》（第十六版），萧琛等译，北京：华夏出版社 1999 年版，第 229—230 页。当然，对于这一问题存在着不同意见。如管理学家德鲁克，甚至提出根本没有存在过放任的经济自由，认为放任的经济自由只是经济理论的一种模式，并不是政治理论与政治实践。见〔美〕彼得·德鲁克：《管理：使命、责任、实务》（使命篇），王永贵译，北京：机械工业出版社 2006 年版，第 362—365 页。我认为，德鲁克的观点缺少实证的支持。

论上对斯密所提出的市场经济自由进行了更进一步论证，将之发展为激进的经济自由主义。从经济哲学的角度看，他们的论证带有根本的片面性。

第三个历史阶段是政府与市场之间力图达到平衡的市场经济自由阶段。这一阶段大体上从20世纪90年代开始，直到今天仍在继续。20世纪90年代以来西方国家的经济发展表明，政府对市场经济自由的合理调控是一个国家经济正常发展的不可缺少的重要条件。即使一直把市场经济自由放在绝对优先地位的美国，现在也在不断地调整经济政策，力求把它所产生的问题控制在一定限度之内。

市场经济自由之所以会经历上述三种形态的依次更替，政府对市场之所以发生从没有干预到强力干预再到减少干预的动态变化，实质上意味着市场经济的自由在本质上并不是永恒的，而是有着特定的历史限度。

二、市场经济自由的共时性限度：经济平等与社会整体发展

在共时性维度上，由于市场经济自由是各个经济主体相互竞争的自由，因而归根到底，这种自由会直接导致社会成员之间的经济地位的不平等，并直接影响社会整体的健康发展。也就是说，从所关涉的范围来看，这种自由的运动有两个实质性界限：经济平等和社会整体的发展。

首先，正如许多思想家所指出的那样，由于市场经济的自由是公开激烈竞争的自由，所以，它必然首先在经济生活中导致两个方面的严重不平等：竞争过程中实力的不平等和财富分配的不平等。不同经济主体的实力在激烈竞争中的强弱变化，某些经济主体的被淘汰出局，必定造成新一轮竞争过程中不同经济主体的实力不平等或实质不平等。

同样，由于竞争的作用，不同行业的经济主体之间、同一行业的经济主体之间的财富分配结果，也必然产生巨大的不平等，特别是破产和两极分化现象。在更加微观的分配层次上，如企业管理者与一般职员之间、技术工人与非技术工人之间，财富的分配也是如此。

问题的关键在于，竞争过程和竞争结果的不平等不仅直接关系到所有经济成员的物质生活状况，而且直接影响着他们的精神状况，他们的实际创造能力等，用马克思的话说，就是直接影响到他们的自由全面发展，用罗尔斯的话说，就是直接损害了他们的理性尊严和社会合作能力[①]，用阿马蒂亚·森的话说，就是严重损害了他们的“可行能力”，或者说，严重剥夺了他们发挥自己“可行能力”的自由，剥夺了他们享有值得珍视的生活的自由。[②] 无疑，马克思、罗尔斯和阿马蒂亚·森的观点，在理论上认识到了经济不平等与实质自由的内在关联，是对市场经济方式之历史局限的深刻洞见。

显然，经济不平等的产生，是市场经济自由的一个基本限度所在。因为只有当经济生活的每一领域内部的各种主体之间、各个部门之间、全部经济生活的所有主体之间达到充分协同互动、和谐有序，才能实现经济生活整体的健康持续发展。因此，在经济实践中，实行放任的市场经济自由必定是极其有害的，根本合理的做法是从源头即制度上事先合理地规定市场经济自由的界限，使其不致产生严重的经济不平等。相反，如果先行实行放任的市场经济自由再在事后矫正其造成的经济不平等后果，即使有一定作用，也难以从根本上解决问题。

其次，从社会整体的发展来看，在市场经济方式下，所有经济主体之间激烈的自由竞争，必然会直接或间接地影响到社会整体的发展，

① 〔美〕约翰·罗尔斯：《作为公平的正义——正义新论》，第31—40、124—128、226—233页。

② 〔印度〕阿马蒂亚·森：《以自由看待发展》，任赜、于真译，北京：中国人民大学出版社2002年版，第4—6、9—15、18—22、29—34页。

必然在社会整体发展的层次上导致多方面的非正义和不均衡问题。这主要表现在以下两个方面：

一是由于经济生活对其他社会生活领域具有基础的连带作用，所以，市场经济的自由竞争必然引发其他社会生活领域的激烈竞争。从西方各国市场经济以及我国当前市场经济方式所塑造的社会生活的突出特征来看，市场经济自由竞争必然直接或间接地引发经济领域之外的各个行业内部的普遍和激烈竞争，即使原来真正的行政和事业部门也无法避免，如行政管理领域、教育领域、科学研究领域等。事实已经充分表明，激烈的竞争既为这些领域带来了巨大活力，也在这些领域导致了金钱导向、唯利是图等严重的价值观和实践问题。

二是由于市场经济的自由以创造商品价值的多少作为行业高低和人们价值高低的压倒性尺度，所以它必然按照各种经济行业和人们在财富创造中的作用造成社会等级分层。从行业的分层看，产业重心从第一产业和第二产业向第三产业的转移，主导性产业与非主导性产业的明确划界，知识产业与非知识产业在财富创造过程中的巨大差别，都充分表明行业等级的分化已经形成。从社会成员的分层看，财富分配结果上的巨大不平等本身就是社会成员的尖锐分化，必然造成富人群体、中产群体、穷人群体的分化。这两种分层的结果，就是不同行业、不同阶层之间的相互隔阂与淡漠，严重影响社会整体的和谐统一与健康发展。

由此来看，市场经济的自由，绝不像斯密、哈耶克、弗里德曼所认为的那样，能够通过看不见的手的作用自动实现整个社会的和谐发展。从经济学的角度看，市场经济的自由不能够解决充分就业、价格稳定、经济持续增长等宏观经济目标，从经济哲学的角度看，它不能够自动实现各个分立的经济利益的和谐共存，特别是不能够自动实现个体经济利益与社会整体经济利益的和谐一致。

所以，社会整体的健康发展，是市场经济自由的又一实质界限。

与经济生活的平等这一界限相比，这一界限是更加根本的界限。因为，经济生活只是整体社会生活的一个方面，经济发展只是社会整体发展的一个部分。在人类历史的大多数历史阶段，社会整体的存在都高于任何一个方面的存在，即使对于头等重要的经济生活来说，也是如此。

考虑到当今中国和世界上许多发展中民族正在进入市场经济阶段，因此，深入探讨市场经济的自由与社会整体的发展要求之间的历史动态关系，特别是深入探讨不同民族的不同社会条件（包括经济政治制度、文化传统、人口因素等）对这种经济自由的必要修正或改变，就是经济哲学的一个极其重大的理论课题。限于本章的主题，这里除了下面针对中国的情况初步提出自己的观点以外，对此暂不作详细讨论。

三、市场经济自由的历时性限度：历史存在的非永恒性

任何经济方式都是社会历史的产物，都既具有其产生的历史必然，又有其特定的历史局限，这就决定了任何经济方式都有其存在的暂时性。这是人类经济生活的永恒辩证法。马克思历史哲学的一个最大贡献，就是从本质上深刻地阐明了这一点。

市场经济方式的最大成就，就是最大限度地调动了社会成员个体的观念智慧和实践力量，空前规模地开发利用了一切可能的人力和物力资源，创造了前所未有的巨大社会物质财富和文化财富，历史性地开发和塑造了单纯追求经济利益的人，把个体的经济自由乃至政治自由推进到极端，带来了人类社会历史的一次巨大飞跃。

然而，市场经济方式也使人们最大限度地创造出无限变化、永无止境的贪婪需求和欲望，空前地把人们的主要力量聚集在对有形财富的极端创造和追求上，因此造成了自然资源的极大破坏和浪费、社会生活的严重物化，造成了自由与不自由、自由与平等的尖锐对立，在很大程度上扭曲了人类的本性，使人类付出了相当沉重的历史代价。

这正是市场经济自由的根本的历史局限。从人类历史运动的角度看，它虽然与奴隶社会、封建社会相比，第一次创造了以对物的依赖为基础的个体的经济自由，改变了经济生活中的人身依附关系，但在根本上它与前两个社会一样，仍然属于以损害一部分社会成员的理性尊严和成员资格为前提而发展的历史阶段。显然，在一般员工与资本所有者巨头之间，既很难有理性尊严的基本平等，也很难有社会成员资格的基本平等，前者总是处于后者以经济利益为绝对考量的支配之下，因此，前者不可能具有真正的经济选择自由，不可能有与后者进行实质竞争的自由。①

历史的辩证法在于，市场经济方式只是人类经济发展的一个历史阶段、一种特定的经济方式，市场经济方式的自由也只是人类追求经济自由的一个历史阶段。如果说，原始社会经济方式的自由是有限的，但却是社会化成员之间基本平等的自由，而奴隶社会和封建社会的经济方式则剥夺了大部分社会成员的经济自由，使他们从人身上依附于强势阶级，因而自由也只是以异化的形式、以实质上不自由的形式被赋予强势阶级，那么，现代社会的市场经济方式，尽管带来了社会成员按照法律规则从事经济活动的形式的自由，但在实质上，这种自由仍然主要属于强势阶层，并且仍然是以异化和实质不自由的形式存在。

对于大多数民族国家来说，既然市场经济方式的自由是一种历史的必然，是这些民族发展到一定历史阶段的产物，因而市场经济方式的自由也就是非永恒的，它丧失自身历史必然性的时代终究会到来。社会历史在本质上是社会共同体的主动选择与规律制约之间的矛盾运动过程，其中，理性精神具有关键的引导作用。市场经济方式的产生，

---

① 罗尔斯的正义论，试图从制度上对处于最不利地位的社会成员进行保护性安排，这种理论努力值得充分肯定，其思路也极有启发意义。但是显然，如果人类还没有产生扬弃市场经济方式的能力，那么，就必然会不断地形成最不利者群体，他们的最不利地位就很难从根本上得到改变。

既是大多数民族的经济历史运动的必然结果，同时又表现为这些民族的自觉选择。当市场经济方式充分展示出它的本质内涵，彻底暴露出其内在的问题和缺陷时，这些民族也将会充分形成对它的完整的理论认识和理性自觉，创造出使它最终走向灭亡的历史条件。

四、市场经济自由的制度调节

在当今时代，多数民族采取了市场经济方式，由于如前所说市场经济方式的自由存在着严重问题和历史局限，因此，尽管目前还无法从根本上改变这种状况，但对它的运转进行制度调节，却是十分必要和切实可行的。这是保证市场经济获得健康发展、实现社会整体和谐进步的根本条件。否则，正如保罗·萨缪尔森和威廉·诺德豪斯所指出的，市场经济就像一匹没有套上缰绳的野马一样[①]，必定会给一个民族的发展带来巨大危害。

这里所说的制度调节，指的主要是社会经济制度的调节，包括经济制度调节的根本原则以及产权方式、市场竞争机制、财富分配等方面的合理安排。其中，经济制度调节的根本原则是本质性的，具有横贯一切方面的指导意义，而产权制度安排是制度调节的基本方面，对于经济生活和社会整体的健康运转具有基本的规定意义。同时，市场竞争机制与财富分配方式的安排也不可缺少，只有使它们与产权制度形成一个有机的整体，才能全面有效地发挥它们各自的调节作用。这里主要结合中国当前市场经济的问题，就如何对之进行制度调节，作一简单说明。

经济制度对市场经济自由进行调节的根本原则，是经济哲学所要探讨的一个根本问题。我们认为，归根到底，正义原则是进行这种调

---

① 〔美〕保罗·萨缪尔森、威廉·诺德豪斯:《微观经济学》(第十六版)，第229页。

节的最根本原则。在这里，正义原则不仅来自对市场经济运动规律的理性把握，更来自对社会整体的运动规律的理性把握，来自对市场经济运动与社会整体发展之间关联的历史性质及规律趋势的正确把握。就实行市场经济的具体民族来说，这一民族所处的经济发展水平，所实行的基本经济政治制度，它的历史过程与文化传统，都需要与市场经济放在一起进行综合考虑。就我国的实际情况来看，我国的经济发展水平还并不发达，我国的市场经济是建立在公有制主导和人民民主的根本经济政治制度这一基础之上的，我们的历史和文化传统也一直是社会整体的利益和进步至上，所以，我国所应实行的制度调节的正义原则，是人民群众整体的经济利益、经济福祉根本优先的原则。

在产权制度的安排方面，国有资源所有权和经营权的关系的正义安排、国有资产的所有权和经营权的关系的正义安排，是具有同等意义的问题。观察我国目前在这方面存在的问题，对照相关的法律制度，可以看到，我国这方面的法律制度或者不够全面，或者长远来看合理性程度不足，因而造成了国有自然资源的低价或掠夺式开采、国有资产在改制中存在流失等现象。显然，根本的解决方式是，在国有自然资源的开发利用、国有资产的股份制改革以及国民经济命脉行业的投资和市场准入条件等方面，制定充分保证全体社会成员和社会整体发展优先的法律规则，使国有产权制度成为引导市场经济方式运转的定向标，成为克服市场经济缺陷的主导方式。

在市场竞争机制方面，关键是建立对市场自由竞争过程进行实质性调节的合理机制。就我国目前的情况来说，我们对市场自由竞争进行约束的规则还远不够完善、漏洞较多，实质性的动态调节机制还很不健全，并且对已有规则的执行缺少应有的力度。这不仅在很大程度上致使资本的追求利润最大化本性超出正当界限，造成了对自然环境的巨大破坏，引发了严重的生产安全问题，而且导致了竞争实力的巨大不平等。这就要求在制度上严格划定资本自由竞争的正当界限，同时制定保证平等竞争的动态调节措施，从源头上防止不平等竞争的发生。

在财富分配制度方面，最根本的，是建立把资本自由竞争的收益转化为全体人民群众的经济福祉、转化为有力促进我国经济与社会全面发展的分配制度。在这方面，我们同样存在着不少有待完善的地方。目前我国各地区之间经济发展的不平衡，城乡经济发展差距的拉大，财富分配的贫富两极化，就充分证明了这一点。要真正改变这种状况，就必须全面建立保证全体社会成员基本生存和发展利益绝对优先的社会保障制度，建立全国统一的动态调节地区收入差距和城乡收入差距的财政支付制度。在这方面，同时调动公有制和非公有制经济的分配力量，具有至关重要的意义。

总之，我们应该充分认识到，自从改革开放以来，我国主要强调经济发展的优先地位，强调以市场竞争作为配置资源的基础手段，强调市场主体的经济利益的优先性，因而在一定程度上忽视了市场经济自由所伴随的深层问题，因而造成了资源压力巨大、环境污染严重、生态失衡等突出的自然环境的破坏问题，并引发了官员腐败、文化生活失范、道德价值观念下滑等一系列社会问题。因此，我们需要更加全面地审视市场经济自由的优势和弊端，把它与我国社会整体的健康发展合理有机地结合起来，使它从属于我国的和谐社会建设，从属于全体社会成员的自信自尊、创造能力和健康幸福。

第十六章
国有资源产权的完善及其对建设和谐社会的意义

在当今社会，世界上各个国家对经济发展的需求空前增大，资源即自然资源在国民经济发展中的作用日益突出。由于资源本身就是处于特定社会条件之下，处于一个国家的特定的产权制度安排之中，因而，一个国家的资源产权制度安排状况，特别是所有权与经营权的关系安排状况，对于它的经济发展以及社会发展，具有极其重要的作用和意义。自从改革开放以来，我国对国有资源的产权制度安排进行了重大改革，实行了所有权与经营权的明确分离和划界，因而极大地激发了经营主体的积极性，促进了经济的快速发展。同时，我们也要看到，我国国有资源的产权制度安排出现了对所有权的作用重视不足、过度强调经营权的作用这样的问题，在很大程度上造成了资源的无效率开发和严重浪费等问题，并且成为收入和财富分配差距拉大的一个重要原因。因此，深入研究我国国有资源所有权与经营权的关系安排存在的问题，进一步完善这种关系安排，对于我国经济的持续健康发展和社会主义和谐社会建设，具有重要的实践意义。

一、资源的所有权与经营权的历史辩证关系

所有权与经营权的关系安排是产权制度的基本内容之一。我们知道，在不同的历史阶段或不同的社会条件下，产权具有不同的内容。在现代社会，产权包括多方面的权利，是基于财产的一组权利。经济

学通常认为产权的内容包括所有权、支配权、管理权、收益权等。从现实与逻辑相统一的角度，我们认为把产权区分为所有权、经营权、收益权比较恰当。所有权是财产的所属权利，经营权是财产的使用管理权利，收益权是财产收益的分配权利。

的确，由于所有权的控制和经营权的使用最终都是为了收益权，因此，收益权是所有权与经营权赖以运转的落脚点。然而，如果把收益权作为既定的目的，因而把它作为产权中的不言而喻的权利，那么，就可以把产权主要理解为所有权与经营权两类权利之间的关系，把历史上产权的运动主要理解为所有权与经营权的辩证运动。

我们之所以从所有权与经营权的关系的角度分析资源的产权安排问题，首先就是因为这一角度在现实上是资源产权安排的关键，同时在理论上也更容易抓住问题的焦点。

作为人类存在所必然进行的经济生活，一开始就包含了对资源的经营或使用关系、经济产品的分配关系等。当这些关系发展为排他性的关系时，即使没有制定强制性规则或法律制度，它们也会逐渐成为事实维度的所有关系。因此，经营与所有，在人类经济生活的历史发展中，比法律规定意义上的所有权与经营权更加原始。换句话说，如果我们把权利理解为广义的即实际的控制权利，而不管是否作出法律规定，那么，在经济生活事实维度上的经营与所有，本身就是经营的权利与所有的权利。

人类社会在资源的经营与所有、经营权与所有权之间关系方面的历史进程，从原始氏族社会到现代民族社会，经历了一系列复杂的变化。20世纪以来，西方的经济史学家对这一历史变化过程，进行了更加深入的研究，其中，在原始氏族社会对土地资源的经营权与所有权产生的顺序问题上，提出了一些值得我们进一步思考的极富启发意义的观点。从他们对加拿大原始部落成员对狩猎土地的权利变化关系的研究[①]可以看到，我们过去所设想的原始氏族社会一开始就是土地资源公有制的看法可能不够准确，需要做出改变。具体来说，我们应该提出的新的观点是，在原始社会开始以后的相当长的历史时期内，氏族及其成员对土地资源的关系，并不是一开始就同时存在经营关系与所有关系，而是先有经营关系、再有所有关系的历史生成过程。

首先，应该可以判定，在原始社会的大部分时间里，只有氏族对土地资源的经营使用关系，而没有产生所有关系。这当然从根本上不是因为当时人们没有对资源的所有观念，而是因为他们的经济生产能力低下，没有形成与土地资源之间充分的、巨大的价值关系，没有产生对土地资源进行排他性占有即所有的现实基础。这样来看，18世纪英国的政治哲学家洛克把所有制的起源归结为劳动的观点就有相当的合理性。洛克认为，可以想象，在人类历史的相当长的时期内，人口稀少而土地广袤，土地对于人类的财富创造并没有处于稀缺状态；在这样的情况下，谁对某一荒芜土地施加劳动耕作，谁就为这一片没有多少价值的土地提供了新的价值，因此，谁就对这片土地拥有所有权；只要他能够不加浪费地全部消费掉他所生产出的产品，他需要多少土地，就可以占有多少土地。[②]

其次，同样可能的是，在原始社会相当长的时期里，不同地域的氏族对土地资源的使用经营关系也不是排他性的，至少不是绝对地排他性的，更没有制定出法律规则。之所以出现这种状况，主要原因也同样是，对于当时人类的各个群落来说，用来维持生存的土地表层等资源并不存在今天意义上的短缺，甚至可以说并不存在短缺。只是由于当时人类利用土地资源的能力低下，对干旱、洪水、地震等自然灾害的抵抗能力低下，因而他们只能艰难地实现生存。

---

① 参见〔美〕哈罗德·德姆塞茨：《所有权、控制与企业——论经济活动的组织》，段毅才等译，北京：经济科学出版社1999年版，第132—135页。

② 〔英〕洛克：《政府论》（下篇），第17—32页。

如果上述两个判断能够成立，那么也就意味着，在原始社会，氏族或部落对土地的公有关系，只是在原始社会发展到一定阶段以后才产生。

当然，原始社会的历史事实究竟如何，还需要进一步研究。我们这里要指出的是，从人类社会经济发展的历史来看，人们对土地资源以及经济产品的排他性关系——特别是土地资源的所有关系即对土地资源的氏族公有制关系和以后的个人私有制关系的产生，具有重要的历史转折意义。

其一，这种经济关系的产生，在事实上形成了人们对一定资源和经济产品的占有责任和相应权利，形成了人们之间实质性的经济利益关系。如果说，在原始社会相当长的时间内，经济利益并没有成为人们生活的支配力量，那么，土地所有制关系的产生，则从根本上改变了原有的社会生活状况，经济利益开始逐渐成为社会生活的枢纽，成为一个社会变迁的重要力量。

其二，由于这种经济关系标志着人们对经济利益的明确的观念和追求，因而极大地推动了经济生活的发展。通过经济史研究的相关数据可以推断，原始社会末期逐渐产生和发展的私有经济关系，是推动原始社会向奴隶社会转变的重要促动力量，而以后的奴隶主私有经济关系、封建主私有经济关系，正如马克思所说，都在其所能容纳的范围内促进了经济生产力的发展。而这种发展也正是产生资本经济关系的重要前提。也就是说，在这些历史阶段，不同的经济私有关系本身就意味着不同的经济生产能力。

其三，正是由于对资源和产品的所有关系的出现，才产生了所有与经营之间的历史动态过程，形成了经营产生所有、所有支配经营、所有与经营并重、经营支配所有等一系列历史关系形式。大体来说，在原始社会的一定阶段，人们对土地资源的长时期经营过程最终产生了所有关系，而在产生了所有关系以后，一直到封建社会甚至资本主义社会初期，所有关系一直支配着经营关系，只是到了资本主义经济基本成熟以后，经营关系才取得了新的重要乃至支配地位。

其四，正是由于对资源和产品的所有与经营之间复杂的利益关系的出现，才逐渐产生了对所有关系与经营关系的强制法律规定，产生了我们今天所指称的所有权与经营权。

因此，人类经济生活的所有权与经营权的关系，是一个动态的历史变迁过程。在资本经济产生之前的经济形态特别是在奴隶社会和封建社会的经济形态中，一方面，所有权与经营权的分离现象还远不普遍；另一方面，所有权与经营权的分离方式还很少具有充分激励的形式，这些特点决定了这些经济形态不可能有效地促进经济的发展。

相反，资本经济在产权安排方面的一个根本特点，也是资本经济不同于自然经济的一个根本区别，是所有权与经营权的比较普遍的分离关系。这在经济主体上就是所有权主体与经营权主体之间的委托—代理关系。在资本经济发展的不同历史阶段，所有权与经营权的分离关系形式也往往不同。

资本经济所形成的所有权与经营权的普遍分离关系，作为一种不同于以往的产权制度安排，强有力地推动了经济生产的发展，一个突出的动因是经营权在财富创造或经济增长中的作用显著增加。在资本经济的不成熟时期，经营权的作用与以往历史相比虽然开始明显提高，但所有权仍然具有决定意义，而随着资本经济的发展和成熟，经营权的作用发生了实质性增大，甚至超过了所有权的作用，这对于财富创造或经济增长具有决定意义。

相应地，这也极大地改变了经济产品的分配关系。也就是说，在产品的分配份额或产品剩余索取的比重方面，相对于所有权主体，经营权主体所占的比重日益增大，因为经营主体所承担的经营风险在增大。这种情况突出地表现在实行所有权与经营权分离的那些大型和超大型企业公司的收入分配方面，经营主体特别是那些主要管理者一般都是超高收入者。

当然，在资本经济的历史发展过程中，所有权与经营权之间存在着相互作用的关系。一方面，只有存在所有权所限定的资源或资产，才会发生相应的经营，前者为后者提供实体前提，并且在特定的程度上制约着后者的水平与效益；另一方面，经营是所有权获得实际扩展的条件，没有经营，所有权就是一潭死水似的静止存在，而经营状况如何，也直接影响着所有权的扩展或减弱。在一般情况下，由经营所产生的部分经济剩余，会转变为所有权份额或力量的增大，经营权作用的增大，也会表现为所有权的增大或加强，相反，如果经营是长期亏损或严重亏损的，则会削弱所有权的份额或力量。

二、我国国有资源产权安排存在的问题及其解决方式

自从20世纪90年代以来，我国对国有资源的所有权与经营权实行分离，允许各种经济主体包括公有制经济主体与非公有制经济主体按照市场平等原则进行开发经营。这形成了我国国有资源产权的崭新情况，一方面，国家依然保持着对资源的所有权，这是我国国有资源产权的根本特点；另一方面，不同经营主体对国有资源的经营权明显增大，经营权对所有权的关系发生了全新的变化，所有权对经营权的制约关系大大减弱。

从结果评价的角度看，这种关系状况，一方面为我国经济生产注入了巨大活力，推动了经济投资和国民生产总值的高速增长；另一方面，也产生了不少负面后果，在很大程度上造成了资源的掠夺式开采、环境严重破坏、矿产安全事故多发、贫富两极分化等尖锐问题，促生了经济生活的诸多不和谐现象，影响了我国经济可持续发展战略的实施。

这就尖锐地提出了究竟如何看待我国国有资源的所有权在财富创

造和分配中的作用，究竟如何处理国家对资源的所有权与各种不同经济主体对资源的经营权之间的关系问题。

我们认为，造成上述负面后果的一个重要原因，恰恰是我们在国有资源的所有权与经营权的关系安排中自觉不自觉地过度强调了经营权的作用。这表现在以下几个方面：

第一，在关于国有资源的所有权与经营权的制度规则中，在很大程度上忽视了国家对资源的所有权与经营权这两个方面的控制权。所有权与经营权在本质上都是控制权，在我国，由于坚持大部分资源的国家所有或全民所有，因此事实上国家同时也应该是资源经营权的主体，其本质意义和最终目标则是实现全体人民的共同经济利益。无疑，在某些经济行业，存在着不合理的行业垄断，国家对一些部门的控制权妨碍了自由竞争，但这些领域与国有资源领域发生的问题并不相同，也就是说，现在国有资源领域中并不存在经营权的普遍垄断问题，相反，倒是国家在经营权乃至所有权的控制方面处于减弱状态。除了某些官员腐败、官商勾结这一重要原因以外，上述控制权的减弱，是造成国有资源的经营权被低价出让和国有资源被掠夺式开发的产权制度原因。

第二，没有充分体现出国有资源所应有的长期经济价值，即对我国经济长期持续发展的头等重要意义，这主要是由于我们对这一点的认识还不够深入。一个民族的资源尤其是那些不可再生的矿产资源状况，对一个民族的经济能否实现长期可持续发展，具有直接的基础性影响。对于像我国这样的人均占有资源量很少的大国，资源的利用必须高度有效、高度节约，才不至影响我国经济的长期发展。因此，必须从这样的战略高度，看待资源的国家所有权对我国经济发展的作用。具体说，必须在确定合理的经济增长速度的前提下，制定严格的高效节约的开采利用资源的规则，以及严格的开采准入的法律制度。从我国关于资源特别是矿产资源的现行法律规则来看，对经营权的出让价格，包括探矿权和采矿权使用费、资源补偿费、资源税等各种费用，都规定得过于低，同时由于没有严格执行开采准入的法规，致使大量的经济主体，甚至不合乎效益要求、技术要求、安全要求的经济主体，特别是非公有制经济主体进入了矿产资源的开采领域，因而造成了矿产资源开采的惊人浪费。

第三，在资源的国家所有权对多种经济主体的经营权的决定作用方面缺乏足够合理的规则。我国目前市场经济的发展已经显示出，经营权的作用正在急剧增大，但是，由于我国的经济仍然不够发达，由于公有制必须居于主导地位，所以，资源的国家所有权应该对其经营权形成根本支配作用。在保证一定效率的前提下，通过所有权控制经营权，特别是控制经营权的收益，在根本方向上就是正确的。而我国目前的具体规则表明，虽然我们没有把经营权置于所有权之上，但也没有突出强调所有权对经营权的根本决定作用，致使经营主体在资源的开采利用中获得了巨大的超额经济利益。

第四，对于资源的国家所有权和经营控制权在实现人民群众的共同富裕，特别是经济财富分配平等方面的重要作用的认识也还不到位，在资源的国家所有权和经营控制权方面缺少强有力的调节规则。实际上，我们过去所强调的公有制使人民群众成为经济上的主人、为人民群众经济上的平等提供了根本的制度基础这一观点，在理论上是成立的，即使在市场经济条件下也是如此。问题是，当市场经济成为公有制实现的体制方式时，公有权与经营权的关系与计划经济体制下二者的关系相比发生了实质性变化。上述规则方面的不足，从一个方面直接导致了少数个人经济主体在短时间内暴富，拉大了他们与多数社会成员的收入距离，从一个角度加剧了两极分化。无疑，两极分化的原因是多维的、复杂的，如市场的竞争作用、社会成员所受教育的差别、城乡经济条件的差别等。然而，国有资源的产权制度的上述不足，应是一个不容忽视的原因。例如，数量众多的资源开采经营者之所以成为巨富，与我们的资源开采权定价过于低廉有直接关系。

应该说，在国有资源的所有权与经营权层面发生的上述问题，特别是由此引发的现象，与我国政治管理体制存在的不足或不合理之处也有着重要的关联。不少官员腐败的一个重要根源也在这里。但这只是问题的一个方面，还不能因此就说我国目前经济领域中发生的资源掠夺式开采、收入和财富两极分化、环境污染等问题与国有资源的所有权与经营权的安排没有直接关系。进一步说，某些官员为什么陷入经济腐败，政治管理体制的不足也不能解释全部，而所有权与经营权之间关系的规则安排存在漏洞，应该是极其重要的诱因。

我国国有资源产权安排之所以发生上述问题，从根本上与我们的市场经济实践仍然处于探索和完善过程之中有关。这突出表现在我们过去理论认识上所存在的不足，即已经形成的理论还不够充分可靠。特别是在以下两个方面我们没有获得高度清醒的认识：一是没有充分自觉地认识到所有权与经营权关系的社会历史性质，没有深入认识到我国的社会历史条件决定了必须把所有权置于经营权之上；二是没有充分自觉地认识到国有资源的所有权和经营权对实现我国全体人民的经济利益和根本福祉的决定意义，因而没有彻底地从这样的高度思考所有权与经营权的关系安排问题。

解决国有资源产权安排上的上述问题的根本原则和根本方式，也就随着对问题的合理判定而产生。归根到底，必须以实现全体人民群众的共同经济利益和根本福祉为宗旨，坚持社会整体利益优先的原则，公正地安排国家资源的所有权与多种经济主体的经营权之间的关系，加强国有资源的所有权对经营权的控制地位，最终使全体人民群众在合理的时期内实现共同富裕。简言之，就是，在关于国有资源的所有权与经营权的全部规则方面，强化国家的合理控制权，消除各种不利于国家合理控制的规则，增加应该具有而没有的重要规则。这实际上是从经济生活的起点制度上实行合理控制，而与不合理的垄断是两回事。

三、国有资源产权的公正安排对建设和谐社会的重要意义

建设社会主义和谐社会，是我国社会发展的一个重要价值目标和基本任务。和谐社会在本质上是社会这一系统的目标正确、统一有序、稳定发展，是社会生活的各个方面即经济生活、政治生活、文化生活、日常生活之间的和谐。这首先又需要以社会每一生活领域本身的和谐为前提。其中，经济生活领域的和谐无疑最重要，是社会其他生活领域实现和谐的基础。

在我国当前经济生活中，某些从经济改革开始以后而逐步产生和累积的问题还没得到解决，它们或者本身就是经济生活的不和谐因素，或者直接间接地引发了许多不和谐现象。例如，对于某些投资对象的目的指向的规定不够合理而引发了这些领域的投资过热，资源无度开采造成了环境严重污染和生态破坏，并直接影响了人们的生命安全，市场秩序不够健全导致了许多经济利益冲突，贫富两极分化造成了社会矛盾增多和民族凝聚力下降等。这些不和谐现象的产生，无疑是经济生活系统中多方面因素共同作用的结果，但显然，其中的产权制度的不完善具有重要意义。

首先，从经济系统的目标角度看，改革开放后我国多数年份的经济年增长目标可能仍然偏高，特别是一些地方政府过于强调 GDP 而不是强调经济效益，这很容易导致整个经济系统运行过热，投资供给与投资需求失衡，最终导致整个社会系统运行速度过快。经济增长目标的设定是否合理，经济发展速度是否合理，对经济能否实现够健康运转和持续发展，具有决定性意义。考虑到我国正在进行经济结构调整和企业改革，考虑到不断加快的城镇化进程，考虑到我国经济与社会的相对落后状况以及国防需要，我国经济必须保持较快增长，同时，究竟多高的经济增长目标与速度是合理的，显然需要进一步思考和研究。

其次，市场经济体制的自由激烈竞争及其利润追求最大化特点，是一些生产经营主体违反市场秩序、损害他者利益、污染自然环境的直接机制诱因。市场经济并不像亚当·斯密所说的那样完美，而是存在着利益至上、盲目性、外部性等许多天生缺陷，因而不可能自动导致经济生活的健康发展。我国20世纪90年代以来市场经济体制的建立和推进过程，已经清楚地表明了这一点。

最后，国有资源产权安排存在的问题，则是基本经济制度层面上导致一些不和谐现象的重要原因所在。基本经济制度是一个社会经济生活的根本规则框架，套用现代正义论的著名代表罗尔斯的话来说，是社会的基本经济结构，是人们经济生活的背景框架，是关系到背景正义的东西，对人们的目标追求、生活前景、性格、机会和能力、实质发展具有根本影响。[①] 而且更加重要的是，基本经济制度安排的合理程度如何、是否基本完善，是整个社会能否实现健康发展的决定性条件。

因此，在国有资源的产权安排方面，改变原有的不合理不完善方面或环节，形成国有资源的所有权与经营权之间关系的合理安排，对于实现经济生活的和谐、对于建设社会主义和谐社会，具有基础层次上的重要意义。

其一，国有资源的所有权与经营权关系的合理安排，是实现经济生活基本和谐的一个不可缺少的重要制度方面。事实已经表明，由于我们对国有资源的开发经营准入门槛规定得过于低下，制度存在不够严格的地方，造成了各种经营主体为了利润和财富而蜂拥而入，致使国有资源开发经营高度过热，这在本质上已经是不合理的、无序的，潜含了争夺开发资源权、破坏生态、污染环境等诸多不和谐因素；同时，如果这种情况继续下去，必然会在未来一定时期对国有资源的长期可持续开发利用和经济的健康发展产生严重负面影响，造成经济生

① 〔美〕约翰·罗尔斯：《作为公平的正义——正义新论》，第17—18、66页。

活的更大不和谐。因此，我们认为，即使在较高的经济增长速度的情况下，国有资源的开发也必须是合理有序的、高度节约的。因为，这本身就具有实现经济生活和谐的价值意义。

其二，国有资源的所有权与经营权关系的合理安排，对于形成经济利益在全社会成员之间的基本公正分配也具有不可忽视的基础作用。在现代社会，公平正义原则是经济利益分配的根本原则，而要实现这一点，必须在经济利益分配的起点环节上建立起有效制度，以使经济利益分配的不平等在一开始就尽可能处于合理范围之内而控制出现两极悬殊的可能性。这在国有资源的开发经营方面，尤其如此。例如，各种矿产、石油、天然气等国有资源是不可再生的，是国家经济发展的战略性资源，因此必须修改和完善这些国有资源的开发规则，使任何开发经营主体都只能获得社会生产经营各行业平均水平的利润，而不是获得暴利并因而造成不同生产经营主体经济利益的巨大差距。显然，如果没有这样的制度安排而造成了上述结果，那么，就给政府的二次和三次分配调节增加了难度。如果开发经营国有资源的利益获得制度是公平合理的，那么，对于政府的二次和三次合理分配，就奠定了可以温和调节的条件，并提供了正确的利益分配的价值导向。

其三，如前所说，从社会整体系统的角度看，建设社会主义和谐社会，就是要使社会生活的各个方面成为统一有序、协调一致、平衡发展的整体，而国有资源的所有权与经营权关系的合理安排，既然能够对经济生活的和谐健康发展具有基础作用，因而必然对社会生活的其他方面的和谐健康发展，发挥支持和连带作用，同时，也会为社会生活的教育、文化、卫生、交通、国防等领域的长期健康发展所需要的物质条件的创造，提供可靠的产权制度前提。因此，这是社会整体系统长期和谐发展的一个根本必要条件。

总之，我们必须从辩证法的整体、长远观点以及合理的价值观念出发，正确把握我国国情或基本社会条件对国有资源产权制度安排的根本要求，充分认识国有资源所有权与经营权关系的合理安排对我国社会主义和谐社会建设的极端重要性，使其发挥公正、公平、服务于全体人民群众幸福的制度工具的作用。

第十七章
我国实行经济平等与经济自由平衡发展的必要性

经济自由与经济平等的关系，是现代人类经济生活中一个极其重大的实践问题。它既是一个具有客观特征的事实问题，也是一个具有主体价值选择特征的价值问题。历史和现实都已经表明，如何处理这一问题，直接关系到一个社会的经济生活能否实现健康持续发展，关系到一个社会的整体能否实现统一稳定、繁荣富强。因此，在中国把建设社会主义和谐社会作为重要发展目标的情况下，深入研究和正确处理经济自由与经济平等的关系，具有极其重要的现实意义。

一、经济自由与经济平等之间的三种可能关系

经济自由与经济平等之间的关系，是随着经济与社会的发展变化而变化的历史过程。它们之间的一般关系，无疑是相互制约、相互作用的关系。结合历史和现实进行反思，我们认为，在历时维度上，经济自由与经济平等之间可能形成的关系有以下三种。

第一种可能的关系，是二者在一定历史阶段上或一定情况下发生的一方主导、此消彼长的关系。这包括相反性质的两种状况：或者是经济自由的发展抑制或损害了经济平等；或者经济平等的发展抑制或损害了经济自由。

在一个社会的政府为了快速发展经济而采取了经济自由绝对优先的市场体制和经济政策的情况下，经济自由的发展一般会抑制或损害

经济平等。从市场经济国家的发展历史来看，这是最经常出现的情况。而政府之所以这样做，原因经常是复杂的。或者是因为这个社会的根本经济制度要求实行自由竞争的市场体制，或者是因为它的经济处于较低水平而人们提高物质文化水平的要求十分迫切，或者是因为其他重要的原因，而必须把快速发展经济作为首要任务。在这种情况下，如果没有对经济行为主体的自由进行合理限定，就必然产生经济行为主体竞争实力的不平等，必然产生收入和财富分配的两极悬殊。这些经济不平等现象的出现，同时就是对经济平等的严重损害。这在采取经济自由的极端放任状态下尤其如此。

从政府与社会阶层的关系看，采取经济自由绝对优先的政府，可以说一般代表了主张经济自由的强势阶层的利益。如 20 世纪 80 年代美英等国的许多政府，实行了向自由放任倾斜的经济政策，掀起了国有企业的私有化浪潮，大幅减少社会福利、社会保障，这在实质上与强势阶层的要求是一致的。

与上述情况相反，在现代社会，即使一个社会的政府基本实行了市场经济体制，如果它所采取的是经济平等充分优先的政策，那么，经济平等的发展一般也会抑制或损害经济自由。因为经济利益的分配近乎平均，必然造成人们缺少主动进取的强烈意识，缺少最大限度发挥自身主动性的热情，因而自由竞争和自由创造所达到的程度是有限的。如果一个政府实行经济平等极端优先的政策，时时拉平市场主体竞争实力的动态差距和收入、财富分配的动态差距，那么，经济自由一般也会被抑制到最低程度。

至于一个政府为什么采取经济平等优先政策，原因一般也是多维的和复杂的。下列原因通常是最重要的原因：这个社会的经济水平较低，因而客观上要求经济生活的平等，特别是财富分配的平等；这个社会的经济水平已经很高，因而实行经济平等优先的政策是合理的、可行的；这个社会的文化价值观传统具有强烈的平等至上要求，因而规定了政府的政策平等取向。

无论如何，政府采取经济平等优先的制度或政策的情况在历史上也并不少见。在这种情况下，不管政府自觉与否，它在实质上代表了经济平等的要求。从阶层主体的角度说，这时的政府一般代表了一个社会的低收入阶层的要求，因为低收入阶层一般是主张经济平等的主要力量。可以说，第二次世界大战以后西方不少政府大力推行促进经济福利和社会保障的政策，就属于这种情况。

经济自由与经济平等之间的第二种可能关系，是双方相互抑制而都停滞不前。这也有两种不同情况：

一种情况是双方的力量都处于低水平而又没有发生严重对立的相互抑制状态。也就是说，不仅双方都处于发展的较低阶段，而且处于相互抑制的状态，结果是双方都无法在短期内实现明显发展。产生这种情况的原因往往是这一社会的经济处于初步发展阶段，因而经济自由与经济平等双方的力量都还十分微弱。从承担主体的角度说，代表经济自由的阶层与代表经济平等的阶层，双方或者都没有形成突出地发展自身的意识，或者都没有进一步发展的力量；而政府则是自觉不自觉地承担了结合二者的角色。

另一种情况是双方的力量都达到了较高水平但却处于严重对立和尖锐冲突的状态。从承担主体的角度说，这是代表经济自由的主体与代表经济平等的主体已经得到了充分发展，双方形成了势均力敌的局面，任何一方都没有力量超越对方，或者任何一方都无法有效扩大自己的力量。政府则是自觉不自觉地承担了调和二者的角色。

经济自由与经济平等之间的第三种可能关系，是双方相互促进、共同提升的关系。这是说，双方中任何一方的发展，都会在本质上促进另一方的发展。一般来说，这是在经济平等与经济自由双方处于平衡一致的状态，即任何一方都没有达到极端的程度，既没有产生极端的经济平等，也没有产生极端的经济自由，没有出现一方对另一方的强力支配或主导，同时，二者之间没有形成尖锐对立的关系。

应该指出，经济自由与经济平等之间形成了第三种关系，这种情况并不意味着双方不存在相互限制、相互制约，而是表明双方形成了以合理的相互限制、相互制约为前提的相互促进、同时提升的关系格局。一方面，经济自由对经济平等所形成的合理限制在于，不使经济平等损害经济自由的本质，不使经济行为主体失去基本的自由竞争精神和自觉创造动力，在一般情况下，经济自由要求经济平等不能达到平均的程度，即不能达到所有经济行为主体的竞争实力一律相等，所有社会成员的财富分配一律相等的程度。我国改革开放之前那种干好干坏一个样、干多干少一个样的平均主义大锅饭局面，由于没有对经济平等进行合理的限制，经济生活缺少自由竞争，因而难以保持持续向前发展。另一方面，经济平等对经济自由所形成的合理限制在于，经济行为主体的竞争实力、财富收入不是无界限的，不能够达到两极分化的程度，不能够出现一部分人对另一部分人的经济与社会控制。经济平等对经济自由的这种限制，虽然可能不会使各种经济行为主体的自由创造达到最大程度，但却能够使它们之间进行比较有效的平等竞争，并且使全体社会成员在经济收入方面处于平等地位。

经济平等与经济自由之间能够形成的相互促进、共同提升的动态均衡关系，是二者动态关系的最佳境界，也是一个民族实现经济与社会健康发展所需要的最好关系形式。因为，一则这种关系状态对于保持经济发展的合理速度具有基础意义。它既能够防止经济变成一匹无法控制的野马，也能够防止经济成为缓慢爬行的蜗牛，所实现的是既不过也无不及的经济发展速度，合乎人性对经济发展的要求。二则这样的关系状态可以长期稳定地提高社会成员的生活水平，既不会造成生活水平在短时期内急速提高而后继乏力，也不会使他们的生活水平处于某个层次上而停滞不前，使他们失去对改善生活水平的信心和期望。三则这样的状态既然保证了社会成员的比较充分的经济自由，因而它能够使全体社会成员比较充分地发挥各种潜能和创造能力，同时，既然不存在竞争能力和财富分配方面的实质不平等，因而不足以造成社会成员的不和与冲突，这就能够使他们真正和谐一致，保证社会整体的强大有力。

二、我国当前经济平等相对经济自由的滞后状况

我国自从20世纪80年代以来所进行的经济体制改革过程，是逐步自觉走向对具体经济体制和根本经济制度进行相互关联的一体化改革的过程。在对具体经济体制进行改革时，不是仅仅把计划经济体制改变为市场经济体制，而是同时尽可能使市场经济体制服从于我国的公有制为主导的根本经济制度，初步建立了对市场经济进行调控的制度。在对根本经济制度进行改革时，不仅建立起以公有制为主导、多种所有制共同发展的基本制度，而且进行了使公有制企业市场化的改革，建立了公有制企业的股权分置制度。因此，中国的经济改革具有相当的复杂性和深刻性，它所形成的经济制度和经济体制，具有崭新的特点。

从深层的价值实践指向的角度看，我国经济改革在本质上是对经济自由与经济平等之间关系的重大改变。也就是说，我们实际上在较长时期内自觉不自觉地把市场经济的自由作为经济生活的引擎，极大地突出了经济自由对经济平等的优先地位。毫无疑问，这从根本上激发了人们投身于市场经济的热情，调动了各种经济行为主体创造物质财富的主动性，因而有力地推动了经济的发展，空前提高了人们的物质文化生活水平，带来了整个社会的巨大进步。与此同时，在提出和实施科学发展观之前，我们在一定程度上忽视了与经济自由不可分割的经济平等的重要性，在实现经济平等的实质性政策措施方面明显不足，客观上造成了经济自由在很大程度上抑制甚至损害了经济平等的

发展、经济平等明显滞后于经济自由的状况。这突出存在于以下三个环节上。

第一，在公有制这一基本经济制度环节上，我国在公有制特别是国家所有制方面已经建立的股权分置制度，在本质上是经济自由优先于经济平等的制度。一方面，由于这种股权制度保持了公有控股的主导地位，因而为实现全体社会成员之间基本的经济平等提供了一般基础，因为公有制的本质是全体社会成员在经济上的主体地位，作为经济权利，公有制是所有社会成员共有的经济权利，因而对所有成员都是平等的；同时另一方面，这种股权制度突出的是每一公有制企业的独立市场主体地位、它的自身利益以及它的所有股权相关者的利益，因而在本质上是强调各个公有制企业及其利益相关者自由创造、自由选择、自由竞争的制度，是强调效率优先的制度。这样，每一企业及其利益相关者都必然把实现自身的生存和发展作为自己的压倒性任务，而它们之间在竞争实力和地位方面是否平等，则处于次要和从属地位。同时，由于过于强调自由竞争、激励和效率，目前我们在公有制企业对全体社会成员的经济贡献的法律规定方面，也明显力度不够。

第二，在经济体制环节上，已经基本确立的社会主义市场经济体制，更是经济自由优先于经济平等的体制。市场经济的本质是各种市场主体的行为选择自由。无疑，市场经济的公平规则为公有制生产经营主体和非公有制生产经营主体之间以及各种生产经营行业之间的公平竞争，提供了统一的合理平台，使它们在经济行为选择如市场准入、资源利用、产品开发、人才选择、产品定价等方面具有同样的公平权利，但是，我们知道，公平与平等并不相同，这些公平规则主要具有形式的意义，在根本上不是为了保证市场经济过程和整个经济生活的实质平等，不是为了实质的平等本身，而是为了保证市场主体的自由竞争，是服从于市场经济的自由本质的。

第三，在收入和财富分配环节上，由于以市场经济为体制基础，也突出表现了经济平等的滞后。的确，公有制在经济制度中的主体地位，按劳分配为主体的分配制度，在本质和主体上要求收入和财富分配的基本平等，为实现经济平等提供了所必需的制度前提，然而，这需要具体的措施才能变为现实。同时，由于市场经济的动态竞争作用，由于市场经济所要求的资本要素和能力要素参与收入分配，因而自由投资和自由竞争在收入和财富分配中具有支配作用。加之我们在分配制度的具体调节方面还存在某些不完善之处，致使目前社会成员的收入和财富分配的差距明显拉大，甚至出现了相当程度的贫富两极分化这种分配的严重不平等现象。例如，在不少企业的高层管理者与一般员工之间、许多行业的内部成员之间、一些不同的行业之间，收入和财富差距极其悬殊，最高收入者与最低收入者之间的差距达上千倍、上万倍已经司空见惯。

总之，由于在上述三个环节上我们自觉不自觉地把经济自由放在比经济平等远远更加优先的位置，同时缺少对经济自由的充分合理的限定，因而导致一些比较突出的不平等现象，造成了经济平等与经济自由之间关系的不平衡。这最终对经济生活的健康持续发展与社会主义和谐社会的建设产生了不良影响。首先，经济平等与经济自由的不平衡状态，是导致生产经营主体对自然资源进行掠夺式开发，追逐能够获得超高利润的投资行业，以及造成经济不同领域发展不平衡的一个重要原因。其次，这种不平衡状态所形成的社会阶层的两极分化，是引发不同群体之间的摩擦冲突，造成社会不同阶层之间诸多不和谐现象的重要根源。最后，这种不平衡状态，对包括极端贫困者和极端富有者在内的全体社会成员的身心特别是精神的健康发展，都产生了不可忽视的不良影响，导致人们把追求自我利益和物质财富作为生活的首要目标，忽视了更加根本的精神与社会价值追求。因此，解决当前我国所存在的经济平等与经济自由的不平衡问题，对于解决我国当前经济与社会发展所遇到的其他各种矛盾，对于实现经济生活与整个社会的健康和谐，具有极其重要的意义。

三、我国实行经济平等与经济自由平衡发展的历史合理性

在主体的实践层次上，如何处理经济平等与经济自由之间的关系，突出地表现为一个特定的社会共同体特别是政府主体的价值实践选择。然而，人类历史已经充分表明，任何主体的任何价值实践选择，要想获得长远持久的成功，必须合乎这种实践所关涉的社会整体发展的规律性要求。因此，在经济生活的价值选择层次上，无论是选择经济自由优先，还是选择经济平等优先，抑或是选择二者平衡发展，最终都不是由人们的主观偏好或意志所决定，而是首先由一个社会的经济生活的健康持续发展要求所决定，最终由一个社会整体的本质特点和发展趋势所决定。也就是说，只有从一个社会整体的本质要求出发，才能合理地确定经济平等与经济自由之间应该处于什么样的关系状态。如果撇开一个社会整体的历史条件，仅仅以效率为尺度而主张绝对的经济自由，或者仅仅从市场经济的自由竞争本性出发而反对经济平等，都是极其片面和错误的。现代西方经济学家弗里德曼、哈耶克、布坎南等人所主张的极端经济自由主义，一个根本的错误就是孤立地强调经济自由，并把它看作是发展经济的唯一有效方式。深入反思现代美国的经济实践历史可以看到，其间歇发生的经济衰退问题，从20世纪20年代末至30年代初的经济大萧条，到20世纪70年代的通货膨胀，从21世纪初科技网络股泡沫的破灭，到2008年由次贷危机、房地产泡沫引发的金融危机，一个根本原因就是美国政府实行了放任的市场自由政策，没有高度自觉地把经济自由从属于经济生活整体和社会整体的健康持续发展，没有由此出发去正确处理与经济自由直接相关的各种价值选择问题，特别是经济自由与经济平等的价值关系问题。可以说，直接引发美国2008年金融危机的事件，即金融机构“创造”次

级贷款与大量低收入家庭为了拥有住房而陷入次级贷款债务这一现象之所以出现，一个本质根源就是市场经济体制下资本投资的盲目自由与大量家庭收入低下这种不平等状况之间的复杂矛盾。

我们认为，在我国实行经济平等与经济自由的平衡发展，既是我国建设社会主义和谐社会的根本要求，也是我国经济发展水平、经济制度和文化观念的本质要求。也就是说，对于我国来说，在相当长的历史时期内，这样的选择具有历史的必然性或合理性。

从系统的角度看，建设社会主义和谐社会，正在成为我国发展的长远战略目标和全局性任务，对于我国的发展具有根本的引领意义。显然，当前人们对于这一点的认识还很不充分，甚至还存在着一些不同意见，没有深入认识到建设社会主义和谐社会对于我国发展的头等重要性。实际上，深入的思考可发现，建设社会主义和谐社会这一目标的确立，隐含地提出了如何认识和处理发展经济与建设和谐社会二者之间的关系问题：二者是同样重要，还是其中的一方更加根本？显然，正确认识和处理这二者之间的关系，是正确处理经济平等与经济自由之间关系的前提。

无疑，对我国来说，发展经济与建设和谐社会是两项不可分割的任务，二者都很重要。同时，二者之间也并非一定会发生矛盾，而是可以做到在一定条件下相互促进、共同生长，而且，也只有这样，才最有利于我国整体的持续健康发展。然而，问题的关键是，二者之间的关系在本质上是部分与整体、手段与目标的关系，因而二者的地位不可能是平行并列的，而是一种从属与支配的关系。的确，在当今世界各民族高度竞争的时代，没有经济的发展繁荣，和谐社会建设就缺少坚实稳固的物质基础。但是，没有全体社会成员在经济生活方面的和谐以及整个社会的和谐，就没有经济的长期稳定发展，也就不可能实现经济的繁荣强大。同时，发展经济的根本目的，是提高全体人民群众的物质和文化生活水平，而没有经济生活的和谐以及整个社会的和谐，这一根本目的也会最终落空。因此，发展经济是建设社会主义和谐社会所不可缺少而又从属于它的一项任务。

更加重要的是，一个社会或民族的强大，主要不是取决于某一方面或某一要素的强大，而是取决于这个社会的所有成员能够真正地和谐一致、众志成城，形成巨大的凝聚力。相反，仅仅是经济实力一个方面的强大，并不意味着一个社会一定强大有力。中国 20 世纪抗日战争所取得的反对日本侵略者的巨大胜利，已经充分证明了这一点。

建设社会主义和谐社会，既是一个复杂的系统工程，也是一个长时期的努力过程。不仅需要形成社会生活各个方面即经济生活、政治生活、文化生活、日常生活（社会生活）四大领域之间长期的协调一致和相互促进，而且首先需要每一社会生活领域内部实现长期和谐发展。

就经济生活来说，要实现经济生活领域的长期和谐发展，最重要的是建立经济生活不同方面之间的长期和谐关系，包括最高层次上的社会对自然的合规律的经济转换关系，经济生活整体层次上的总供给与总需求之间的平衡关系以及经济生活各行业之间的协同互动关系，经济生活所有相关主体层次上的经济平等与经济自由之间的平衡关系。在当前中国，关键是解决已经形成的经济平等与经济自由之间的不平衡状态，改变经济自由对经济平等的突出优先地位，建立起二者相互协同、共同生长的平衡发展格局。

我国之所以需要建立经济平等与经济自由之间的平衡关系，从根本上也是我国社会所处的经济发展阶段、经济制度、人口数量、历史文化传统的必然要求。

其一，尽管自从改革开放以来我国经济连续保持高速增长，经济水平获得了历史性的提高，但我国在经济上仍然是发展中国家，在相当长的时期内处于向发达水平迈进的历史阶段，这就决定了我们既需要利用经济自由这一手段，大力发展经济、提高经济效率，又需要把经济发展的收益尽可能平等地分配于全体社会成员，使全体社会成员的生活水平获得共同提高，只有这样，才能保证整个社会处于持续的良性发展状态之中。

其二，在我国的经济制度方面，以公有制为主导的经济制度，本质上要求我国必须把人民群众的整体利益、人民群众的共同发展和平等富裕放在首位，而不是形成一部分人的强势发展和极端富有，而市场经济作为资源配置的基础方式，则要求各种市场主体的自由竞争，最终要求经济生活的各种相关者的自由竞争，因此，公有制与市场经济的结合，决定了我国必须使经济平等与经济自由处于尽可能平衡的状态，同时也规定了我们当前必须对经济自由进行合理限定，使它从属于公有制的经济平等要求。这是经济自由在我国所应有的限度所在。

其三，我国的巨大人口数量，决定了把人们凝聚为一个强大有力整体的极端重要性。这些年来，我们对这一问题的强调远没有达到应有的高度。毫无疑问，只有坚持适度的经济自由竞争，才会激起全体人民的主动努力和积极创造精神，才会使我国经济和社会的发展充满活力。然而与此同时，只有全体人民在经济地位方面基本平等，同样过上幸福的生活，才能实现众志成城、团结一致，形成巨大的人口资源力量。如果社会出现严重的贫富两极分化、社会等级分化，整个社会就难以避免发生摩擦冲突等内耗，建设繁荣强大的现代化国家的过程也就会出现挫折。即使从中华民族屹立于世界民族之林这一历史使命的角度说，实现经济平等与经济自由的平衡发展也是必需的。

其四，我国历史上长期存在的社会共同利益优先于个人利益的文化与价值观传统，我国所坚持的集体主义价值观的指导地位，事实上一直是我国经济和社会发展的主要精神动力，尽管随着我国现代化进程的深入，特别是市场经济的推进发展，要求对原有的文化和价值观传统进行某些部分的功能改变，要求更加重视个体利益的因素，注入重视个体价值的内涵，然而，以社会共同利益和集体主义价值观作为引领，显然从根本上适合我国经济健康发展与整个社会和谐进步的要求。简言之，这是我们采取经济平等与经济自由二者平衡发展的文化与价值观根据。

实际上，我国当前社会历史条件的上述四个因素即经济水平、经济制度、人口状况、文化价值观念并不是各自孤立的，而是一个共同起作用的整体。这一整体的本质要求表现在当前我国对经济平等与经济自由之间关系的价值选择上，就是经济自由并不是我国的绝对优先的价值选择，经济平等与经济自由对于我国来说同等重要，只有实现经济平等与经济自由平衡发展，才是合乎我国当前社会历史要求的合理价值选择。

参考文献

（以在文中首次出现为序）

第一编

杨伯峻：《论语译注》，北京：中华书局1980版

金良年：《论语译注》，上海：上海古籍出版社2004版

白奚：《规范　教化　秩序——儒家礼治思想漫议》，《北京社会科学》1998年第2期

杨伯峻：《孟子译注》，北京：中华书局2008版

Vincent Y. C. Shih, "Metaphysical Tendencies in Mencius", *Philosophy East and West*, Vol. 12, No. 4, 1963

Alasdair MacIntyre, *After Virtue: A Study in Moral Theory*, third edition, Notre Dame: University of Notre Dame Press, 2007

Homer H. Dubs, "Mencius and Sün-dz on Human Nature", *Philosophy East and West*, Vol. 6, No. 3, 1956

Shu-hsien Liu, Kwong-loi Shun, "Some Reflections on Mencius' Views of Mind-Heart and Human Nature", *Philosophy East and West*, Vol. 46, No. 2, 1996

Irene Bloom, "Human Nature and Biological Nature in Mencius", *Philosophy East and West* ,Vol. 47, No. 1, 1997

黄光国：《儒家关系主义：文化反思与典范重建》，北京：北京大学出版社2006版

Manyul Im, "Emotional Control and Virtue in the 'Mencius'", *Philosophy East and West*, Vol. 49, No. 1, 1999

Roger Ames, "The Mencian Conception of Ren Xing: Does It Mean 'Human Nature'?", in Henry Rosemont, Jr. ed., *Chinese Texts and Philosophical Contexts: Essays Dedicated to Angus C. Graham*, LaSalle, Illinois: Open Court, 1991

〔古希腊〕柏拉图:《理想国》，郭斌和、张竹明译，北京：商务印书馆 1986 版

颜一编:《亚里士多德选集》(政治学卷)，北京：中国人民大学出版社 1999 版

苗力田编:《亚里士多德选集》(伦理学卷)，北京：中国人民大学出版社 1999 版

〔德〕黑格尔:《法哲学原理》，范扬、张企泰译，北京：商务印书馆 1961 版

〔意〕安东尼奥·葛兰西:《葛兰西文选》，北京：人民出版社 2008 版

王晓升:《市民社会、公民社会与国家——重新认识葛兰西的"市民社会"概念》,《华南师范大学学报（社会科学版）》2010 年第 2 期

Jean L. Cohen and Andrew Arato, *Civil Society and Political Theory*, Massachusetts: The MIT Press, 1992

〔德〕尤尔根·哈贝马斯:《交往行为理论》，曹卫东译，上海：上海人民出版社 2004 版

〔德〕哈贝马斯:《在事实与规范之间》，童世骏译，北京：生活·读书·新知三联书店 2003 版

〔德〕哈贝马斯:《公共领域的结构转型》，曹卫东等译，南京：学林出版社 1999 版

〔美〕迈克尔·桑德尔:《自由主义与正义的局限》，万俊人等译，南京：译林出版社 2001 版

〔美〕迈克尔·桑德尔:《公正：该如何做是好》，朱慧玲译，北京：中信出版社2012版

〔美〕迈克尔·桑德尔:《公共哲学——政治中的道德问题》，朱东华、陈文娟、朱慧玲译，北京：中国人民大学出版社2013版

Michael J. Sandel, *Liberalism and the Limits of Justice*, Cambridge: Cambridge University Press, 1982

〔英〕洛克:《政府论》下篇，叶启芳、翟菊农译，北京：商务印书馆1964版

〔法〕让-雅克·卢梭:《社会契约论》，徐强译，北京：九州出版社2007版

〔美〕约翰·罗尔斯:《正义论》，何怀宏、何包钢、廖申白译，北京：中国社会科学出版社1988版

〔美〕约翰·罗尔斯:《政治自由主义》，万俊人译，南京：译林出版社2000版

〔美〕约翰·罗尔斯:《作为公平的正义：正义新论》，姚大志译，上海：上海三联书店2002版

John Rawls, *A Theory of Justice*, Cambridge, Massachusetts: Harvard University Press, 1971

John Rawls, *A Theory of Justice*, Revised Edition, Cambridge, Massachusetts: Harvard University Press, 1999

John Rawls, *Political Liberalism*, New York: Columbia University Press, 1996

Anne Maclean, "Right and Good, False Dichotomy?", *Philosophy*, Vol. 60, No. 231, Jan., 1985

詹世友:《西方近代正当与善的分离及其伦理后果》,《道德与文明》2007年第6期

第二编

〔美〕F. W. 泰罗：《科学管理原理》，胡隆昶、冼子恩、曹丽顺译，北京：中国社会科学出版社 1984 版

〔美〕丹尼尔·A. 雷恩：《管理思想的演变》，李柱流等译，北京：中国社会科学出版社 1997 版

〔法〕H. 法约尔：《工业管理与一般管理》，周安华等译，北京：中国社会科学出版社 1998 版

Elton Mayo, *The Human Problems of an Industrial Civilization*, London and New York: Routledge, 2003

〔美〕梅欧：《工业文明的社会问题》，费孝通译，北京：商务印书馆 1964 版

〔德〕马克斯·韦伯：《经济与社会》（上卷），林荣远译，北京：商务印书馆 1997 版

〔德〕马克斯·韦伯：《经济与社会》（下卷），林荣远译，北京：商务印书馆 1997 版

〔美〕C. I. 巴纳德：《经理人员的职能》，孙耀君等译，北京：中国社会科学出版社 1997 版

郭咸纲：《西方管理学说史》，北京：中国经济出版社 2003 版

Oliver Sheldon, *The Philosophy of Management*, London: Routledge, 2003

Pauline Graham, ed., *Mary Parker Follett—Prophet of Management: A Celebration of Writings from the 1920s*, Boston, Mass.: Harvard Business School Press, 1995

Sheryl Suzanne Stigler Martin, *Toward a Theory of Invisible Leadership: A Content Analysis of the Writings of Mary Parker Follett*, Ann Arbor:

ProQuest Information and Learning Company, 2006

Henry C. Metcalf, L. Urwick, eds., *Dynamic Administration: The Collected Papers of Mary Parker Follett*, New York and London: Harper & Brothers Publisher, 1941

Mary Parker Follett, *The New State*, London: Longmans, Green and Co., 1918

Mary Parker Follett, *Creative Experience*, London: Longmans, Green and Co., 1924

Mary Parker Follett, *Freedom and Co-ordination*, London: Management Publications Trust Ltd., 1949

〔美〕玛丽·福列特:《福列特论管理》，吴晓波等译，北京：机械工业出版社 2007 版

〔英〕葆琳·格雷汉姆主编:《管理学的先知》，向桢译，北京：经济日报出版社 1998 版

David M. Boje & Grace Ann Rosile, “Where’s the Power in Empowerment? Answers from Follett and Clegg”, *Journal of Applied Behavioral Science*, Vol. 37(1), March, 2001

〔美〕道格拉斯·麦格雷戈:《企业的人性面》，韩卉译，北京：中国人民大学出版社 2008 年版

万俊人:《美德伦理的现代意义——以麦金太尔的美德理论为中心》,《社会科学战线》2008 年第 5 期

万俊人:《美德伦理如何复兴？》,《求是学刊》2011 年第 1 期

姚大志:《亚里士多德还是尼采？——麦金太尔对现代道德哲学的批判》,《学习与探索》2003 年第 3 期

佟铁材、谢昌飞:《道德的个体性与道德的社会性——麦金太尔对情感主义的批判》,《道德与文明》2010 年第 6 期

〔德〕马克斯·韦伯:《社会科学方法论》，韩水法、莫茜译，北

京：中央编译出版社 1999 版

韩东屏：《科学价值中立之惑》，《湖南社会科学》2008 年第 3 期

Geoff Moore, “On the Implications of the Practice-Institution Distinction: MacIntyre and the Application of Modern Virtue Ethics to Business”, *Business Ethics Quarterly*, Vol. 12, No. 1, Jan., 2002

James A. H. S. Hine, “The Shadow of MacIntyre’s Manager in the Kingdom of Conscience Constrained”, *Business Ethic,* Vol. 16, No. 4, Oct., 2007

〔美〕阿拉斯戴尔·麦金太尔：《追寻美德：道德理论研究》，宋继杰译，南京：译林出版社 2003 版

Paul Santilli, “Moral Fictions and Scientific Management”, *Journal of Business Ethics*, Vol. 3, No. 4, Nov., 1984

〔美〕A. 麦金太尔：《三种对立的道德探究观》，万俊人等译，北京：中国社会科学出版社 1999 版

〔美〕阿拉斯戴尔·麦金太尔：《谁之正义？何种合理性？》，万俊人等译，北京：当代中国出版社 1996 版

Ole Fogh Kirkeby, *Management Philosophy: A Radical-Normative Perspective*, Berlin: Springger-Verlag, 2000

第三编

〔美〕彼得·德鲁克：《管理的实践》，齐若兰译、那国毅审订，北京，机械工业出版社 2006 版

Douglas McGregor, *The Human Side of Enterprise*, Middlesex: Penguin Books Ltd., 1987

Christopher Hodgkingson, *Administrative Philosophy: Values and Motivations in Administrative Life,* Oxford: Elsevier Science Ltd., 1996

孙周兴选编:《海德格尔选集》(下卷),上海:上海三联书店1996版

〔美〕赫伯特·A. 西蒙:《管理行为》,詹正茂译,北京:机械工业出版社2006版

〔加〕克里斯托弗·霍金森:《领导哲学》,刘林平等译,王守昌校,昆明:云南人民出版社1987版

〔德〕康德:《实践理性批判》,韩水法译,北京:商务印书馆1999版

第四编

Stephen Nathanson, *Economic Justice*, Prentice Hall, Inc., Upper Saddle River, 1998

〔美〕约翰·罗默《社会主义的未来》,余文烈等译,重庆:重庆出版社1997版

〔美〕威廉·施韦卡特,《反对资本主义》,李智、陈志刚等译,北京:中国人民大学出版社2003版

Warren R. Copeland, *Economic Justice: The Social Ethics of U.S. Economic Policy*, Nashville: Abingdon Press, 1988

〔美〕保罗·萨缪尔森、威廉·诺德豪斯:《微观经济学》(第十六版),萧琛等译,北京:华夏出版社1999版

〔美〕彼得·德鲁克:《管理:使命、责任、实务》(使命篇),王永贵译,北京:机械工业出版社2006版

〔印度〕阿马蒂亚·森:《以自由看待发展》,任赜、于真译,北京:中国人民大学出版社2002版

〔美〕哈罗德·德姆塞茨:《所有权、控制与企业——论经济活动的组织》,段毅才等译,北京:经济科学出版社1999版

后　记

作为对国家治理的多方面多层次的思考，本著作主要是对诸多问题的讨论。尽管本人认真努力，力求深入分析问题，但仍然存在着有的地方论据不够充分，有的地方视野不够广阔，有的地方对国内外相关研究成果的把握不足等问题。既然是问题式的，本著作的主要希望是能够激发人们进行更富创意的研究。

本著作能够圆满出版，得益于商务印书馆关于出版国家治理研究成果的总体策划和大力支持。同时，李强和张双龙两位编辑以一丝不苟和精益求精的态度，为本著作的编辑出版，提供了大量高水平的辛勤劳动。在此，我对他们表示衷心感谢。

本书得到中央民族大学柏年康成基金资助。

刘敬鲁

2016 年 10 月